Agnès Marot

ERREUR 404

Direction éditoriale : Paola Grieco
Conception graphique : Jeanne Mutrel et Tiphaine Rautureau
Suivi éditorial et maquette : Caroline Merceron
Correction : Maud Bataille

WWW.GULFSTREAM.FR

Couverture : photo © Agnès Marot

ISBN : 978-2-35488-547-2

Gulf stream éditeur

Agnès Marot

ERREUR 404

ÉLECTROGÈNE
SCIENCE-FICTION

Voulez-vous vraiment continuer ?
Tout ce qui n'a pas été sauvegardé sera perdu.

Salut !

Moi, c'est Moon.

Enfin, pas vraiment.

J'ai un prénom, comme tout le monde, mais on ne se connaît pas assez pour que je te le donne. C'est précieux, un prénom. C'est comme un mot de pouvoir qui permet de distinguer le réel du virtuel.

Ceux qui connaissent mon vrai nom tiennent sur les doigts d'une main – et aucun d'entre eux ne l'utilise. Quelle importance ? Notre pseudo est devenu notre identité, du moins celle qu'on veut bien partager. On peut masquer nos voix, modifier nos visages et notre apparence à l'envi. Notre corps est devenu notre avatar, le monde notre terrain de jeu.

La barrière de l'écran n'existe plus : réel et virtuel se côtoient en permanence. Les réseaux sociaux, les jeux vidéo… tout ça se passe dans nos rues, maintenant, directement exposé au regard. Alors on se protège derrière nos personnages histoire de continuer à incarner qui ça nous chante. Sinon, où est le fun ?

Mais tu n'es pas là pour m'écouter blablater sur les bienfaits de la réalité virtuelle, hein ? Ce que tu veux, c'est te mesurer à moi. L'Invincible Moon. Ce mystérieux *gamer* que personne n'a jamais vu, encore jamais vaincu au combat. Celui qui avait disparu de la circulation et qui revient en force à l'annonce du tout premier tournoi de *Beasties*. Tu veux me défier en duel, me forcer à changer de surnom et gagner ta place dans la compétition.

Alors, tu attends quoi ? Tu n'as qu'à te choisir un pseudo pour commencer la partie. Réfléchis bien : plus qu'un nom, c'est une identité qui te collera à la peau.

Ça y est, tu as trouvé ?

Sûr ?

Dans ce cas… *Let's play !*

CHARGEMENT EN COURS…

TUTORIEL

Un casque vissé sur les oreilles par-dessus ma capuche, mon sac bandoulière à l'épaule et une manette à la main, je laisse la porte de l'immeuble se refermer derrière moi en inspirant profondément. Ah, le doux parfum de l'asphalte mouillé par la pluie et des remontées d'égout !

D'une pression sur mon casque, je passe en mode « extérieur », histoire de filtrer le vacarme des travaux sans risquer de me faire écraser par un tram qui déboule en silence. Ma manette émet une douce vibration en s'activant ; elle remonte dans ma main droite comme un chatouillis amical. Je la regarde avec émotion – mêlée d'une pointe d'appréhension.

— Toi aussi, tu m'as manqué !

Oh, ça va. Je parle à ma manette si j'en ai envie.

En une fraction de seconde, je deviens autre – je laisse mon avatar prendre le relais, masquer ma véritable identité aux yeux des passants par l'intermédiaire de la puce comm' reliée à leur cerveau, qui émet un filtre visuel et sonore. Mes cheveux, mes traits, ma voix, mes vêtements… Tout est modifié pour correspondre à l'image que je veux donner. Une image que je hais autant que je l'admire.

Quelques pas de plus, et une boule de poils orange vif apparaît à ma droite. Elle sautille sur ses trois pattes palmées en poussant un « pouic ! » suraigu quand elle m'aperçoit de ses deux yeux ronds semblables à des billes. Je passe une main dans l'espèce de houppette ridicule qui les surplombe.

— Comment ça va, mon p'tit Loop ? Prêt pour le grand combat ?

Il se dandine de droite à gauche en me jetant un regard en biais. Je hausse un sourcil.

— N'y pense même pas.

Il se dandine encore plus, gémissant presque à présent.

— Loop…

Et ce qui devait arriver arriva : ma boule de poils bondit sur ses petites pattes, grimace un peu avec un « gniiii » sonore en faisant sortir deux bras de son corps informe, s'agrippe à mon cou et me serre de toutes ses forces, au point de m'étrangler à moitié.

— Loop, tu es impossible !

L'intéressé fait « oui » de la tête avec enthousiasme, avant de grimper sur mon crâne sans se soucier de me tirer les cheveux au passage. Je soupire.

— Bon… Mais dès qu'on rencontre un adversaire tu redeviens sérieux, hein ?

Pas de réponse.

Question crédibilité, on repassera.

La manette vibre de nouveau, annonçant qu'un joueur approche. Ses informations s'affichent dans un coin de mon champ de vision ; Loop frétille d'impatience, mais je lui offre une caresse pour le calmer.

— Pas encore, bonhomme. Il faut qu'on trouve mieux que

ça pour se qualifier au tournoi.

J'allonge le pas pour rejoindre le parc municipal, là où tous les bons joueurs de la ville se rassemblent. La manette vibre de plus en plus, annonçant un nombre croissant de connexions, et les informations popent sans que j'arrive à les suivre. Les prémices de l'excitation montent en moi. La poussée d'adrénaline, l'impatience à l'idée de montrer ce que je vaux, de leur donner du grand spectacle, comme avant...

Non. Pas exactement comme avant. Insidieuse, traîtresse, elle s'insinue dans mes pensées, crispe douloureusement mes doigts sur la manette. La peur de l'échec. Le souvenir de ce jour honni, il y a deux ans ; accompagné de la certitude que j'ai changé. Que je ne ferai jamais...

— Oh, ta gueule !

Un passant étonné se retourne sur mon passage, tandis que Loop s'agite sur mon crâne et m'entoure de ses deux petits bras. Je souris doucement.

— T'inquiète pas, mon p'tit Loop. Grâce à toi, je vais leur mettre la pâtée. Personne ne peut vaincre l'Invincible Moon au combat !

OK. J'admets que le surnom est un peu pompeux. Mais il fallait en mettre plein la vue à mes followers pour réussir mon grand retour. Quand on revient d'entre les morts après deux ans de silence et dans un tout nouveau jeu, pas le choix : il faut mettre les bouchées doubles pour attirer l'attention. Et devenir invincible... Comme si mon précédent échec était une simple erreur de parcours.

En tout cas, j'essaie de m'en convaincre. Après tout, j'ai Loop, maintenant. À deux, on est plus forts.

(P.-S. destiné à tous ceux qui pensent que je ne suis pas capable de participer à ce tournoi et de l'emporter : allez vous faire foutre. Je me ferai un plaisir de vous faire bouffer vos commentaires, et j'espère que vous vous étranglerez avec.)

Je passe la manette dans l'autre main, étire mes doigts tendus en essayant de me déstresser. Une icône rouge vif où figure un visage anonyme clignote devant mes yeux, surmontée du chiffre « 72 » et du pseudo « Spooky ».

— Bien. Ton pseudo est pourri mais le niveau fera l'affaire.

D'un clic sur la manette estampillée I.R.L.™, je lance le live sur ma chaîne PlayWithMe.

Une silhouette encapuchonnée apparaît sur l'affichage de ta puce comm', de dos. Tu la regardes d'un air absent tout en consultant les dernières notifications des réseaux sociaux qui défilent devant tes yeux ou résonnent à tes oreilles. Taille moyenne, aspect androgyne, peau dissimulée sous un sweat gris sombre surmonté d'un casque couleur nuit. Un choix curieusement banal pour un avatar. Comme si le joueur voulait donner aussi peu d'indices que possible sur sa personnalité.

Derrière, tu devines l'agitation d'un parc ; tu perçois des cris d'enfants, des conversations d'ados, des exclamations de joueurs en plein combat. Quelques arbres forment un couvert agréable. Tu jettes un coup d'œil blasé au gris qui t'entoure. Béton, fumée, acier. Un dégradé d'ennui qui te suit à la trace. Tu devrais peut-être aller au parc, toi aussi.

Tu hausses les épaules et reportes ton attention sur la fenêtre ouverte dans un coin de ta vision. La silhouette se glisse d'ombre en ombre avec un naturel surprenant. Elle a un objectif bien défini, et rien ne semble pouvoir l'arrêter. Ça doit être bien de se sentir si sûr de soi.

Je m'adosse à un tronc un peu plus imposant que les autres, dissimule une grande inspiration au drone caméra qui me suit à la trace. Ne montrer aucune faille.

Mon doigt hésite une seconde. « Le gaming, c'est pas pour les fiottes dans ton genre. » « Une tête comme la tienne, c'est pas fait pour les caméras ! » Je serre les dents. Chasse les relents nauséabonds du passé avec une bonne salve d'insultes mentales.

Et j'envoie mon premier défi.

Je parie que je peux te battre avant même que tu me localises.

Aussitôt, une longue suite de « bip » annonçant des connexions à mon live retentit sur mon interface. Mes anciens followers, fidèles au rendez-vous – avides de découvrir ce que je leur réserve. Ou, plus probablement, de vérifier que je suis à la hauteur de ce come-back. Je passe la diffusion en mode silencieux pour ne pas me laisser déconcentrer. Bon sang, ça fait du bien d'être de retour !

Tu te redresses un peu quand le défi retentit dans ton esprit. D'une pensée, tu fermes les fenêtres des réseaux sociaux et tu agrandis celle de PlayWithMe. Tu prends ton mal en patience pendant la page de pub réglementaire. « Commandez votre iFée ! Elle offre des vœux aux nouveau-nés et vous lance de la poudre de perlimpinpin au moment de dormir ! » Tu hésites une seconde, penses à tes insomnies, puis à ton compte en banque. Tu renonces. Quelques secondes plus tard, l'image réapparaît devant tes yeux.

Le cadre est plus large ; le joueur semble tout petit au milieu des autres. L'écran se divise en deux, montrant l'avatar de l'adversaire choisi par l'Invincible Moon. Il scanne la foule du regard, cherche à deviner qui le défie. Le jeu bloque sa connexion au live de Moon, bien sûr, pour l'empêcher de découvrir sa position.

Tu ris. Moon l'a bien cerné, il est à des lieues de comprendre ce qui l'attend. Son regard glisse sur le joueur sans s'arrêter, s'attarde sur d'autres silhouettes un peu plus loin. Quel idiot.

Et toi, est-ce que tu saurais le reconnaître ? Tu l'as observé longtemps. Tu connais sa démarche, sa façon de jouer ou de se moquer des sponsors de certains adversaires. Mais tu n'as jamais vu son visage derrière la capuche et l'avatar, et beaucoup ont échoué avant toi. Te crois-tu capable de défier l'Invincible Moon ?

Au fond, après tout ce que tu as lu sur lui, après toutes les hypothèses les plus farfelues et les attaques les plus violentes, as-tu vraiment envie de savoir qui il est ? Certains secrets ne sont pas faits pour être dévoilés.

Spooky ne répond pas tout de suite. Je m'y attendais ; il doit déjà me chercher dans la foule. Le principe de *Beasties* est simplissime : les joueurs invoquent leur créature grâce à la manette et l'envoient au combat contre celle de leur ennemi. Le vainqueur remporte des points d'XP, qui permettent d'améliorer sa créature et de la rendre plus puissante. Élever le Beastie et lui apprendre des tours constitue une part essentielle – sinon la plus importante – du jeu.

Oui, l'idée est carrément rétro. Mais tout le sel réside dans les détails. Dans le réalisme des Beasties, qu'on peut toucher, sentir, invoquer et ranger à volonté, mais qui sont programmés pour évoluer comme de vraies créatures. Bien plus qu'une simple impression 3D organique, c'est un programme de réalité augmentée envoyé par la puce comm' implantée dans le cerveau de chaque citoyen et directement reliée aux milliers de neurones responsables de nos sensations. Le filtre visuel nous permet de voir la créature et les avatars des autres joueurs, bien sûr. La grande nouveauté de *Beasties*, c'est que ça va beaucoup plus loin. De la même façon que, dans un rêve, on peut percuter un obstacle, renifler une odeur, entendre une voix et même ressentir la douleur, la manette active toutes les zones de nos sensations par l'intermédiaire de la puce, la douleur en moins. Les Beasties, leurs sorts, tout semble si réel qu'on ne fait pas la différence avec une vraie personne – à ceci près qu'on peut les renvoyer dans les limbes du virtuel quand bon nous semble. Ce qui, soyons honnêtes, serait bien pratique si on pouvait le faire avec tout le monde.

À ce principe de base s'ajoutent toutes les subtilités apportées par les joueurs, permises par la rencontre entre le réel et le virtuel. La surprise de découvrir qui nous affronte ; les particularités propres à chaque créature, soigneusement orchestrées par son joueur. Les défis lancés pour doubler l'XP. Chacun a son style propre, sa façon de jouer, de se créer un personnage pour entrer dans le jeu. Chaque combat est une nouvelle rencontre. Un spectacle.

Comme tous les autres joueurs, Spooky essaie de gagner du temps. Il scrute le rayon d'un kilomètre dans lequel je dois me trouver pour lui lancer un défi, me cherche avant d'accepter mon invitation, pour être sûr de gagner. Un frisson d'excitation me parcourt ; ça a toujours été mon moment préféré. Quand je joue, je deviens invisible à la vue de tous. Même mes followers n'ont jamais réussi à me percer à jour. Ils reconnaissent mon avatar de dos, à l'écran, mais une fois face à moi… ils m'ignorent complètement. Parmi les peaux bleues, les crêtes colorées, les bras de Vishnu, les oreilles de chat ou les trompes d'éléphant des avatars, j'ai choisi un physique passe-partout, de ceux qui reflètent tout ce qu'on veut bien y voir. C'est tellement reposant, quand on est toujours au centre de l'attention.

Je prends soin de me déplacer en marchant normalement pour me fondre dans la masse hétéroclite, dévisageant les autres joueurs du coin de l'œil, comme ils le font avec moi. Chacun cherche son adversaire, essaie de déceler qui se cache derrière le pseudo qui lui lance un défi. Mais personne n'imagine que Moon peut se dissimuler sous mes traits. Jamais. Que je me trouve sous leur nez ou un kilomètre plus loin, leurs regards passent sur moi sans s'arrêter… et mon secret reste bien gardé.

Un éléphant arc-en-ciel passe en volant devant moi, suivi par son joueur à la peau léopard qui le lance à l'assaut d'une sorte de girafe toute mignonne appartenant à une gamine de dix ans aux cheveux roses. Je l'ai déjà vue traîner ici : si le mec à l'éléphant croit gagner facilement, il risque d'être surpris.

Ils échangent leurs premiers coups quand je repère Spooky à l'autre bout du parc, caché derrière un buisson, à environ cinq cents mètres de moi. Il scrute les alentours, cherche désespérément son adversaire. La frustration gagne ses traits quand il comprend que je me joue de lui. Une fois de plus, son regard glisse sur moi sans s'arrêter.

— Tiens-toi prêt, je murmure à Loop, qui hoche sa tête velue en signe d'assentiment.

Dans une poussette, un bébé rigole en me désignant du doigt. Il a moins d'un an, et pas encore de puce comm' : tout ce qu'il voit, c'est la réalité crue. Des personnes qui regardent en l'air et hurlent des encouragements, absorbées dans un monde qu'il ne comprend pas. Pauvre petit. Je lui réponds par une grimace amusée tout en épiant Spooky discrètement.

Le regard de ce dernier s'arrête sur un grand gaillard à l'avatar particulièrement ridicule, doté d'un monstre violet plein de bave parfaitement hideux. Bien sûr. *Mon avatar ne peut être que tape-à-l'œil, puisque je suis forcément un mec baraqué riche comme Crésus pour toi, hein ?*

Ça ne manque pas. Un message s'affiche sur mon écran, annonçant qu'il a accepté mon défi.

Tu vas bientôt devoir changer de surnom, Moon l'Invincible.

Je ris en silence.

— C'est ce qu'on va voir, tiens. (Je me glisse derrière un arbre bien fourni, m'assurant que Loop est invisible à la vue de Spooky.) Tu es prêt bonhomme ?

Un « pouic ! » enthousiaste me répond.

— Alors montre-lui de quoi tu es capable !

Je m'agrippe à la manette, et lui ordonne mentalement une série d'attaques soigneusement préparées.

Tu te redresses un peu sur ton siège pour observer le combat. Tu sais que Moon doit frapper fort. Cette fois, pas question de tester l'adversaire : il doit en mettre plein les yeux, et tout de suite. Après deux ans d'absence, c'est sa seule chance d'attirer l'attention des sélectionneurs du premier tournoi mondial de Beasties.

Un défi complètement dingue, après tout ce temps à jouer les morts.

C'est perdu d'avance. Sa chaîne a trop peu de followers, et il commence tout juste à retrouver son audience grâce à son Beastie si surprenant.

Mais, au fond de toi, tu ne peux t'empêcher d'espérer qu'il réussira... Car la firme a promis que les participants au tournoi n'auraient pas droit à leur avatar. Elle a promis qu'ils devraient révéler leur vrai visage sur le terrain. S'il participe, Moon ne pourra plus se cacher...

Tu t'installes plus confortablement pour assister au spectacle.

Loop souffle en direction de Spooky. Un arc-en-ciel apparaît au-dessus de la tête de ce dernier, qui lève les yeux d'un air éberlué. Il semble hésiter à envoyer sa créature à l'attaque quand l'arc-en-ciel explose en une pluie d'étoiles roses, pour le plus grand plaisir des gamines qui se promènent dans le parc. Spooky rougit, de honte d'abord, puis de fureur en comprenant que je l'ai percé à jour et que je me moque de lui.

Il regarde désespérément alentour, fusille le grand baraqué du regard. D'une simple pression, j'active une autre capacité de Loop qui fait toujours son effet ; ma bestiole effectue une petite danse sauvage sur mon crâne, dissimulée à la vue de tous par les branches basses d'un platane. L'instant d'après, l'illusion flottante d'une Athéna capricieuse se matérialise au-dessus de l'hydre à trois têtes qui défend Spooky, à quelques centaines de mètres de là. La déesse grecque échappe aisément à une attaque, puis crie à qui veut l'entendre :

— Hercule, mon héros ! Je te conjure d'occire cette hydre au moyen de tes lames !

Tous les joueurs présents pivotent pour observer la scène, les yeux écarquillés. Chaque combat est un spectacle, mais rares sont ceux qui prennent le temps de peaufiner leur mise en scène. Les meilleurs joueurs reconnaissent aussitôt ma marque de fabrique : une technique incisive alliée à une mise en scène millimétrée, que je mettais déjà en application bien avant d'avoir mon Beastie, quand les sorts sortaient de mes propres mains. Mon pseudo est sur toutes les lèvres, les plus anciens cherchent déjà à me percer à jour, trouver quel avatar j'ai choisi pour ce nouveau défi. Les autres profitent simplement du show.

Ma petite Athéna tournoie autour de l'hydre sans l'attaquer, continuant d'appeler Hercule. À un moment, l'une des têtes parvient à l'attraper entre ses crocs. Spooky pousse un cri victorieux qui meurt entre ses lèvres lorsque l'illusion s'évapore en fumée.

— Hé oui, mon coco. C'était seulement la mise en bouche. Loop, tu es prêt ?

Je n'attends pas sa réponse – il l'est toujours. La main fermement ancrée sur la manette, je me concentre mentalement, prête à envoyer le clou du spectacle. Mais, au moment où je m'apprête à donner l'ordre, le bébé de tout à l'heure, qui n'a aucune conscience de ce qui est en train de se dérouler, se met à agiter un ourson à la guimauve juste devant mes yeux, me distrayant une fraction de seconde.

— Loop, attends !

Trop tard. D'un bond complètement disgracieux, il quitte mon crâne et tourbillonne dans les airs, caché à la vue de tous. Quand il retombe au sol, la terre tremble sous son poids.

En lieu et place du défi d'un Hercule fier et invincible, un grognement d'ours enragé s'échappe d'un museau désormais marron, tandis que la bête court à toutes pattes vers l'hydre, sûre de sa victoire – mais gâchant toute ma mise en scène. Je retiens un juron à la dernière minute et souris au bébé comme si de rien n'était, feignant d'observer la girafe assener le coup de grâce à l'éléphant volant. Les cris de joie de la petite fille accompagnent le grondement de défi de Loop et l'exclamation effrayée de Spooky, qui comprend qu'il a perdu.

— Montre-toi ! hurle-t-il à tout hasard. Montre-toi si t'es un homme !

Je hausse discrètement les épaules pendant que Loop envoie bouler l'hydre d'un coup de patte puissant. Elle s'écrase contre le mur d'enceinte du parc, gémit un peu, puis se redresse et repart à l'assaut en secouant ses trois têtes.

Je ne prends pas la peine de regarder la suite du combat. Un seul coup a suffi à lui ôter son bouclier ; l'hydre est rapide, mais elle manque de puissance et Spooky est trop énervé pour tenter une tactique plus subtile que l'approche directe. Loop n'a plus besoin de mon aide pour le battre à plate couture.

Mais le visage défait de mon adversaire ne m'arrache même pas un demi-sourire.

Ça ne suffira pas.

Tu secoues la tête, déçu, en voyant Moon s'adosser à un arbre pendant que l'ours se concentre sur le cœur de son adversaire. Rien dans son attitude ne laisse transparaître sa déception, mais tu sais.

Il a merdé. Cette victoire n'a aucune classe, aucun panache.

Elle est infiniment inférieure aux spectacles fabuleux que tu attendais, et certainement pas digne de l'ancien Moon.

D'une pensée rageuse, tu lances un commentaire sur le live PlayWithMe :

Voilà comment on foire son come-back.

D'autres s'affichent après toi, tout aussi déçus. Destructeurs. Les réseaux n'offrent pas de seconde chance.

— Mais putain, ta gueule !

Nouveaux regards surpris autour de moi. Je secoue la tête et envoie valser la fenêtre de ma chaîne PlayWithMe tandis que Loop, redevenu ma boule de poils orange à l'insu de tous, se place à côté de moi et glisse une toute petite main palmée dans la mienne. Je lui lance un regard triste, serre gentiment sa paume, mâchoires serrées à se rompre.

— Ben alors, bonhomme, qu'est-ce que tu as fait de ton deuxième bras ?

Il me regarde sans comprendre, puis tourne la tête vers la droite de son corps, là où aurait dû se trouver un autre membre.

— Pouic ?

Il hausse son épaule gauche avec une moue dubitative, se tortille un peu, et fait pousser un petit bras – un peu trop bas, si bien qu'il manque trébucher dessus avec sa patte avant. Il se dandine, tout fier d'avoir gagné, incapable de comprendre l'amertume qui empoisonne cette victoire. J'essaie de lui sourire, mais je ne parviens pas à ravaler ma colère.

Je coupe tous les réseaux, désactive la fonction « avatar »

de ma puce comm' qui me rend mon apparence habituelle, celle qui attire beaucoup trop les regards à mon goût. Je range la manette dans ma poche sans éteindre Loop qui s'accroche à ma jambe. Puis, le cœur lourd, je m'immerge dans la réalité pour oublier ma défaite tandis que nous prenons le chemin de la plage. Nous marchons en silence, côte à côte, et, alors même que c'est la première fois que je l'emmène ici, j'ai l'impression qu'il a toujours été là.

Six mois… Ça fait seulement six mois qu'il est entré dans ma vie. Et j'ai déjà presque oublié comment c'était avant.

CINÉMATIQUE

Six mois plus tôt

— Vous me faites chier.

Les présentateurs du journal qui s'agitent sur mon mur-écran m'ignorent royalement, continuant à déblatérer leurs âneries.

« Il y a lieu de s'interroger sur les dangers des jeux vidéo pour les jeunes générations, ânonne leur soi-disant spécialiste. On a déjà longuement parlé du côté malsain de les habituer à manipuler d'autres personnages ; mais je veux avant tout évoquer aujourd'hui la violence qu'ils vivent au quotidien, et désormais dans leurs propres rues, à travers ces jeux. »

— Va te faire foutre, connard.

— Qu'est-ce qui se passe ? lance sa voix depuis la cuisine.

Je soupire.

— Encore un imbécile qui croit qu'on va se faire la guerre en vrai à cause des jeux vidéo.

Sa tête apparaît dans l'entrebâillement de la porte, ornée du sourire doux qu'il me réserve toujours.

— Tu sais que tu peux zapper ?

— Ça m'énerve qu'on nous prenne pour des cons. On sera bientôt en 2100, putain, il serait temps que les choses évoluent ! Comme si nous affronter avec des sorts qui sont dans notre tête nous rendait plus dangereux que ceux qui déversent leur haine sur les réseaux sociaux à longueur de journée.

Des commentaires nauséabonds résonnent justement à mes oreilles comme je consulte pour la millième fois ma chaîne PlayWithMe qui végète depuis que j'ai arrêté de jouer. Plus l'envie. Plus la force de cacher qui je suis juste pour avoir les mêmes chances que tout le monde. Plus l'énergie de laisser toute cette haine dégouliner sur moi comme si c'était normal, comme si le fait de partager ce que j'aime induisait nécessairement d'accepter les insultes en retour. Avant, il y avait un écran pour nous protéger. Mais entre lire « va te pendre » sur un mur et l'entendre hurler dans son crâne à longueur de journée, il y a un monde que je n'ai pas voulu franchir.

Il s'assied à côté de moi, fait glisser son doigt avec douceur sur la partie tactile de notre table basse, puis le pose sur ma tempe et s'y attarde trois secondes, désactivant ma connexion.

— Tu te fais du mal.

— C'est pas comme si j'avais autre chose à faire.

Je lance un regard hargneux à ma boîte mail où s'entassent les réponses automatiques aux CV que je viens d'envoyer, et qui n'auront jamais de suite. Il soupire.

— Tu exagères. Tu pourrais réviser tes exams pour obtenir un diplôme pendant ton chômage ou regarder un film sympa. Ou rester dans la cuisine à côté de moi, pour me tenir compagnie pendant que je te prépare un bon petit plat qui remonte le moral.

Je fais la moue.

— Pas faim.

Je quitte enfin le mur-écran (redevenu mur tout court) du regard pour me plonger dans ses yeux.

— Comment tu fais pour être toujours aussi optimiste ?

— Je ne l'ai pas toujours été… (Il hésite, puis, comme toujours, évite de parler ouvertement de son passé.) Je pensais que le meilleur de ma vie était derrière moi et que tout me paraîtrait fade après ce que j'avais vécu. C'est d'ailleurs en partie ce qui m'a attiré chez toi.

Je lève un sourcil.

— Tu aimes me voir déprimer ?

— Mais non ! Je connais ton regard. Ce gouffre qui menace de t'engloutir à chaque instant. Et je sais comment te tendre la main.

Je pose ma tête sur son épaule.

— Je ne serai jamais *pro-gamer*, dis-je en soupirant. Ces connards avaient raison. Ça me tue de l'admettre mais je n'ai pas les épaules pour supporter tout ça. L'idée qu'on m'empêche d'avancer juste parce que je ne corresponds pas aux canons en vigueur et que je ne donnerais pas une bonne image… (Mon estomac se serre, envahi par la colère pour la centième fois depuis que j'ai pris la porte du job de mes rêves.) Mais ça n'avance à rien. Je peux râler autant que je veux, ça ne changera pas la réalité. Je ne changerai pas qui je suis, le monde auquel j'aspire continuera à me rejeter, et je serai toujours incapable de filtrer leurs commentaires sans la barrière d'un écran.

Je ne le vois pas, mais je sais qu'il sourit de nouveau. Il sourit autant que je râle – c'est peut-être pour ça qu'on s'entend si bien.

— Un autre bonheur t'attend quelque part, il te suffit juste de le trouver.

— Cette phrase ferait un malheur avec un chaton en arrière-plan.

Il rit en me poussant de l'épaule.

— J'ai mieux qu'un chaton. J'ai quelque chose qui t'arrachera un sourire.

Son regard pétille ; il est si sûr de lui que mon pouls s'accélère, juste un peu.

— Tu as déjà perdu ce défi il y a longtemps, tu sais ?

Il secoue fermement la tête.

— Oh que non. J'attendais juste le bon moment.

—Et qu'est-ce qui, selon toi, parviendra à soulever le coin de mes lèvres ?

C'est un vieux jeu entre nous : quand j'ai quitté mon job et qu'il a emménagé avec moi, il m'a juré qu'il arriverait à me redonner le sourire. Ce qu'il a réussi en partie – mais s'il croit que je vais le lui dire, il rêve.

— J'ai un jeu pour toi, avoue-t-il enfin.

— Un jeu old school où on n'a pas besoin de se montrer dans la rue ?

Il secoue la tête.

— Tu sais bien que c'est interdit depuis *Play Your Life*. Mais tu pourras jouer quand même, avec mon aide.

— Vu ton niveau, on est mal barrés !

— Je suis sérieux, Moon. Ça pourrait tout changer. Mon ami d'I.R.L.™ m'a parlé d'un nouveau jeu qui sera l'enjeu du siècle. (Il hésite un instant, lève sur moi un regard interrogateur. Je serre les dents en pensant à tous les CV que j'ai envoyés en vain à ces studios. Lui fais signe de poursuivre.) Il va y avoir un tournoi sans précédent pour l'anniversaire de la firme, je n'en sais pas plus mais ça a l'air énorme. Il m'a envoyé un code pour essayer la version bêta. C'est mieux que se morfondre en écoutant, je cite, « un connard qui nous prend pour des cons », non ?

Je n'essaie pas de nier – de toute façon, il sait qu'il a déjà gagné. Alors il rentre le code et active ce nouveau jeu. Va chercher la manette de lancement pendant l'installation.

— C'est quoi le principe ?

L'excitation me prend malgré moi quand je vois la barre de chargement flotter dans les airs. Une barre que je reconnaîtrais les yeux fermés.

— Oh putain ! C'est la nouvelle version, hein ? C'est bien le jeu auquel je pense ?

Il revient dans le salon avec la manette, un grand sourire éclairant son visage.

— Yep.

Ce n'est pas un jeu, c'est LE jeu. Celui qui a ramené les joueurs dans les rues.

— Putain, c'est complètement dingue ! Il ne doit pas sortir avant des semaines !

C'est dans ce genre de moments que je me rappelle qui il est. Quand il me sort, avec tout le naturel du monde, un truc que d'autres seraient prêts à tuer pour avoir. Quand il me parle d'« un ami d'I.R.L.™ » pour évoquer le fondateur et P.-D.G. de la boîte de jeux vidéo la plus importante au monde. Connard. Je l'admire autant que je le hais.

Je soupire en essayant de ravaler ma rancœur.

— Je devrai quand même me montrer s'il y a un tournoi, non ? On doit désactiver les avatars pendant les compétitions, pour que les juges soient sûrs que personne ne joue à notre place…

Le rappel est inutile : c'est précisément la raison pour laquelle je n'ai jamais pu devenir pro, et il le sait très bien.

— Tu vas comprendre, lance-t-il, mystérieux, en désignant la barre de chargement désormais pleine.

Une seconde à peine s'écoule, emplie de mes battements de cœur affolés.

C'est là qu'elle apparaît.

Une minuscule boule de poils orange vif, avec deux petites jambes et des grands yeux ronds qui me regardent avec admiration. Elle se dandine sur place, essaie de faire un pas vers moi, se vautre par terre avec un petit son suraigu.

— Qu'est-ce que c'est ?

J'ai parlé dans un souffle, par peur de l'effrayer.

— Ça s'appelle un « Beastie ». Ce sera ton arme – c'est avec lui que tu combattras les autres joueurs dans la rue, comme avant. Ce n'est plus toi qui lanceras les sorts à tes adversaires, mais lui.

Je fronce les sourcils tandis que la boule de poils tente désespérément de se relever. Ses jambes sont trop courtes par rapport à son corps, alors il roule plus qu'autre chose. C'est mignon, mais…

— Quel intérêt ?

— Ça rajoute du défi, d'après mon pote. Il n'a pas voulu trop en dire pour qu'on découvre par nous-mêmes, mais apparemment la créativité des combats sera accrue et quasiment illimitée avec ça.

Connaissant un peu la firme I.R.L.™, je comprends rapidement l'intérêt d'envoyer quelqu'un combattre à ma place.

— On pourra jouer sans se montrer directement, dis-je. C'est une sorte de protection pour les joueurs qui n'aiment pas qu'on les voie, vu qu'on a supprimé les écrans.

Je marque une pause, l'esprit en ébullition. *Ça veut dire que je peux jouer dans la réalité sans montrer qui je suis. Ça veut dire que j'aurai les mêmes chances que tout le monde si je parviens à me cacher lors du tournoi.*

— On peut jouer en équipe, précise-t-il. Chaque membre dirige tour à tour le Beastie, par exemple s'il y a un stratège, un bourrin et un qui joue plutôt en défense, ils peuvent se donner la manette selon leur adversaire et s'adapter selon les besoins. Donc si on s'inscrit tous les deux, personne ne saura qui dirige vraiment le Beastie. Et, pendant qu'ils se méfieront de moi, tu pourras leur mettre la pâtée.

Mon esprit s'emballe, imaginant déjà la scène que j'ai rêvée si souvent. Retourner leur mépris contre eux… C'est ce que j'ai toujours voulu. Du moins, c'est ce que je veux depuis que je me suis fait virer pour des prétextes bidon que je n'ai toujours pas digérés.

— Et la manette, elle sert à quoi ?

Il m'adresse un nouveau sourire, déjà attendri par la bestiole qui roule sur ce qui lui sert de dos, tire ses jambes vers le plafond, parvient à les agrandir et à se remettre dessus tant bien que mal.

— La manette crée et défait le lien entre ta puce comm' et tes neurones. C'est ton garde-fou pour pouvoir renvoyer le Beastie d'où il vient et le convoquer à volonté. La sécurité qui l'empêche de devenir trop envahissant, quoi. C'est un peu comme un œuf qui te relie à ton Beastie, à la fois sa maison et ton moyen de communication avec lui. Tu sais, comme les pokéballs des anciens Pokémon, dans les années 2000 ? Sauf que, là, ça te sert aussi à lui transmettre tes ordres de combat. Chaque Beastie est unique, et évoluera de façon unique. Il sera, en quelque sorte, le reflet de ta personnalité.

— Oh, merde. T'es mal barré, bonhomme.

La minuscule boule de poils me regarde sans comprendre. Elle buggue sur mes bras, s'approche pour mieux les voir – elle ne tombe pas, cette fois.

— J'espère que tu as plein de points de vie. Tu sais que je suis incapable de garder une plante verte plus de deux jours ?

Le Beastie ne réagit pas, entièrement concentré sur son objectif – moi. Ses grands yeux ronds sont comme exorbités ; il pose un pied après l'autre en risquant de perdre l'équilibre à chaque fois, comme s'il portait d'énormes chaussures.

— Pour le combat, ça me paraît compromis…

— Laisse-le faire. Il apprend.

Soudain, il se retrouve contre mon bras, posé sur le canapé. Je sursaute en percevant sa chaleur, la douceur de ses poils.

— Il est vivant ?

— Presque. Il ne ressent pas la douleur. Et il a des superpouvoirs.

Timidement, je passe une main sur sa tête, éprouve la sensation de ses poils sur ma peau. Ils frémissent à ce contact, comme si chacun avait sa vie propre.

— Ça chatouille, dis-je avec étonnement. Ça donne vraiment l'impression qu'il est réel.

— Je crois qu'il aime bien les caresses.

La bestiole nous regarde l'un après l'autre, lève les yeux sur ma main qui lui gratouille toujours le crâne. Alors, elle ferme les yeux très fort, et tous ses poils se dressent. L'instant d'après, un petit appendice apparaît sur le côté gauche de son corps.

— Un bras ! comprend-il en riant. Un bras avec une minuscule main au bout !

J'ouvre la bouche pour répondre, mais la créature bondit sur ses deux pieds et me coupe le sifflet. Elle atterrit sur le haut de mon crâne – comme ça, d'une simple poussée ! La seconde suivante, je sens quelque chose me chatouiller les cheveux.

— Elle te caresse les cheveux, juste comme tu viens de faire. On dirait qu'elle t'aime bien.

— Pouiiiiic ! approuve le petit Beastie, tirant sur mes cheveux dans son enthousiasme à me les caresser.

C'est à ce moment précis qu'il gagne son pari. La bestiole se dandine sur mon crâne, trébuche dans ses jambes désormais trop longues, roule en avant et tombe en tournoyant sur elle-même. Le regard mi-ahuri mi-vexé qu'elle me lance m'arrache un éclat de rire franc, dénué de la moindre amertume.

— Bienvenue à la maison, Loop, dis-je.

Lorsque je relève les yeux vers le regard brillant de mon compagnon, mon sourire s'étire jusqu'à mes oreilles.

NIVEAU 1

VOUS AVEZ UNE MISSION

Le ronronnement de la voix du prof, dans mon casque, me berce doucement. À ma droite, comme toujours, Orion prend des notes sur sa table-écran avec frénésie, sourcils froncés. J'appuie ma tête sur son épaule. Laisse errer mon regard sur l'amphi, ses bancs connectés, ses tables connectées, son tableau connecté, ses élèves connectés qui tentent désespérément de comprendre le monde qui les entoure. Ferme les yeux. Me connecte à un tout autre réseau.

— Tu devrais écouter, chuchote Orion. C'est intéressant.

Je tends l'oreille par réflexe, mais les mots « politiques » et « société » me replongent immédiatement dans ma torpeur.

Foutaises. Deux mots vides de sens, torturés par des hommes avides qui ont détruit toutes les valeurs qu'ils portaient. Et dire qu'ils sont censés diriger le monde. Je ne comprends pas comment les autres parviennent à y croire encore – surtout Orion, après tout ce qu'il a traversé.

Malgré deux ans d'études du cursus « médias et technologies », j'ai bien plus appris en bouquinant dans mon coin qu'avec tout le savoir insipide qu'on essaie de nous bourrer dans le crâne – même si les cours de codage ont leur utilité. J'ai essayé – j'ai vraiment essayé. Quand j'ai enfin compris que mon rêve n'était qu'un écran de fumée, j'ai voulu y croire. J'ai écouté, j'ai pris des notes, j'ai même posé des questions, parfois, en me disant que je finirais par trouver un autre chemin à suivre, qu'il y avait d'autres moyens de travailler dans le jeu vidéo, pour lesquels mon physique n'aura pas d'importance.

Mais rien à faire : ces cours m'emmerdent. Les gens m'emmerdent, avec leur optimisme bien-pensant et leur hypocrisie à toute épreuve, forgée par une société qui te demande de sourire même si elle te vampirise jusqu'à la moelle. « Joyeuses fêtes ! Bonne année ! Joyeuse journée du chaton ! » Et si j'ai pas envie ? Si je sais que je vais passer des fêtes pourries et que mon année sera merdique avant même d'avoir commencé ? Et si… Non, OK, pour la journée du chaton, je veux bien faire un effort. D'ailleurs j'ai cette photo d'une minuscule boule de poils siiii mignonne roulée dans une tasse, qui…

Bref. Deux ans à osciller entre ennui et colère, à regarder les autres tracer leur avenir sans avoir le sentiment que ça me concerne. Deux ans à monter des barrières entre moi et les gens. Enfin, pas *tous* les gens. Juste ceux qui font ressortir mon côté ours mal léché.

J'actualise frénétiquement ma messagerie pour la centième fois.

Rien. Toujours rien. *Il reste jusqu'à ce soir. Il reste encore une petite chance.*

Un bel exemple de déni *made in* Moon.

De dépit, je lance PlayWithMe et fais défiler des vidéos de joueurs ; la voix du prof se met en sourdine au profit des cris des Beasties et des défis des concurrents. Mais même ça ne parvient pas à me détendre et, fatalement, je finis par aller sur la page de mon dernier live pour vérifier le nombre de vues. Il n'a pas augmenté depuis la dernière fois.

6 523. C'est ridicule par rapport au million de vues des plus suivis.

Mon regard se pose sur une petite icône en forme de bulle, rouge et barrée pour le moment. L'idée m'effleure de la réactiver ; d'aller voir par moi-même les réactions à mon retour, sans passer par le filtre d'Orion qui m'a interdit de me faire du mal. « Tu veux ma queue ? » « Retourne chez ta mère et laisse les grands entre eux. » Je renonce.

La tête d'Orion se repose contre la mienne.

— Cette attente va me rendre dingue.

— Je sais. (Il presse sa joue contre mes cheveux.) L'essentiel c'est qu'on soit ensemble, non ?

Je ne réponds pas. Être avec lui, c'est probablement ce qui m'est arrivé de mieux. Lui regarde au-delà des apparences et se moque bien de ce qu'on peut penser de moi. Pourtant je ne peux pas m'empêcher de penser que ça ne suffit pas. J'aime construire ma vie avec lui, mais je veux aussi *me* construire. Trouver ma voie. Et, que je le veuille ou non, elle ne se trouve pas sur les bancs de la fac.

Je m'apprête à consulter mes mails pour la 456e fois depuis le début du cours quand un éclat vert, à ma gauche, retient mon attention. Un caméléon qui ressemble à celui de la *Raiponce* de Disney du début du siècle se dandine sur une des tables, imitant la gestuelle du prof qui a le dos tourné. Je ris de la référence, tellement datée. Encore une particularité de *Beasties* : ils multiplient les allusions culturelles au début du siècle, pour que chaque duel soit comme un voyage dans le temps. Ils nous poussent à piocher dans notre histoire, à apprendre. Certains poussent même le vice jusqu'à tirer leur avatar de cette période. *Play Your Life* aussi ressemblait aux années 2000, d'ailleurs. À croire que le chef du studio est fasciné par cette période… et ce n'est pas pour me déplaire.

Quelques élèves pouffent quand le prof pivote brusquement vers nous et que le caméléon se jette sous la table. C'est con, mais ça a le mérite de me distraire.

Je ris tout bas ; comme en écho, le caméléon tire une langue démesurée jusqu'au prof plusieurs rangs plus bas, pour le plus grand bonheur de nos camarades de classe. Et le mien.

— C'est pas mal, mais Loop serait vachement plus drôle, commente Orion.

— Normal. Loop est le meilleur.

Si seulement tout le monde pouvait s'en apercevoir.

Machinalement, je vérifie une nouvelle fois mes mails, une boule d'angoisse dans mon estomac.

— Ça va aller, chuchote Orion. On va surmonter ça ensemble, d'accord ?

Je hoche la tête sans grande conviction.

— C'est peut-être ça, le problème.

Il hausse un sourcil, attend que je poursuive.

— J'ai fait la vidéo de qualification en solo. On n'était pas ensemble, cette fois.

Il presse son épaule contre moi, sans un mot. Le petit caméléon continue ses singeries. Orion a raison : Loop est beaucoup plus drôle.

Et là, je souris de toutes mes dents.

— J'ai une idée.

Il ne lui faut pas une seconde pour comprendre ce que j'ai en tête.

— Tu ne vas pas faire ça.

— C'est du jamais-vu, les followers vont adorer !

— Mais…

— C'est peut-être le truc qui nous manque pour être qualifiés. Il est peut-être encore temps. Je pense à notre chaîne, Orion. À notre avenir.

J'essaie de prendre un air sérieux, mais il ne s'y trompe pas.

— Tu penses surtout à t'amuser !

Je glousse.

— Oh, allez… Ce cours est ennuyant à mourir !

— J'essaie de suivre.

— Tu viens déjà de manquer dix minutes. Tu rattraperas ce soir ?

Froncement de sourcils. Hésitation. Je dégaine mes yeux de chat potté.

Nouveau soupir – un poil désespéré.

— OK, je te suis. Mais c'est toi qui fais le repas ce soir.

— Cool, j'avais envie de pizza !

Il retient un rire pour ne pas attirer l'attention du prof, puis connecte discrètement son drone-caméra pour filmer le caméléon.

— Je m'occupe du live, tu gères la bestiole et tu te débrouilles pour que personne ne me reconnaisse. Fais gaffe, je ne peux pas activer mon avatar en cours.

Un petit frisson de danger me parcourt la colonne quand je réalise que, cette fois, ça va être beaucoup plus compliqué de rester anonyme. Puis je souris en regardant Orion.

— Ensemble.

Tu fronces les sourcils en voyant la notification gêner ton champ de vision. Tu essaies de faire abstraction, tu te concentres sur la scène que tu veux photographier pour la poster sur les réseaux. Deux figurines électroniques d'apparence flambant neuves, alignées sur l'étagère de ton bureau. Tu fais un pas à droite pour dissimuler la rayure dans le dos de la plus petite, pivotes légèrement pour masquer la to-do list *longue comme le bras et les notifications en pagaille autour de ton espace de travail.*

L'icône PlayWithMe clignote une nouvelle fois, juste au milieu du visage de la plus grande poupée. Tu restes immobile, attends qu'elle disparaisse, agacé. D'un battement de cils, tu captures ces deux figurines main dans la main, si mignonnes, qui vont faire craquer tous tes amis.

Tu ajoutes un filtre, modifies les contrastes pour bien faire ressortir leurs yeux bleus. Un petit smiley souriant en commentaire, et c'est en ligne.

L'icône PlayWithMe revient à la charge. Exaspéré, tu essaies de la chasser, mais tu vas trop vite et la fenêtre s'ouvre devant tes yeux. Revoilà la pub des iFée, que tu n'as aucun moyen de passer. Dix-sept secondes de frustration pendant lesquelles tu t'apprêtes à clore l'application dès que tu le pourras.

Mais la silhouette encapuchonnée de Moon sur les bancs de la fac, désignant un caméléon en train de faire des âneries, te retient un instant. Elle semble… différente. Comme si le joueur avait changé d'avatar.

— Ici Orion, de la chaîne « Moon et Orion », chuchote mon tandem à ma droite. J'espère que le son est correct parce que je ne peux pas parler plus fort. À tout juste une semaine des examens de fin d'étude, on s'apprête à vous donner un spectacle comme vous n'en avez jamais vu… ici même, dans l'amphithéâtre de la fac d'Akala !

Les « bip » des connexions au live s'affolent. Mon cœur aussi.

Ça peut le faire. C'est peut-être le truc qui nous manquait.

Ma main caresse la manette, mais je n'appuie pas sur la commande qui fera apparaître Loop. Pas encore. Je laisse le nombre de connexions augmenter, tandis que le petit caméléon continue sa danse sans se douter de ce qui l'attend.

Ils sont déjà plusieurs centaines à attendre la suite.

— Le défi est double, poursuit Orion, qui n'a pas son pareil pour attirer l'attention de nos followers. Vaincre ce pauvre petit caméléon avec panache, et échapper au regard du prof qui peut se retourner à tout moment. Je rappelle que, dans des cas similaires, des professeurs ont obtenu que leurs élèves soient bannis du jeu jusqu'à la fin de l'année afin de ne plus perturber la classe.

Je déglutis en prenant soudain conscience du risque que je cours. *Et puis merde. Si je ne le fais pas, c'est foutu de toute façon.*

D'une pression, je fais apparaître Loop sous la table et le change aussitôt en quelque chose de tout petit. Dans la précipitation, je dois procéder un peu au hasard. Je me retrouve avec une espèce de boule de poils noire avec des yeux, comme les noiraudes des vieux films de Miyazaki. Elle se blottit au creux de ma paume, dissimulée entre mes cuisses et mon sac, en vibrant légèrement. Cette apparition surprenante en dit probablement long sur mon inconscient, mais je préfère ne pas m'attarder sur la question.

Orion fait glisser sa main sur ma cuisse et la pose au-dessus de la mienne. Loop frémit de plaisir entre nos paumes.

Je lance la partie.

« Je parie que je peux te battre avant même que tu me localises. »

— L'Invincible Moon vient de lancer son défi ! chuchote Orion. Ça va saigner sur les bancs de la fac !

Il n'y a pas à dire, il est doué, bien plus que je ne l'étais. Les followers l'adorent, et c'est en grande partie grâce à lui que ma chaîne a pu renaître de ses cendres. Orion et Moon : la voix et l'arme. Un cocktail inédit qui fait le bonheur de nos abonnés… et le mien.

Le propriétaire du caméléon, un mec plutôt doué pour épater la galerie, sursaute en voyant mon pseudo s'afficher sous ses yeux. Il pâlit, regarde de tous côtés. Tout le monde le dévisage, bien sûr. Certains sont sûrement connectés au live ; les autres s'amusent simplement de ses pitreries. Orion se tait, fait mine de prendre des notes.

Tu retiens ton souffle quand le prof se retourne pour expliquer ce qu'il vient d'afficher au tableau – un diagramme en bâtons ringard au possible. La victime de Moon (un certain « Angel ») met un peu trop longtemps à réagir. Son caméléon disparaît sous la table une seconde trop tard… mais le prof ne remarque rien.

— Le combat a failli se terminer avant même d'avoir commencé, souffle Orion dans son micro. Le seul nom de l'Invincible Moon suffit à faire trembler ses adversaires !

Le regard du prof s'arrête sur lui un instant ; Moon lui tend son stylet, comme s'il venait de le lui demander. Le prof se détend.

Toi aussi. Tu jettes un œil aux likes de ta dernière photo qui ne cessent de croître, mais tu as déjà oublié pourquoi tu l'as postée. Tu sens qu'il se passe quelque chose. Pourquoi Moon semble-t-il si différent ? Le drone-caméra n'a toujours filmé que son dos, mais, cette fois, il évite carrément de le garder dans son champ. Pas de doute : il est en train de jouer le tout pour le tout, et il risque gros.

Allez, Moon ! *souffles-tu en commentaire.* Montre-nous du grand spectacle !

D'autres sont moins enthousiastes ; leurs remarques défilent dans ton esprit tandis que tu observes les épaules de Moon se tendre, son dos se redresser imperceptiblement, comme avant chaque combat. Tu devrais fermer la fenêtre et te remettre au travail, mais quelque chose te retient. Peut-être la peur un peu jouissive d'assister bientôt à un échec cuisant.

Ou peut-être l'espoir inavoué de t'être trompé, et de découvrir bientôt le visage qui a tellement fait parler de lui deux ans plus tôt.

Loop bondit d'impatience dans ma paume – ça chatouille, avec ses longs poils noirs qui frémissent. Son excitation est contagieuse. Le prof finit par reprendre son cours, le nez sur son mur-écran, en nous lisant un texte qui me semble assez long pour passer à l'offensive.

Reposant ma tête sur l'épaule d'Orion avec un bâillement d'ennui, j'ouvre la main gauche pour libérer Loop et programme mentalement une série d'attaques courtes que je peux interrompre à tout moment.

— Moon est en totale impro, commente Orion. Accrochez-vous, ça promet un combat de folie !

Je prends une grande inspiration, atténue le son de sa voix grâce à l'option filtrage de mon casque. J'adore son sens du spectacle, mais j'ai besoin de toute ma concentration pour anticiper à la fois les mouvements de mon adversaire et ceux du prof, sans laisser paraître le moindre intérêt pour ce qui se passe. C'est le moment de laisser mon côté « ours mal léché » reprendre le dessus.

À ma demande, Loop se faufile sous les tables, entre les chaussures, sans que personne ne le remarque. De loin, on pourrait le prendre pour un mouton de poussière. Je lui fais faire un détour, juste au cas où, si bien qu'il arrive vers Angel par la gauche, à l'opposé de moi. J'attends qu'il soit tout près du caméléon, m'amuse de voir Angel scruter chaque élève de l'amphi sans se douter une seconde de qui je suis, jette un dernier coup d'œil au prof toujours plongé dans sa lecture à voix haute, et enclenche la première attaque.

Loop-noiraude bondit sur la table, juste aux pieds du caméléon, qui sursaute sans un bruit – Angel est assez malin pour avoir désactivé ses fonctions sonores. Déjà, Loop est devenu une poêle géante, l'arme utilisée par Raiponce dans le film d'animation, histoire de rester dans la référence culte. Je prends le risque de lui faire pousser une longue chevelure blonde pour que tout le monde saisisse le lien ; celle-ci s'enroule autour du caméléon pour l'entraver, puis se glisse au-dessus de sa tête comme une perruque ridicule.

— Merde, c'est Moon ! lance une voix dans la salle, surexcitée. Moon est dans l'amphi !

Il me faut toute ma concentration pour ne pas sursauter. Et plus encore pour ne pas vérifier si on me pointe du doigt.

Orion me rassure d'une pression sur la cuisse.

— Le style inimitable de l'Invincible Moon s'est déjà fait remarquer grâce à son interprétation pour le moins originale de Raiponce ! C'est vrai que cette longue chevelure ferait une bonne corde de pendu… si la princesse en avait eu assez d'attendre son prince, qui sait ce qu'elle aurait fait ?

J'inspire lentement, calmement. Le caméléon mord à pleines dents les cheveux qui le retiennent ; il finit par réussir à les couper, mais pas sans écoper d'un bon coup de poêle à frire qui lui ôte son bouclier. La voix du prof se fait plus traînante alors qu'il arrive à la fin d'une phrase. En un clin d'œil, je commande à Loop d'attraper le caméléon par la queue et de le tirer sous la table – juste à temps pour éviter de nous faire remarquer.

Angel soupire de soulagement. À voir la façon dont il se tortille sur sa chaise, il n'en mène pas large. Ses stats ne sont pourtant pas mauvaises : avec un peu de stratégie il aurait une chance de battre Loop.

Mais pas cette fois. J'aurais pu demander à Loop de se cacher et laisser son caméléon se faire surprendre par le prof, et il le sait. J'aurais pu gagner le combat par KO, lui infliger plusieurs semaines de bannissement et un tour chez le directeur. *Sauf que ça manquerait carrément de classe.* Comme tous mes followers, Angel a compris où je voulais l'emmener.

— *Let's play !* lance Orion, en écho à mes pensées.

Tu ris tout haut devant les pitreries de Loop-poêle à frire, t'attirant des regards courroucés de tes collègues. Tu rougis un peu, espères secrètement qu'ils ne te demanderont pas ce qui est si drôle, te forçant à avouer ton penchant pour un jeu qu'ils trouvent idiot.

Le panache de Moon te fait vite oublier ta honte. Le voilà, le joueur que tu aimais tant suivre au tout début de sa chaîne, quand les combattants n'avaient pas encore de Beastie ! Celui qui ose tout, n'échoue jamais et qui n'a pas son pareil pour détourner des références imposées par le jeu. De quoi est-il capable, maintenant ?

Comme en réponse à tes pensées, Loop-poêle à frire, redevenu chauve, lance une pluie de paillettes dans le dos du prof, de nouveau concentré sur son texte. Tu retiens de justesse un cri surpris, un brin admiratif. Le prof se retourne de nouveau.

Tu vois qu'il se doute de quelque chose, mais une fille, deux rangs devant Moon, lève la main pour poser une question, détournant son attention. Tu souris, tu te rappelles tes propres cours, cette solidarité entre élèves dès qu'il s'agit de s'amuser un peu. Tu en as eu, des bons moments sur les bancs de la fac.

Mais jamais comme ça.

Moon ose un lancer de paillettes autour de la demoiselle, ravie. Bientôt, tout l'amphi rivalise d'ingéniosité pour détourner l'attention du prof et attirer celle du célèbre joueur. Celui-ci s'amuse un peu avec eux, faisant disparaître son Beastie parmi les chaussures pour réapparaître soudain entre les cheveux de sa cible avec un tour rigolo. Plus personne ne s'intéresse au caméléon, qui tente désespérément d'attirer l'attention pour regagner des points de charisme qui lui permettraient de reconstruire son bouclier.

Tu le regardes une seconde, presque avec pitié. À la place d'Angel, tu essaierais plutôt de trouver Moon pour faire échouer son défi. Ou bien tu transformerais sa version de Raiponce en conte horrifique propre à faire frissonner tous tes followers.

Mais Moon préfère attendrir. Loop, changé en l'un des

fameux petits lampions colorés qui s'envolent autour du château de Raiponce, agrippe de nouveau son adversaire par la queue et l'entraîne dans les airs – loin au-dessus de leurs têtes, jusqu'au plafond. Ils y sont toujours quand le prof achève son explication et se tourne vers la classe agitée.

— Si je vous gêne, vous me dites, hein ?

Tu glousses, ressens un léger frisson d'excitation. Quand le prof lève un regard autoritaire vers le fond de l'amphi, le tien se pose soudain sur la main de Moon crispée sur la manette, prête à tout déconnecter.

Ne fais pas ça, *commentes-tu à toute vitesse.* Tu vas tout gâcher !

Le souffle court, je laisse mon doigt errer sur la manette tandis que le prof scanne le fond de la classe du regard, tout près de Loop et de sa victime qui s'agitent toujours au plafond. D'une pression, je peux renvoyer Loop dans son œuf et faire cesser la plaisanterie.

Les centaines de notifications du live m'en empêchent. *On est en train de faire un carton.* La tête posée sur la mienne, Orion parvient à incliner le drone-caméra vers le plafond sans se faire remarquer pour que les followers ne perdent pas une miette du spectacle.

Loop, toujours transformé en lampion, balance le caméléon par la queue au-dessus de nos têtes. Celui-ci s'égosille en silence, coupé de ses fonctions sonores. Angel est trop occupé à stresser pour lui envoyer des commandes, alors le Beastie est livré à lui-même.

Les « bip » sonnent de plus en plus vite dans mes oreilles, symboles de commentaires que je n'entendrai pas. Je joue le tout pour le tout. D'une pensée, je demande à Loop de promener le caméléon tête en bas, toujours au plafond. De temps en temps, une main surgit du lampion et tape sur la tête de son adversaire, qui perd quelques points de vie. Je prends mon temps. Les élèves ont de plus en plus de mal à se retenir de rire.

La barre de vie d'Angel descend inexorablement. Il ronchonne, mais même lui s'amuse du spectacle donné par sa pauvre bestiole malmenée.

— Balance le final, chuchote Orion. Ils sont au taquet.

Je hoche imperceptiblement la tête.

J'attends que le prof se penche de nouveau sur ses notes, puis je transforme Loop. Pas de poêle chevelue cette fois : c'est Raiponce elle-même qui apparaît aux yeux de mon public ébahi – et persuadé que le prof va finir par nous attraper.

Avec un sourire mielleux, Raiponce lance sa meilleure attaque – les cheveux étrangleurs – et enroule amoureusement sa longue chevelure autour du cou du caméléon subjugué. Dernier coup d'œil vers le prof. Ma tête se presse plus fort contre celle d'Orion. Mon souffle s'emballe.

D'une simple pensée, j'active les fonctions sonores de Loop et je lui fais chanter la chanson *Où est la vraie vie*, celle de Raiponce dans sa tour, tout en serrant ses cheveux d'un coup sec avec un regard ennuyé. Le caméléon explose dans un geyser de paillettes juste au moment où le prof se retourne pour voir ce qui se passe – et contemple, ahuri, ses élèves qui ricanent sous une pluie étincelante digne du Disney le plus kitsch. Loop a déjà disparu ; Orion continue de filmer.

Yes ! T'es le meilleur, Moon !

Tu esquisses une petite danse de la joie, heureux que tes collègues soient partis déjeuner sans toi. Cette victoire, c'est un peu la tienne au fond, puisque tu as soutenu Moon depuis ses débuts. Ça prouve que tu avais raison de croire en lui, malgré toutes les rumeurs que tu as entendu à son sujet, après qu'il a quitté brusquement les réseaux il y a deux ans. Après tout, qu'est-ce que ça change qu'il soit difforme, ou très laid, ou malade, ou quel que soit son secret ? Cette victoire, personne ne peut la lui enlever.

Et peut-être que ça suffira à le faire sélectionner au tournoi ?

Je feins de retenir un bâillement en me déconnectant du jeu.

— On a dépassé les 10 000 connexions en live, chuchote Orion alors que le prof s'égosille, pour le plus grand plaisir de nos followers. Tu as tout déchiré.

Je le regarde avec appréhension.

— Et… les commentaires ?

Il sourit.

— Ils sont tous excellents. Il y a quelques insultes de *haters* et une ou deux nouvelles suppositions originales sur ta nature mais elles se noient dans les autres. (Son sourire s'élargit.) La prochaine fois, tu pourras les écouter toi-même.

Un poids s'enlève de ma poitrine, plus lourd que je l'avais imaginé. Mais l'angoisse, elle, est toujours là.

Ceux qui ont été sélectionnés ont sûrement le double de vues, au moins. Si je ne participe pas à ce tournoi…

C'est alors qu'un mail apparaît dans mon champ de vision. LE mail.

Vous avez une mission.

NIVEAU 2

SÉLECTIONNEZ VOTRE ÉQUIPEMENT

— On a réussi ! Putain Orion, tu te rends compte ?

Il sourit tranquillement, comme s'il n'en avait jamais douté.

À sa décharge, ça doit faire une semaine que je répète ça, il a eu le temps de se remettre de sa surprise. Pas moi.

— Bordel, on l'a vraiment fait !

Je ris, je bondis partout – assez pour le faire rire à son tour. Pour la centième fois, je l'attrape par la nuque pour le regarder droit dans les yeux.

— On peut gagner, tu sais ? Toi et moi, ensemble.

Il hoche la tête, silencieux. Je sais qu'il a peur que ça ne se passe pas comme prévu. Mieux que personne, il sait que je ne me relèverais pas de ce nouvel échec.

Mais on peut gagner. Cette mission, c'est la promesse d'une nouvelle vie, celle de laisser ma honte derrière moi une fois pour toutes… raison pour laquelle je fourre en ce moment même avec entrain toutes mes fringues dans la plus grosse valise que j'ai pu trouver à l'appart. Sans oublier nos « costumes de scène ». Orion s'amuse en me voyant plier soigneusement la longue cape noire à capuche ample alors que mes autres vêtements sont jetés pêle-mêle et déjà tout froissés. Je passe un doigt sur les discrètes broderies argentées dans le dos – un croissant de lune au milieu de la constellation d'Orion, juste au niveau du cœur du Chasseur. Il me l'a offerte quand on a décidé de relancer la chaîne PlayWithMe pour participer au tournoi.

C'était comme m'offrir un nouveau rêve.

— J'en ai appris plus sur la compétition, m'a-t-il dit avec un sourire malicieux. Ce sera un truc grandiose, du jamais vu. I.R.L.™ va sélectionner les meilleurs joueurs et organiser des épreuves plus spectaculaires les unes que les autres, à l'occasion du cinquième anniversaire de la firme. Les meilleurs moments seront diffusés à la télévision.

Mes yeux brillaient déjà, fixés sur les broderies de la cape flambant neuve. Il a baissé le ton et s'est penché vers moi.

— Le gagnant deviendra joueur pro pour la firme, a-t-il ajouté tout bas. Une sorte d'égérie qui les représentera pendant les tournois d'e-sport et les grands événements.

Là, mon cœur a carrément manqué un battement.

— Tu te fous de moi.

— Tu sais bien que non.

Il a inspiré un grand coup avant d'ajouter :

— On peut y arriver, Moon.

— Mais le studio a promis de dévoiler le visage des concurrents. Ils vont désactiver les avatars pendant les phases de jeu. Si je perds mes followers, je n'ai aucune chance de gagner.

— Avec ce concours et notre Beastie, tu peux rester anonyme même si les participants verront ton vrai visage. On fera attention à ce que les followers ne voient que ton dos ou ton avatar, je serai toujours avec toi et personne ne saura qui de nous deux est l'Invincible Moon, à moins que tu décides de le leur dire. Et, quand on gagnera et que tu deviendras la nouvelle égérie d'I.R.L.™, tu leur renverras leur mépris dans la gueule.

J'aurais ri au nez de n'importe qui d'autre. Je l'aurais traité de dingue, je lui aurais répété pour la millième fois la vérité qui me ronge depuis deux ans – que je n'ai aucune chance de devenir *pro-gamer* pour les firmes, qui préfèrent de loin les ados charismatiques pour les représenter, et qu'aucune équipe d'e-sport ne voudra jamais de moi parce que je n'ai pas le profil. Merde, on ne me laisse même pas une chance de prouver ma valeur ! Comme si l'idée de jouer contre moi les avilissait.

Alors, oui, à n'importe qui d'autre, j'aurais envoyé une vanne pourrie et bien amère en me rappelant toutes les larmes de rage que j'ai versées à cause de cette putain d'injustice, et j'aurais tourné les talons.

Mais je ne l'ai pas fait. Je savais d'où il tirait son info, je savais qu'il ne me mentait pas et, surtout, je savais qu'il ne s'amuserait *jamais* à me donner de faux espoirs. Pas alors qu'il venait de passer deux années entières à chasser les nuages noirs au-dessus de ma tête.

Non, je ne lui ai pas ri au nez. Je l'ai embrassé avec fougue et j'ai commencé à flipper.

Cette fois, si j'échoue, je ne pourrai m'en prendre qu'à moi-même.

En un sens, ça a un côté carrément jouissif. Pour la première fois depuis deux ans, j'ai l'impression de maîtriser un peu ma vie.

— Bordel, on l'a vraiment fait !

Je sautille sur place, me décide à poser la cape dans la valise, juste à côté de celle d'Orion, me rappelle de justesse que l'e-mail précisait d'emporter un maillot de bain, et fonce le chercher dans la chambre.

— Tu crois qu'ils vont nous faire longer la côte ? Ou peut-être aller combattre les monstres dans l'océan ? Bon sang, ce serait énorme !

— Ce *sera* énorme, acquiesce Orion. Un road-trip tous frais payés avec Loop et toi, des combats endiablés et des épreuves pleines de surprises, que demander de plus ?

— Les meilleures vacances d'été de *toute notre vie !*

Je rajoute un pull dans la valise au cas où ils nous envoient vers le Nord, un tee-shirt dans l'espoir qu'on aille plutôt au Sud, vérifie que j'ai bien toutes mes batteries externes chargées à bloc, les cadeaux des sponsors potentiels qui comptent sur un placement de produit, le matériel de tournage et la puce à placer dans la voiture qu'on a reçue hier, prête à l'emploi. Ils chargeront notre itinéraire dessus chaque matin, ainsi que les défis qu'on devra relever pour obtenir le droit de recevoir celui du lendemain. Le tout doit durer une semaine et nous mener au combat final qui déterminera le grand vainqueur du tournoi – et le prochain joueur pro de la firme. « Soyez prêts à tout, précise le mail. Désormais, rien n'est impossible IRL. »

— Bon, je crois que j'ai tout, dis-je en examinant mon sac débordant d'un œil critique.

Orion, lui, a déjà soigneusement plié et rangé chacune de ses affaires depuis longtemps.

— Pouiiiiic ! proteste une boule de poils orange qui apparaît soudain dans ma valise.

J'éclate de rire en le prenant dans mes bras.

— Mais non, on n'allait pas t'oublier ! Regarde, la manette est juste là, bien enroulée dans la ca…

C'est là que je réalise. Et que j'envoie bouler Loop dans un sursaut incontrôlé.

— Merde, qu'est-ce que tu fous là ?!

Le regard d'Orion passe de Loop – qui campe fermement dans la valise, vexé que je l'aie fait tomber – à moi – qui le dévisage comme un fantôme surgi de nulle part.

Ce qu'il est plus ou moins.

— C'est quoi ce bordel, putain ?

Loop me tire la langue comme pour me narguer. Rien d'inhabituel – à part qu'il n'aurait jamais dû pouvoir apparaître sans que j'appuie sur le bouton de la manette, restée bien au chaud dans la valise. Orion se connecte aussitôt aux réseaux.

— Je vérifie s'il y a eu une mise à jour.

Ça, c'est Orion. Toujours maître de lui-même.

Moi, je regarde Loop les bras ballants et le cœur battant, incapable de sortir autre chose qu'un « keeekékoicéça ? » étranglé.

— Il y en a bien eu une…, annonce Orion.

Je commence à soupirer de soulagement, mais il poursuit :

— … mais elle est vraiment mineure. Ils ne parlent nulle part d'autoriser les créatures à apparaître quand elles le désirent. (Sa voix devient légèrement angoissée tandis qu'il réfléchit.) De toute façon, ça deviendrait carrément ingérable. T'imagines si Loop apparaissait pendant les examens de fin d'année, demain ? Et si toutes les créatures pouvaient faire pareil ?

Je sais à quoi il pense.

— Personne n'a oublié comment I.R.L.™ a été construit,

dis-je tout bas, sachant que je marche sur des œufs. Comment on s'est rendu compte que les personnages de leurs jeux vidéo étaient aussi humains que nous. La peur de ce dont la firme est capable est dans tous les esprits. Une mise à jour comme celle-là signerait son arrêt de mort.

— Ça pourrait être des activistes. Des défenseurs des droits des personnages, comme ceux qui ont aidé les premiers à s'intégrer à la société.

— Comme ton amie Ch…

Son froncement de sourcils fait mourir le reste de ma phrase sur mes lèvres. Très peu de choses sont capables de faire angoisser Orion, mais ce sujet en fait partie. Il porte son passé comme une vieille blessure – avec fierté, mais aussi parfois avec douleur. Il s'est longtemps accroché à son ancien pseudo comme à une ancre ; il refusait d'en changer, malgré toutes les informations qu'on pouvait trouver sur lui. Ça revenait à oublier une partie de sa vie. À prendre le risque de répéter les erreurs du passé.

— C'est sûrement juste un bug, dis-je pour le rassurer. On devrait appeler le SAV.

— Pouic pouic pouic pouic ! proteste Loop, qui vient se blottir dans les bras d'Orion et s'y agrippe de toutes ses forces.

Il me lance un regard noir duquel sortent littéralement des petits éclairs – qui m'impressionneraient s'ils n'étaient pas rose fuchsia.

— Loop a raison, soupire Orion. On n'a pas le temps de l'emmener au SAV avant le tournoi.

Le départ est prévu pour demain soir, juste après les derniers examens qu'on devrait être en train de réviser en ce moment même. J'hésite malgré tout :

— Mais s'il a un dysfonctionnement en plein combat ?

— Ça n'arrivera pas, me rassure Orion. De toute façon, tu as probablement appuyé sur la manette sans t'en rendre compte. Loop n'a pas pu se mettre à bugguer comme ça, d'un coup, alors qu'on n'a touché à rien… Et puis, il ne nous lâcherait jamais en pleine bataille. Pas vrai bonhomme ?

L'intéressé hoche vigoureusement sa tête-corps, et transforme les éclairs qui jaillissent de ses yeux en petits cœurs de toutes les couleurs. C'est tellement kitsch que je ne peux réprimer un gloussement.

— Il faut vraiment que je refasse ton éducation artistique.

Quand je le vois comme ça, blotti dans les bras d'Orion, j'ai tendance à oublier qu'il n'a pas toujours été là.

Je m'approche et les enlace tous les deux.

— Tu vas bien, hein, mon p'tit Loop ? Tu n'es pas malade, ou quelque chose comme ça ?

Loop ne répond pas – à sa décharge, il ne doit pas savoir ce que veut dire « malade ». Il se contente de roucouler de bonheur et de resserrer son étreinte autour de nous.

— Tu te rends compte qu'on fait un câlin à un programme virtuel ? dit Orion en riant. Il est seulement projeté dans notre cerveau.

— Je m'en fous. Je l'aime trop.

— Ouais, moi aussi.

— Pouiiiiic !

On rit, toujours enlacés – le cœur battant encore un peu trop fort, mais nous convainquant peu à peu que j'ai bel et bien appuyé sur la manette sans faire exprès. Quand je boucle les valises et qu'Orion m'aide à les charger dans la voiture de la firme, Loop juché sur son crâne, j'ai presque totalement oublié la frayeur qu'il nous a faite. Je me laisse griser par l'excitation du voyage à venir et le stress du départ. Entre mes rêves de gloire et ma peur de l'échec, la sensation s'estompe peu à peu, et se perd tout à fait au fond du lit quand Orion et moi nous glissons entre les draps pour notre dernière nuit à la maison.

Un autre bel exemple de déni *made in* Moon.

NIVEAU 3

REJOIGNEZ L'OBJECTIF

« Itinéraire chargé. »

— Hé, on dirait la voix de Loop ! s'extasie Orion en refermant le boîtier de la nouvelle puce de la voiture.

— Hum. Si Loop est notre GPS, on est plutôt mal barrés.

Je vérifie pour la centième fois que j'ai mon casque, ma manette, les batteries de tout ce petit monde, et de quoi nous bâfrer sur la route. Loop, à l'arrière de la voiture, fait des cabrioles sur son siège en me tirant une langue multicolore, tout excité.

— T'imagines ? glousse Orion. Lui qui n'est pas fichu de faire pousser ses bras au bon endroit, il nous conduirait n'importe où !

— Pouiiic !

On se tourne tous les deux vers notre Beastie vexé, mais il ne fait pas attention à nous. Je lance un regard suspicieux vers l'écran de bord de la voiture. Une pub pour un chargeur solaire externe s'affiche, mais une petite main orange la froisse aussitôt pour revenir à des fonctions plus immédiates.

— Ils n'ont quand même pas…

— Pouic ! confirme la voiture avec enthousiasme.

Orion éclate de rire.

— Les tarés ! Ils ont mis une copie de notre Beastie dans le tableau de bord !

— On est officiellement foutus. (Je pousse un soupir faussement désespéré.) Orion, ce fut un vrai plaisir de participer à ce tournoi avec toi.

— On n'est même pas encore partis, rétorque-t-il en refermant sa portière.

— Chut. Laisse-moi rêver avant qu'on soit disquali… Hé !

La voiture autonome a démarré en trombe, avec un joyeux « pouic ! » de mauvais augure. Elle glisse silencieusement au-dessus de l'asphalte, tourne au coin de la rue sans nous laisser le temps de comprendre ce qui se passe, tourne encore, fait demi-tour, tourne de l'autre côté, accélère brusquement pour se mêler au flux des autres véhicules.

Loop – l'original, celui qui est sur le siège arrière –, est hystérique. Il effectue une petite danse de la joie – c'est-à-dire qu'il dandine son popotin en poussant des cris suraigus, et jette une pluie de paillettes virtuelles chaque fois qu'il tourne sur lui-même.

En quelques minutes, notre voiture débouche sur la route qui longe l'océan à flanc de falaise, en direction du Sud. Elle atteint sa vitesse de croisière, nous offrant le loisir de respirer un peu.

Je dévisage Orion, les yeux écarquillés.

— On est toujours vivants ?

Il regarde sa main droite, puis la gauche, comme si elles appartenaient à quelqu'un d'autre.

— Oui, je crois.

— Ces vacances vont être TROP GÉNIALES !!!

— Je ne suis quand même pas très rassuré, rétorque-t-il, moins enthousiaste. I.R.L.™ est à la pointe du développement en ce qui concerne les voitures autonomes et celle-ci a l'air incroyable, mais je n'aime pas beaucoup l'idée de dépendre d'un truc que je ne comprends pas. Éthiquement, ça pourrait…

— Oh, tais-toi un peu et profite. On n'aura sûrement jamais l'occasion de remonter dans un bolide comme celui-là.

— Tu as raison. Mais quand même…

Je pose une main sur sa bouche, étouffant son soupir exaspéré, et ouvre grand les yeux pour mieux me repaître de ce paysage incroyable.

La route qui longe la côte est magnifique. Elle passe sur une falaise abrupte qui plonge directement dans l'océan ; le contraste entre les épineux rouges et verts, la roche pâle, et le turquoise de l'eau qui s'étend à perte de vue, est saisissant. Le tout est sublimé par l'écume blanche qui s'écrase contre la pierre, comme un délicat collier mouvant. De loin en loin, des bancs de brouillard descendent la falaise, lèchent la roche, effleurent l'écume et remontent en une danse légère, avant de laisser la place à un ciel bleu pur.

Pour un peu, j'en oublierais pourquoi on est là.

Enfin… presque.

— Regarde ! Une baleine verte !

Loin à l'horizon, une gigantesque Beastie sauvage saute hors de l'eau, tournoie sur elle-même avec une grâce étonnante pour sa corpulence, et retombe dans l'océan dans une gerbe d'eau arc-en-ciel.

Il n'y a pas à dire : les organisateurs du tournoi se sont surpassés.

— Mon petit doigt me dit qu'on n'est pas au bout de nos surprises, souffle Orion, les yeux levés vers le ciel.

À travers la vitre transparente de notre habitacle – qui ressemble à une sorte d'œuf géant, plutôt cosy –, je découvre une volée d'oiseaux aux formes étranges, comme des fines arabesques portées par le vent qui s'entremêlent et se démêlent dans un tableau hypnotique. Je cligne des yeux pour capturer l'image.

— On devrait filmer, non ? lance-t-il avec enthousiasme. Nos followers vont adorer.

— Pas tout de suite.

Je me tourne vers lui et l'embrasse avec fougue, une main enfouie dans ses cheveux courts. Le temps s'étire – ou se fige. Quand nos lèvres se séparent, l'air iodé s'infiltre entre nous, me semble froid en comparaison.

— Voilà. Maintenant on peut filmer.

Je remonte la capuche ample de ma cape avec un sourire malicieux, le visage dissimulé dans l'ombre et le déformateur de voix activé, et il enclenche le drone-caméra.

— Ici Moon et Orion, en direct du Beasties World 2099, la première compétition officiellement sponsorisée par I.R.L.™ ! Comme vous le savez, nous avons été sélectionnés pour faire partie des vingt-huit candidats prêts à lutter pour devenir les meilleurs joueurs mondiaux. À ma droite, vous pouvez découvrir Moon qui s'extasie devant le paysage… à moins que ce soit Orion ?

Tu plisses les yeux en te rapprochant de l'écran, à la recherche du moindre détail qui te permettra de les différencier. Toi qui connaissais si bien Moon quand il jouait en solitaire, tu es sûr de pouvoir le reconnaître. D'avoir un avantage sur les autres, les arrivistes du tournoi qui ne savent rien du harcèlement qu'il a subi et ignorent à quel point se cacher est essentiel pour lui.

Mais, tu as beau zoomer, rien ne transparaît, et les déformateurs de voix ôtent toute possibilité de te fier à ton oreille. C'est devenu tellement facile d'analyser une voix pour retrouver à qui elle appartient que le déformateur est essentiel pour protéger son identité.

Orion et Moon l'ont bien compris. Dans le jeu comme dans la vie, la voix et l'arme sont désormais indissociables.

Tu souris, attendri par ce couple si bien assorti. Un peu jaloux, peut-être, de ce bonheur qu'on te refuse. Et déterminé à découvrir enfin ce qu'ils cachent depuis la résurrection de la chaîne. Le bruit court que Moon aurait une difformité faciale, mais tu n'y crois pas. Il se tient trop droit, semble trop sûr de lui, pour quelqu'un qui aurait essayé de se cacher toute sa vie. Non, ça doit être plus subtil. Plus discret, peut-être, et pourtant assez voyant pour lui donner envie de se dissimuler. Au fond, ça pourrait être n'importe quoi. L'e-sport est un milieu difficile, et la moindre différence peut donner lieu à un déluge d'insultes qui briseraient n'importe qui.

Mais pas Moon. Moon a préféré se relever et tracer son chemin à sa façon.

Pour ça, tu l'admires autant que tu le crains. Car, au fond de toi, tu sais que tu n'auras jamais le courage d'en faire autant. Tu ne quitteras jamais ton côté de l'écran, là où personne ne peut te voir. Tu as bien trop peur.

— Sur notre droite, vous pouvez admirer une magnifique baleine verte sauvage qui joue dans l'océan, poursuit Orion. On n'a encore aucune idée de l'endroit où on se dirige. L'unique

message d'instructions qu'on a reçu laissait entendre que le tournoi pourrait prendre les formes les plus inattendues, alors on est prêts à tout !

— Et bien déterminés à gagner, ajoute Moon.

Tu regardes autour de toi, un peu hagard. Surpris, presque, de découvrir le décor familier de ton lit défait, ta manette gisant entre les draps, ton mur-écran diffusant encore une série dont tu viens de manquer la moitié, et ton iFée toute neuve qui te souhaite une bonne journée.

Vous pouvez y arriver, envoies-tu sur le live en pensée. Merci de nous faire voyager avec vous !

Les commentaires s'affichent devant mes yeux par dizaines, beaucoup trop vite pour que je parvienne à les lire ou à les entendre. Ça me fait tout drôle de les réactiver après avoir passé tellement de temps à les éviter, mais il faut croire que l'anonymat a du bon : c'est bien moins pire que je l'imaginais. Orion n'avait pas menti : qu'on gagne ou pas, cette compétition est un véritable tremplin pour la chaîne, qui explose ses stats. Je ne me leurre pas : on a été sélectionnés à l'arrachée et la concurrence va être rude. Mais bon sang, ça fait du bien d'avoir un peu d'espoir.

Voiture-Loop s'arrête brutalement, pivote sur elle-même histoire de nous faire perdre nos repères, part dans un sens, dans l'autre. Deux minutes plus tard, sans qu'on comprenne comment, on se retrouve immobilisés sur une plage de sable noir volcanique, parsemé de strates plus claires. Le contraste avec l'eau turquoise et le ciel d'un bleu limpide est superbe.

Je sors de la voiture avec prudence, faisant signe à Loop de rester dissimulé tant qu'Orion filme. Il y a beaucoup de vent ici, mais le soleil est assez fort pour donner une impression de chaleur agréable sur ma cape noire. Hormis les joueurs que nous croiserons, personne ne verra mon apparence réelle, mais mon avatar aussi portera cette cape pour le tournoi. Elle sera comme un lien entre le réel et le virtuel – une façon de concilier les deux « moi ».

Je me mets dos aux bourrasques pour les empêcher de faire tomber ma capuche puis, lentement, j'attrape une poignée de sable et la laisse couler entre mes doigts sous les yeux d'Orion et de tous nos followers. Il est fin et doux, comme une caresse sur ma paume.

Les grains s'égrènent les uns après les autres, hypnotiques. Le plan s'élargit, laisse apparaître deux silhouettes encapuchonnées qui semblent émerger du sable noir. Seule la constellation brodée sur leur dos se démarque.

Le tableau sombre forme un contraste saisissant avec la beauté sauvage du paysage qui les entoure ; comme deux petites taches sur une toile de maître. Et pourtant, tu n'as d'yeux que pour elles.

— Tu connaissais l'existence de cette plage, toi ?

— Elle n'existe pas, rétorque Orion. On n'a pas de roche volcanique dans le coin.

Je regarde tout autour de moi sans avoir besoin de surjouer

mon émerveillement pour la caméra.

— Merde alors. Ils ont carrément construit une arène. Tu crois que tout est dans notre tête, et remodélisé à l'écran ?

Il regarde autour de lui à la recherche d'une réponse, monte sur un gros caillou couleur ébène, juste au bord de l'eau. Pousse un sifflement admiratif.

— Non, sinon j'aurais les pieds trempés. Ça doit être un mélange d'impression de décors en 3D, bien réels physiquement, et de réalité augmentée qui apporte toute l'ambiance à la scène.

— Eh ben, si je m'attendais…

Orion sourit comme un gosse.

— On dirait bien que la première épreuve nous attend, chers followers ! Pourtant, je ne vois pas d'autre voiture à l'horizon…

— Ce ne sera pas un combat, dis-je en voyant des petits cailloux d'un blanc pur, presque transparent, former un signe étrange dans le sable noir.

Je jette un coup d'œil alentour, repère d'autres signes. Certains sont gravés sur les parois de la falaise, d'autres esquissés dans l'écume de l'eau qui vient s'échouer sur la plage.

— Regarde autour de toi, dis-je à Orion, qui ne fait que ça. Tu ne remarques rien ?

Il fait le tour de la voiture, scrute la falaise sans comprendre ce que j'essaie de lui dire.

— La route, j'insiste.

— Quelle route ? (Son visage s'illumine.) Il n'y a pas de route.

J'acquiesce, beaucoup moins enthousiaste.

— On est dans un putain d'*escape game* grandeur nature.

Apparemment, on ne va pas rencontrer les autres candidats tout de suite : si on veut poursuivre la compétition, on doit trouver la sortie.

Je retiens un soupir de soulagement à l'idée que, pour aujourd'hui au moins, personne ne verra mon vrai visage. Juste à ce moment, Loop se transforme en sablier géant qui vient flotter entre nous.

— Merci, ça met pas du tout la pression, grommelé-je.

— Oh, arrête de râler ! s'amuse Orion. (Il chuchote à la caméra, comme s'il ne voulait pas que j'entende.) Moon déteste le *retrogaming*[1]. Heureusement, chers followers, vous avez devant vous un véritable expert dans le domaine. J'ai toujours rêvé de participer à un *escape game* dans la vraie vie, comme ça se faisait au début du siècle !

À peine a-t-il prononcé ces mots que le logo de la firme, accompagné du slogan « I.R.L.™ réalise tous vos rêves », s'affiche au-dessus de sa tête. Marrant, mais un peu *creepy*.

— Si tu arrêtais de bavasser et que tu m'aidais à trouver des indices ? le coupé-je. Le sable s'écoule un peu trop vite à mon goût.

Les followers vont encore dire que je suis un ours mal léché, mais tant pis. Il est hors de question qu'on soit éliminés dès le premier jour à cause d'un foutu *escape game*.

— S'ils ont respecté les anciennes règles, on devrait avoir une heure, réfléchit Orion, reprenant aussitôt son sérieux. Il faut observer les moindres recoins de l'arène, utiliser tout ce qui est à notre disposition. Rien ne sera laissé au hasard.

Je cligne des yeux trois fois pour capturer chacun des signes que j'ai repérés, puis les affiche devant la voiture, comme des

[1] Action de jouer à d'anciens jeux vidéo.

images flottantes. Orion en rajoute rapidement six autres trouvés dans les épineux à flanc de falaise, sous un rocher, et même dans la forme d'un nuage.

Je les fais glisser les uns autour des autres pour chercher un sens.

— Je vais continuer à inspecter les environs, précise Orion, autant pour moi que pour la caméra. Il doit y avoir d'autres indices.

J'acquiesce distraitement, toute ma concentration focalisée sur ma tâche. Je ne mets pas longtemps à repérer un lien entre chaque symbole – comme un fil qui s'étire et se poursuit de l'un à l'autre.

— C'est un puzzle en 3D, crié-je à Orion. Probablement une carte.

— Elle nous dira sûrement où planter ça ! répond-il en revenant vers moi au pas de course, légèrement essoufflé.

Il a enlevé ses chaussures, et ses pieds nus dépassent sous sa cape dont le bas est couvert de sable humide. Dans son poing fièrement dressé, il brandit une sorte de clé géante, à mi-chemin entre la pelle et le sceptre.

— Où tu as trouvé ça ?

— Il y avait un genre de caillou rond sur la plage, explique-t-il, tout fier. J'ai appuyé dessus, et c'est sorti du sol.

Loop-sablier vient voltiger autour de nous, histoire de nous rappeler qu'on n'a pas le temps de papoter. L'effet est immédiat : une boule de stress me noue l'estomac tandis que je déplace les images dans l'air aussi vite que possible, essayant de retrouver leur forme originelle.

— Rah, on perd du temps !

Je crois que c'est le moment de préciser que la patience n'a jamais été mon fort. Et que j'ai une très, très mauvaise représentation dans l'espace. Autrement dit : cette épreuve est un véritable cauchemar.

— C'est bon, j'ai trouvé ! s'exclame Orion tout naturellement.

Il ne lui a fallu qu'un quart de seconde pour achever le puzzle sur lequel je m'escrime depuis cinq bonnes minutes.

— Je t'avais dit que tu étais doué pour les causes désespérées.

Il ne répond pas, courant déjà vers un endroit précis de la plage, le puzzle flottant devant lui. Une petite flèche dorée indique l'endroit où il plante la clé dans le sable, sûr de lui.

Je m'attends à voir une grotte s'ouvrir dans la paroi ou un chemin tracé sur le sol pour nous montrer la sortie… mais non. Absolument rien ne se passe.

— On a dû se tromper, murmure Orion, les neurones en surchauffe. J'étais pourtant certain que…

— L'eau, Orion. Regarde l'eau.

À l'horizon, des milliers de poissons phosphorescents bondissent au-dessus des vagues, droit dans notre direction. Ils viennent s'échouer un à un sur le sable ; forment bientôt une montagne d'écailles frétillantes qui ressemblent vaguement à…

— La baleine verte ! je m'écrie, comprenant soudain ce qu'on doit faire. Elle s'est échouée !

Je me retourne vivement, cours le long de la plage, Orion à ma suite. Je trébuche à moitié dans le sable humide, mais je m'en fous : elle est là, au loin, étendue sur le sable dans toute sa majesté. Elle pousse un râle déchirant quand on arrive à sa hauteur, gueule ouverte. Ses fanons, immenses, sont comme une barrière infranchissable.

— On doit entrer, dis-je.

— Hein ? Tu es dingue ?

— Tu n'as jamais lu *Pinocchio* ?

— Qu'est-ce qui te dit que…

— Les épreuves sont personnalisées, dis-je en tâtant prudemment les fanons pour chercher un moyen de les franchir. Si c'était moi qui avais conçu cet *escape game*, j'aurais glissé la référence au pantin de bois, comme Chloé dans *Play Your Life*[1], tu te rappelles ?

Il se renfrogne.

— Bien sûr que je me rappelle.

— Il doit y avoir un moyen de… (Ma main, qui courait le long des fanons, rencontre soudain le vide.) Ah ! J'ai trouvé. Celui-ci dissimule un passage.

La seconde d'après, je suis dans la bouche de la baleine et Orion a déjà oublié sa mauvaise humeur. Car, au lieu d'une langue énorme et visqueuse, c'est une gigantesque grotte étoilée qui nous attend. La voie lactée s'étend à perte de vue : au-dessus de nous, sur les côtés, et même sous nos pieds.

— J'ai l'impression de flotter dans l'espace, murmure Orion en glissant ses doigts entre les miens. Ce qu'ils ont fait avec les décors est incroyable.

Je me laisse à la fois griser et déstabiliser par l'absence de repères. Seul Loop, dont le sable est devenu phosphorescent – et déjà à moitié écoulé –, me rappelle que je suis dans un jeu.

— Tu sais ce qu'on doit trouver, dis-je tout bas.

— J'ai ma petite idée, oui.

Une à une, nous repérons les constellations, avançant dans le noir jusqu'à ce qui doit être le ventre de la baleine. La Grande Ourse, Cassiopée, le Cygne… Toutes s'illuminent à mesure qu'on les pointe du doigt pour trouver notre chemin.

[1] Pour en savoir plus, lisez *I.R.L.*, du même auteur chez le même éditeur.

— Là ! dit soudain Orion en montrant sa constellation, environ un mètre au-dessus de nos têtes – la même qui est brodée sur nos capes.

Je souris, comme chaque fois que j'aperçois le Chasseur dans le ciel, épée et bouclier brandis, veillant sur le monde jusqu'à la fin des temps.

— Fais-moi la courte échelle.

Il s'exécute, sait déjà où je veux en venir. L'instant d'après, je touche du doigt le cœur du chasseur. La surface est rugueuse et humide – étrangement organique.

— Dessine une lune, souffle Orion.

Ses bras, appuyés sur sa cuisse pliée, commencent à trembler sous mon poids. Je me dépêche d'esquisser un croissant de lune de bout de l'index ; la paroi scintille après mon passage. Quand notre logo est complet, je saute pour soulager Orion, qui pousse un gros soupir de soulagement.

— C'est marrant, je me sens vachement plus léger.

— Vas-y, dis que je suis une baleine…

— Juste un petit baleineau, corrige-t-il. À peine quelques tonnes.

J'arme déjà mon poing pour marteler son torse, quand notre hôte se met à bouger. Un long cri plaintif nous déchire les oreilles… juste avant que le sol tremble, puis tangue, nous ballottant dans tous les sens.

J'essaie de repérer Orion à la lueur des étoiles, mais on est séparés dans le chaos. Mon épaule heurte une paroi, puis une autre. J'entends son cri, quelque part.

— Moon !

Il est loin, déjà. Mon estomac se vrille soudain d'une angoisse inédite.

— Orion !

— Accroche-toi au sol ! Il y a des genres d'excroissances !

Comme pour lui répondre, un nouveau balancement m'envoie directement par terre. Je tâtonne, cherche une prise, n'importe laquelle. Je parviens à en effleurer une, mais notre hôte m'envoie bouler avant que je puisse m'y agripper. Je cherche Loop du regard mais, dans ce chaos, impossible de le trouver.

— Bordel, qu'est-ce qui se passe ?

— La baleine est retournée dans l'eau, suppose Orion. Elle nage.

Sa voix est plus proche maintenant, et un brin angoissée.

Ou, pour être tout à fait honnête : il est complètement paniqué.

— C'est un jeu, dis-je pour le rassurer, tout en grognant intérieurement que la douleur des chocs, elle, est bien réelle. Ils ne nous mettront pas en danger.

— Tu n'as pas lu les petites lignes du contrat ?

OK : maintenant, je panique aussi, d'autant que le semblant d'équilibre que j'avais retrouvé vient de partir en fumée, et que je m'écrase de nouveau au sol.

— Quelles petites lignes ? dis-je en tâtonnant désespérément à la recherche d'une prise.

— On les a dégagés de toute responsabilité en cas de blessure pendant la compétition. Ils n'ont coupé les sensations de douleur que pour les chocs virtuels. Donc, puisque ces décors sont en partie imprimés…

Oh, les cons.

Ils ne vont pas se gêner pour nous secouer un peu.

Ou beaucoup, rectifié-je en me prenant un nouveau choc.

— La baleine devrait bientôt prendre son rythme de croisière, temporise Orion. Ça nous donnera un peu de répit.

Mais la baleine verte en a décidé autrement. Tout à coup, le sol se dérobe sous mes pieds ; je chute dans le vide, à la verticale. Orion hurle quelque part en dessous de moi. Je bascule dans le vide… quand, à la dernière minute, ma main droite agrippe une des excroissances et me retient contre la paroi.

— Apparemment, elle fête sa liberté par un saut qui pourrait nous éliminer de la compétition plus tôt que prévu, grogné-je, pour ne pas penser à l'effort soudain que je fais subir à mes doigts.

Ils tremblent déjà ; la douleur, fulgurante, remonte jusqu'à mon coude, m'arrachant un cri.

— Orion, je vais lâcher.

— Pas question.

J'essaie de trouver une prise avec mon autre main, mais il n'y en a aucune. Et la baleine monte, monte inexorablement avant la chute.

— Je ne vais pas tenir.

Le tremblement incontrôlé, la douleur aiguë des tendons qui s'intensifie. Les doigts qui se figent peu à peu sur leur prise, trop crispés pour réagir encore aux ordres transmis par mes nerfs.

Quand la douleur s'estompera, je tomberai.

— Je t'aime, Orion.

— Accroche-toi encore un peu, d'accord ? Fais-le pour moi.

La baleine vrille pour retomber dans l'eau sur le dos.

Mes doigts lâchent, et je chute dans le noir, toutes mes pensées tournées vers Orion.

CINÉMATIQUE

Quatre mois plus tôt

— Il te faut un pseudo.

Il tourne distraitement la tête vers moi, cherche à déloger bébé-Loop juché sur son crâne.

— Hein ?

— Ton pseudo. Si tu veux qu'on fasse équipe, il faut en trouver un.

— Mais… (Bébé-Loop lui tire une mèche de cheveux en poussant un « pouic » surexcité.) Aïe !

— Ton prénom est trop connu IRL, dis-je en tendant les bras vers ma petite boule de poils. N'importe qui pourra te retrouver.

Loop regarde un instant les cheveux noirs épais coincés dans sa main, hésite, puis, un peu à regret, les relâche et bondit dans mes bras avec un petit roucoulement satisfait. Je prends le temps de lui gratouiller le haut du crâne avant de poursuivre :

— Cette compétition va être médiatisée, et je ne pense pas avoir besoin de te rappeler que le milieu du jeu vidéo est parfois cruel. Tu es bien placé pour connaître les dangers des médias et des réseaux.

Il baisse les yeux, comme chaque fois que j'évoque le sujet. Comme s'il avait honte.

— Ça fait presque dix ans, Moon.

— Mais ça a tout changé. Personne n'a oublié.

— Je n'ai pas fait grand-chose.

Même Loop émet un cri de protestation – du moins, je crois que c'est ce que veut dire son cri strident. Je n'arrive pas encore à décrypter toutes ses mimiques, d'autant qu'il a une tendance disproportionnée à faire n'importe quoi. Le tutoriel du jeu est foutrement incomplet.

— Bon sang, Whisper ! Tu as aidé à détruire une société qui gouvernait le pays grâce à l'espionnage de masse. Sans toi, on serait encore en train de se laisser manipuler par *Play Your Life*, et on maltraiterait toujours ces pauvres personnages de Life City sans avoir conscience de leurs émotions !

Il soupire, comme chaque fois que j'évoque *Play Your Life*[1]. Le jeu qui a défrayé la chronique ; le premier dont des personnages sont sortis, ceux qui nous ont fait comprendre qu'eux aussi avaient des droits. Après ça, plus rien n'a été pareil. Un syndicat a été créé, il a instauré des règles pour chaque jeu, comme la pause-café des personnages non joueurs. Plus question de les exploiter jour et nuit sans répit : eux aussi ont le droit de s'absenter de la partie pour prendre un café et, si on a besoin de leur acheter quelque chose, on n'a qu'à attendre qu'ils reviennent de leur pause.

[1] Pour en savoir plus, lisez *I.R.L.*, du même auteur chez le même éditeur.

On ne peut plus les forcer à aimer un autre personnage, non plus. De façon générale, si on joue avec eux, c'est uniquement parce qu'ils le veulent bien. La relation avec nos avatars est ainsi beaucoup plus intéressante, plus vraie. Comme Loop. Après les heures que j'ai passées à l'élever, à lui inculquer des références des années 2000 et à essayer de le comprendre, ce bonhomme est comme un membre de ma famille. Plus, en fait, parce que je n'ai plus beaucoup de contacts avec mes proches, sauf Orion bien sûr.

Orion, qui déteste qu'on lui rappelle cet épisode de son passé.

— Tu t'énerves encore, remarque-t-il, surtout pour changer de sujet.

— Je m'énerve parce que tu es une foutue tête de mule ! Tu devrais être fier de ce que tu as accompli… et conscient des risques que tu prends en gardant cette identité.

À ma grande surprise, un frémissement de sourire vient se nicher sur ses lèvres.

— Détruire *Play Your Life* c'était du gâteau par rapport à ma nouvelle mission. T'apprendre à sourire, ça, c'est un vrai défi !

Je lève les yeux au ciel.

— D'où te vient cet attrait pour les causes perdues ?

— Pas si perdues que ça, apparemment, rétorque-t-il en voyant l'ombre de sourire passer sur mon visage.

Je fronce les sourcils pour lui montrer que je ne plaisante pas.

— Sérieusement, Whisper. Tout le monde te connaît. J'adore ton prénom et sa référence à un jeu carrément *old school*, et je sais que tu as peur d'oublier ton ancienne vie si tu en changes. Mais ça te rendrait beaucoup trop vulnérable de le garder. Si tu veux faire équipe avec moi… (Loop s'agite dans mes bras, tire ma manche de plus en plus fort) … et avec cette adorable bestiole, il va falloir t'en trouver un autre.

— *Fable ? Old schoo*l ?

— Il est sorti il y a quatre-vingt dix ans ! Non mais, tu as bien regardé les graphismes ?

— À l'époque, au moins, ils savaient écrire de vraies histoires. Oublie un peu l'esthétique et laisse-toi prendre par la narration, tu verras que…

— Laisse tomber, t'as aucune chance.

Il pouffe.

— Je sais. Même Loop est de ton côté.

Le Beastie lui tire la langue – une langue démesurée, bleu vif à pois roses. Je lui tapote le haut du crâne.

— On va bien s'entendre, toi et moi.

Whisper concède :

— J'avoue que, cette fois-ci, les développeurs se sont surpassés. J'étais sceptique quand Link m'a parlé de fonder I.R.L.™, mais il a su utiliser ses avancées sur la réalité augmentée à bon escient. Il a renoué des liens entre les joueurs, et Loop est tellement…

— Pouic ! s'exclame l'intéressé en reconnaissant son prénom.

Il rit.

— Oui, voilà. Tellement pouic.

— Et c'est pour ça que tu dois te protéger, dis-je plus fermement. Link était ton meilleur ami, tu sais mieux que personne de quoi il est capable. Je sais que tu as confiance en lui, mais…

— Mais toi, tu penses que l'observation de masse existe toujours. Peut-être même à travers nos adorables petits

Beasties. Et je suis d'accord avec toi.

J'ouvre la bouche pour protester mais, devant son air goguenard, je renonce à l'une de mes longues diatribes enflammées et je me contente de hocher la tête.

Je me lève d'un bond, vais prendre l'air sur le balcon, le nez levé vers les étoiles. Leur immensité m'apaise, me fait sentir minuscule dans l'univers. Ça a un côté réconfortant de savoir que, si je me plante, ça ne changera pas grand-chose à la course du monde.

J'essaie de repérer les constellations. La Grande Ourse et sa casserole, le Cancer, le Gémeaux…

Un mot se glisse à mon oreille.

— Orion.

Je me tourne vers lui, lâchant Loop dans ma surprise.

— Hiiiic !

La petite boule de poils tombe par terre, rebondit une fois ou deux, roule sur elle-même et atterrit aux pieds de Whisper, où elle se met en boule en me jetant un regard noir. Il lui caresse distraitement la tête sans me quitter des yeux.

— Moon et Orion, ça sonne bien, non ?

Je ne réponds pas, les émotions bloquées dans ma gorge. Loop ronronne à ses pieds.

Elle me frappe de plein fouet – cette sensation de faire partie d'un tout. Me déstabilise. Un instant, je suis sur le point de baisser mes barrières, de le laisser voir à quel point il me touche. Ça semble si simple dans sa bouche, si naturel.

Mais je n'y arrive pas – pas encore.

Alors je ricane en haussant les épaules.

— Au moins, c'est pas tiré d'un jeu vidéo ringard.

Et lui sourit comme si je lui avais fait la plus belle déclaration au monde.

NIVEAU 4

UTILISEZ VOS ALLIÉS

La main enroulée autour de mon poignet est la seule chose qui me raccroche à la vie.

Du moins, c'est l'impression que j'ai à ce moment précis. Je me rassure en me répétant que les organisateurs du tournoi n'ont aucun intérêt à ce que je meure, que tout ça est certainement dans ma tête, du moins en partie.

N'empêche : j'ai la frousse.

Et, encore une fois, c'est Orion qui me tire vers le haut. Littéralement.

— Merci, soufflé-je.

J'essaie de refermer mes doigts sur son poignet pour raffermir ma prise, mais ils refusent de m'obéir. Je grimace en sentant sa main glisser sur mon bras, qu'il serre à m'en faire mal.

— On est un peu dans la merde, hein ?

Seul son souffle haletant me répond. Loop vient voleter

autour de nous, son sable phosphorescent éclaire le visage d'Orion sous sa capuche. Pâle, en sueur. Heureusement que nos followers ne peuvent pas le voir, on perdrait pas mal de points de charisme.

— Pouic ? lance Loop-sablier, inquiet.

Deux bras ont poussé de chaque côté – bien placés, pour une fois ! –, et il se triture les mains en signe de nervosité. Une mimique qu'il a empruntée à Orion…

… et qui me donne une idée.

— On doit utiliser Loop.

Orion grimace ; ses doigts glissent un peu plus sur mon poignet, me brûlent la peau. Je réfléchis à toute vitesse, convoquant toute mon expérience des jeux d'I.R.L.™ pour éviter de paniquer.

— Ils ont mis notre logo en hauteur de telle façon qu'on soit obligés de s'entraider pour l'atteindre. Ils ont valorisé notre unité, nous ont forcés à agir en équipe. Mais on est trois, pas deux. Si on veut s'en sortir, on doit agir de concert avec notre Beastie.

De ma main gauche pendue dans le vide, je parviens tant bien que mal à attraper la manette dans la poche de ma cape, qui transforme mes pensées en ordre.

— Loop, éclaire-les alentour. Orion ne va pas tenir, il me faut une prise.

Le Beastie s'exécute avec des petits « gnih ! » frustrés ; je crois qu'il ressent notre peur. Il volète à droite, à gauche, inefficace.

— Loop ! Longe les parois une à une.

Je plisse les yeux pour scruter le halo lumineux, le ventre noué par l'angoisse. La seule prise que j'aperçois est inatteignable. La baleine se remet à bouger ; la main d'Orion glisse d'un coup, se rattrape au bout de mes doigts.

— Loop, mes pieds ! Éclaire sous mes pieds !

L'angoisse qui perce dans ma voix le pousse à accélérer la cadence. Je baisse les yeux, histoire de connaître la hauteur de ma chute prochaine.

Et relève la tête vers Orion avec un grand sourire.

— Lâche-moi.

— Hein ?

— Tu peux me lâcher, Orion. Fais-moi confiance.

Il me retient encore un peu, terrifié, mais je sens bien qu'il est à bout de forces. Il finit par m'obéir à regret.

J'atterris sur mes pieds, un mètre plus bas, juste au moment où la baleine fait une nouvelle embardée. Je tombe sur les fesses sur un genre de plateforme en bois, et frotte mon poignet douloureux en éclatant de rire devant la mine ahurie d'Orion.

— On est cons, hein ? Il suffisait de regarder en bas.

Il reste figé, bouche bée, toujours agrippé à sa prise. Je tends les bras vers lui.

— Tu viens ? J'ai un envie d'un gros câlin, là.

— Putain, on est vraiment cons.

Il me rejoint lourdement, faisant trembler la plateforme. Pour la grâce, on repassera. Loop se précipite dans nos bras pour participer à l'embrassade.

— Merci bonhomme, t'as été formidable !

Il roucoule, puis tapote son ventre-sablier avec ses petites mains. Il ne reste presque plus de grains dans la partie haute.

— OK, dis-je à voix haute, en pleine concentration. La baleine s'est calmée, donc on doit avoir fait ce qu'il faut. Prochaine étape : sortir de là.

Orion prend Loop dans ses bras pour regarder tout autour de nous.

— On est sur une plateforme de bois, commente-t-il. Les parois sont toutes lisses, je ne sens aucune aspérité. En général, quand on est perdu dans un *escape game* c'est qu'il nous manque un objet. (Il laisse courir sa main à la jonction du bois et de la paroi.) Attends, je sens quelque chose !

Il glisse sa main dans l'interstice, sort un petit objet blanc.

— Qu'est-ce qu'on va bien pouvoir foutre avec un briquet ? maugrée-t-il.

Il tente de chauffer la paroi, mais celle-ci n'a aucune réaction. Je ris.

— Passe-le-moi.

Il me le tend avec circonspection. Et devient encore plus perplexe lorsque je place la petite flamme sur l'une des extrémités de la plateforme.

— Le bois, ça brûle, dis-je.

— Donc tu as décidé de laisser libre cours à tes tendances pyromanes ?

J'opine, un œil rivé sur le sablier de Loop. Il nous reste quelques minutes. *Pourvu que ça suffise.* Orion me regarde comme si j'avais perdu la tête.

— Tu sais que tu es en train de cramer le seul truc qui nous maintient en vie ?

— T'es peut-être doué pour trouver des objets, mais tu n'as pas un gramme de culture. (Il fronce les sourcils.) Nous sommes dans une métaphore filée. La baleine de *Pinocchio*, tu te souviens ? On n'y a certes pas trouvé Gepetto, mais on s'est trouvés, nous – tout comme le petit pantin, qui a découvert son courage et son dévouement en sauvant son père. Et comment parvient-il à sortir du ventre de la baleine ?

La chaleur commence à monter ; la fumée me fait tousser un peu. Pourtant, j'ai envie de rire – un rire nerveux, hystérique, pour évacuer la terreur qui m'a vrillé le ventre dans les ténèbres et le vide.

— Il fait un feu, murmures-tu, le souffle court, absorbé par la scène qui se déroule à l'écran. La fumée chatouille la baleine et l'oblige à éternuer, si bien qu'elle recrache Pinocchio et son père.

Quelque part, dans une autre vie, la bouilloire émet un long sifflement. Tu as soif. Un peu chaud, aussi, d'avoir retenu ta respiration si longtemps. Tu ne bouges pas. Tu plisses les yeux un peu plus fort, tu augmentes la luminosité de l'image au maximum pour essayer de voir ce qui se déroule dans le noir.

Et tu entends le chant de la baleine.

Un son plaintif s'élève dans la caverne, nous déchire les oreilles. J'attrape Loop qui sursaute et le serre tout contre moi, sans cesser de m'agripper à Orion de toutes mes forces – du moins celles dont je dispose encore.

La caverne tremble.

— Pouic ? hasarde la petite voix de Loop dans l'obscurité.

Les bras d'Orion se raffermissent autour de nous comme la fumée s'épaissit. Le sol tangue plus fort ; le son plaintif s'intensifie.

Et soudain, on est aspirés vers la sortie. Bringuebalés de droite à gauche dans un énorme courant d'air, nous nous accrochons les uns aux autres comme à notre dernier espoir.

— Ensemble, quoi qu'il arrive, murmuré-je, plus pour moi-même que pour mes compagnons.

— Ensemble, répète Orion.

— Pouic, conclut Loop.

Son dernier grain de sable s'échappe au moment même où le courant nous expulse hors de la baleine et nous envoie bouler dans l'eau froide, non loin du rivage. On se débat un peu pour nager à cause des capes qui nous alourdissent, mais on se retrouve rapidement sur la terre ferme, trempés, grelottants, épuisés.

Mais victorieux.

Car la plage n'est plus noire, mais de sable blanc, comme toutes celles de la région ; la route serpente depuis le petit parking où est garée notre voiture jusqu'à l'accès principal, nous montrant la sortie. La baleine est toujours là, décor bien réel, mais elle n'a pas bougé de sa position initiale. Comme si tout ce que nous avons vécu à l'intérieur n'avait été qu'une illusion. Loop, qui a retrouvé sa forme normale, bondit partout sur le sable en faisant des cabrioles pleines d'entrain. Et, devant nos yeux, d'une simplicité surréaliste après ce qu'on vient de vivre, s'affiche un message en lettres d'or.

Félicitations.

Votre prochain itinéraire sera chargé dans votre véhicule demain matin. Vous pouvez vous reposer pour cette nuit.

— Trop aimable, grogné-je en me massant le poignet.

— J'avoue que je suis vachement moins fan des *escape game*, tout à coup, râle Orion en s'allongeant dans le sable tiède, tout contre moi.

Je me tourne vers lui avec un grand sourire.

— Tu rigoles ? C'était géant !

— Même quand tu as cru mourir ?

— C'était juste une illusion ! C'était carrément, complètement, définitivement dingue.

Il soupire.

— C'est toi qui es dingue.

— Probablement, gloussé-je.

C'est à ce moment-là qu'une page de pub s'affiche à notre effigie (« Fatigués ? Faites-nous un clin d'œil pour ressentir tous les effets du café sans goût amer et mauvaise haleine. Ça ne vous coûtera qu'une poignée de bitcoins ! »).

— Hé, c'est quoi cette aberration ? Le café, c'est la vie ! Je tiens à ma mauvaise haleine.

Les commentaires de notre chaîne sont alors temporairement réactivés. Une avalanche de messages défile devant les yeux d'Orion et résonne à ses oreilles. Je déglutis.

— Ça donne quoi ?

Son regard brille d'émotion lorsqu'il s'arrache à ses pensées et le repose sur moi.

— Tu devrais lire par toi-même.

Je secoue la tête.

— Je préfère…

— Non, Moon. Ne manque surtout pas ça à cause de quelques connards qui t'ont pourri la vie.

Après une hésitation, je réactive les commentaires en pensée. Et je les entends l'un après l'autre :

Vous êtes trop mignons ! commente Sacha86. C'est rare de voir deux hommes parler d'amour comme vous, devant la caméra. Les autres ne vont pas être tendres avec vous, mais ne les laissez pas faire. Vous êtes carrément mes chouchous de la compétition.

Je glousse de concert avec Orion, qui vérifie que nos capuches trempées cachent toujours nos visages et que l'avatar est actif pour nos followers. Les messages continuent de défiler.

Tu ne pourras bientôt plus te cacher, Moon. Bientôt, on connaîtra ton secret.

Attends encore un peu, connard. Tu pourrais être surpris.

Bien joué, le coup de Pinocchio. J'y aurais jamais pensé.

— Moi non plus ! commente Orion à voix haute.

Je ris.

— Les organisateurs sont bien informés. J'ai déjà utilisé ce conte dans un combat avec Loop.

Au milieu des messages qui défilent en parallèle sous mes yeux, je repère plusieurs fois un pseudo que je connais bien. Un de mes fans de la première heure, qui n'a pas manqué une seule de mes vidéos. C'est l'un des rares que je n'ai pas bloqués quand j'ai voulu tout quitter. Il était parfois sévère, c'est vrai, mais jamais blessant. Jamais insultant. Quelque part, ça me réconforte de savoir qu'il est encore là, parmi ces dizaines de commentaires d'inconnus. Je ne l'ai jamais vu en vrai, pourtant j'ai l'impression de le connaître un peu.

Ses messages sont toujours très courts, comme des instantanés de ses émotions lorsqu'il nous regarde. Cette fois, pourtant, il va plus loin. En quelques mots, il montre qu'il est prêt à s'engager pour nous, avec nous, dans ce tournoi. Il sera nos yeux sur le réseau puisqu'on nous a coupés du monde.

Vous n'êtes plus que 20 compétiteurs. Toutes les équipes n'ont pas la complicité qui vous a permis de vous en sortir. Mais faites attention, il y a un sacré niveau dans la concurrence ! Les meilleurs ont fini l'épreuve en 30 min.

Je déglutis. Ça me paraît impossible.

— Concentrons-nous sur la victoire, dit doucement Orion en prenant ma main dans la sienne.

Elle est glacée, pleine de sable, mais ça me fait un bien fou.

— Tu as raison. (Je parle plus fort, pour que tout le monde m'entende.) Sur ce, les amis, puisque l'épreuve est terminée nous allons couper la diffusion au public, parce que j'ai bien l'intention d'aller me baigner pour évacuer tout ce stress et il n'est pas question que vous matiez les abdos d'Orion !

— La bonne nouvelle, c'est qu'on se retrouve dès demain pour une nouvelle étape, jubile l'intéressé. La mauvaise, c'est que, vu l'intensité de cette mise en bouche, on risque vite de regretter le spectacle qu'on vous a promis !

— Tu rigoles ? Ça va être dément !

Il ne le voit pas, mais Loop tourbillonne derrière son dos avec des mimiques grincheuses, comme pour se moquer de lui. J'ai du mal à retenir un éclat de rire.

— À demain les amis, dis-je avec un signe de main devant la caméra. Merci d'être là !

— Et n'oubliez pas de vous abonner pour ne rien manquer, conclut Orion.

Il coupe la caméra, sourire aux lèvres. Loop nous rejoint en tourbillonnant ; cette fois, je laisse éclater ma joie.

— T'as été formidable, bonhomme !

— Moon, appelle Orion d'une voix calme.

Je rabats ma capuche pour le regarder dans les yeux – ils sont lointains, encore connectés au réseau.

— Jette un œil au live.

D'une pression sur ma tempe, j'y connecte ma puce comm'.

Et je lâche un cri de stupeur.

— Putain !

Sous notre vidéo, le chiffre 378 923 s'affiche en lettres noires, juste au-dessus des milliers de commentaires des internautes. Je pourrais tous les lire un par un, comme avant ; répondre de mon mieux et avec enthousiasme pour partager cette victoire avec eux.

Mais je n'ai pas oublié.

Les rageurs, les haineux, ceux qui ont tout fait pour me couler quand j'ai perdu pied. Ceux qui hurleraient s'ils découvraient le visage sous la capuche, la personne sous l'avatar, et qui s'empresseraient de changer leurs encouragements en lames de rasoir pour mes poignets.

Je n'oublierai jamais. Et je ne les laisserai plus jamais m'atteindre.

En fait, j'ai en tête un bien meilleur programme.

Je presse doucement ma tempe, puis celle d'Orion, pour nous couper des réseaux ; puis je gratouille la tête de Loop, bienheureux, et le renvoie en douceur dans son œuf.

Orion et moi nous retrouvons seuls au beau milieu d'une plage paradisiaque réchauffée par les rayons du soleil, avec un besoin irrépressible de nous remettre de nos émotions. Nos capes ne restent pas sur nous bien longtemps.

NIVEAU 5

MATCHMAKING EN COURS…

À l'aube du deuxième jour (ou, pour être tout à fait honnête, une fois la matinée bien entamée), Orion et moi sommes vêtus de propre. On a rincé nos capes comme on pouvait pour ôter les traces blanches laissées par le sel de l'océan ; elles sèchent sur la voiture, d'où est sorti un étendoir, pendant qu'on prend notre petit déjeuner à la va-vite. J'ai beau savoir depuis le début que ma capuche et mon avatar ne suffiront pas à dissimuler mon vrai visage aux autres candidats, je ne peux m'empêcher de stresser à l'idée du face-à-face qui nous attend sûrement aujourd'hui. Pour la première fois depuis mon come-back, je vais devoir me confronter aux regards. Sortir de ma bulle pour affronter le monde, le vrai – celui que je m'étais promis d'éviter. Je serre les dents et me blinde intérieurement pour me préparer à lutter.

« Itinéraire chargé », annonce voiture-Loop tandis que j'achève de ranger les fruits, les pots de yaourt que Loop lèche consciencieusement et les bols de céréales rincés à l'eau du jerrican.

— Pouic ! klaxonne la voiture pour nous appeler.

— On ferait mieux d'y aller, dit Orion.

Je glousse.

— T'as raison. Loop est bien capable de nous oublier sur la plage.

Le temps que j'enfile ma cape désormais sèche, les chaises se sont repliées sous la table du petit déjeuner, qui a pivoté pour reprendre sa place originale et redevenir une banale porte de voiture. Je me glisse sur mon siège, attrape un oreiller moelleux et un plaid pour m'installer confortablement avec Orion.

— *Let's play !* dis-je à la voiture.

La réaction ne se fait pas attendre : à peine quelques secondes plus tard, on a laissé la petite plage paradisiaque derrière nous et retrouvé la route à flanc de falaise – sans nous tromper de sens, miraculeusement. Je vérifie que la batterie solaire de la voiture est bien chargée, puis fais glisser la fenêtre de toit pour profiter de l'air marin.

— Y a pire pour des vacances, commente Orion, les yeux rivés sur le ciel clair où s'égayent d'autres oiseaux-hypnose.

Je plante mon regard dans le sien, lui masquant la vue.

— C'est sûr. Mais on n'est pas en vacances.

Le souvenir du commentaire de notre follower, hier, tourne en boucle dans ma tête.

— Comme ils nous ont laissé la connexion après l'épreuve, j'ai regardé le live des autres concurrents, dis-je en soupirant.

— Ah.

Il sait déjà ce qui va suivre.

— Onyx et Opale, ça te dit quelque chose ?

— Deux frères à plusieurs millions d'abonnés, non ?

Nouveau soupir.

— Ce sont eux qui ont fini la première épreuve en trente minutes. Ils ont résolu leurs énigmes super vite, et ont tout de suite compris que le danger auquel ils étaient confrontés était illusoire. Eux, ils ont revécu une scène de *Pirates des Caraïbes* sur le *Black Pearl*.

— Donc, ils sont sur la côte aussi.

— Tout comme sept autres équipes, dont certaines qu'on peut battre facilement. J'espère qu'on ne tombera pas sur eux trop tôt, sinon on est cuits.

Il secoue la tête, se redresse un peu pour me regarder dans les yeux.

— Bon. À partir de maintenant, interdiction de regarder les concurrents.

— Mais…

— Et c'est *moi* qui spéculerai sur nos chances de réussite.

Je me renfrogne.

— Tu vas toujours me dire qu'on peut gagner.

— Parce que ce sera toujours le cas. Sauf si on perd avant même d'avoir essayé parce que tu t'es mis en tête qu'on n'a aucune chance.

— « Ils ne savaient pas que c'était impossible, alors ils l'ont fait », hein ?

— Voilà. Je sais pas de qui c'est, mais c'est vrai.

Je pouffe.

— Marc Twain, idiot.

Il hausse les épaules.

— Donc tu ne regarderas plus les vidéos des concurrents ?

— T'es têtu, tu sais ?

— Bien sûr. Comment j'ai réussi à supporter ton humeur

de dogue si longtemps, d'après toi ?

Un coup de coude bien senti dans l'estomac met fin à ce duel. Moon – 0, Orion – 1. Victoire par K.O.

Nous roulons plusieurs heures de suite, tantôt devisant gaiement, tantôt silencieux. La plupart du temps en nous goinfrant de bonbons et de biscuits secs. J'essaie à deux reprises de voir où en sont les autres concurrents, mais je constate que l'accès à leur chaîne est bloqué pendant la journée pour préserver le suspense. Pour le plus grand bonheur d'Orion, qui se moque copieusement de mon incapacité à tenir ma promesse.

Quand voiture-Loop s'arrête enfin, je suis sur le dos, doigts de pieds en éventail sortant du toit de la voiture, les mains suspendues au-dessus de la bouche pour essayer d'y faire rentrer un long bonbon vert fluo.

— Hum, Moon ?

Je redresse à moitié la tête, le bonbon pendu à mes lèvres.

— Je te suggère d'épousseter un peu ta cape de toutes les miettes que tu as fait tomber dessus et d'ajuster ta capuche avant de sortir.

Orion, lui, est impeccable, comme d'habitude : le regard alerte, les cheveux bien rangés comme s'il venait de les coiffer ; pas un pli sur sa cape.

— Pas le temps, dis-je en me redressant d'un coup. Je viens de me rappeler que j'ai une furieuse envie de faire pipi.

J'ai déjà la main sur la portière, mais il me retient et désigne quelque chose, un peu plus loin.

Une autre voiture-œuf.

— On n'est pas seuls, cette fois, commente-t-il platement.

Tous les enjeux du concours me reviennent d'un coup.

Je remonte prestement ma capuche, fais de mon mieux pour éliminer les traces de mon impatience, puis sors de la voiture en trombe.

— Pas de bêtise pendant mon absence. Je reviens, dis-je en avisant un bâtiment qui ne peut qu'abriter des toilettes.

Je cours jusqu'à la cabine, me soulage le plus vite possible, me lave les mains, en profite pour me passer un coup sur la figure histoire d'être parfaitement alerte. Je me dévisage un instant dans le miroir, dents serrées. *Plus moyen de tricher, cette fois.* Je sors rejoindre Orion.

Qui est déjà en grande conversation avec trois garçons en jogging bleu et blanc.

— Ah, voici Orion, remarque-t-il en m'apercevant.

— Ou peut-être que je suis Moon, dis-je avec un clin d'œil faussement enjoué. Qui sait ?

Le plus grand des trois me jauge de la tête aux pieds, une moue méprisante sur le visage. Avec ce regard… Celui que je redoutais. Celui que j'ai rencontré dans la plupart de mes parties avant que je puisse me dissimuler sous un avatar passe-partout. Et au travail, quand on me faisait comprendre que je n'ai pas vraiment l'apparence qu'on attend d'un joueur et que, par conséquent, je ne valais rien. Orion, en revanche, correspond tout à fait au profil. Raison pour laquelle je sais avec certitude que nos trois adversaires sont déjà persuadés que, de nous deux, c'est lui Moon l'Invincible, exactement comme on l'avait prévu. Et ça me fait bien marrer. Bon, OK, ça me fout aussi en rogne, mais pour aujourd'hui je préfère en rire.

— Salut, fait le mec méprisant comme si ce mot lui arrachait la gorge. Je suis Ezio, et voici Edward et Arno.

Une référence à la vieille licence *Assassin's Creed*. Voilà qui explique qu'ils s'entendent si bien avec Orion.

— Vous êtes là depuis longtemps ?

— Une demi-heure, un truc comme ça.

— OK.

Le silence revient, gênant. Je donnerais cher pour avoir accès à leurs informations mais, apparemment, c'est bloqué aussi. On est complètement à l'aveugle ; pas moyen de savoir la spécialité de chaque membre du trio. Cela dit, ça ne m'inquiète pas trop : avant de partir j'ai étudié les profils de tous les meilleurs joueurs de Beasties. Une chose est sûre : ils n'en font pas partie.

— Vous pensez qu'on doit se battre en duel ? finis-je par demander.

Ezio regarde les alentours puis finit par hausser les épaules.

— J'imagine.

— OK.

Ours mal léché, vous vous souvenez ?

— Je veux bien me battre contre Orion, ricane Edward en me désignant. Ça ne devrait pas trop me fatiguer.

Je me prépare déjà à lui mettre une raclée, mais Orion (le vrai) m'arrête.

— Attends.

Les trois crétins en face de nous prennent ça pour de la peur.

— Ben alors, on se débine les amoureux ?

Orion le dévisage de la tête aux pieds, l'air de le jauger, avec un petit sourire amusé.

— Non. Je t'épargne une défaite humiliante. (Il désigne le parking derrière nous.) D'autres joueurs arrivent. Je ne pense pas qu'on soit là pour se battre.

Effectivement, cinq autres groupes de joueurs arrivent dans les minutes qui suivent. Leurs informations sont bloquées aussi, évidemment : pas moyen de savoir à qui on a affaire. Pourtant, je reconnais immédiatement les derniers, la boule au ventre.

— Opale et Onyx, dis-je en montrant deux mecs typés asiatique vêtus d'un simple jean et d'un tee-shirt moulant imprimé du logo d'I.R.L.™.

Ils avancent en riant fort, les yeux pétillants de malice. Ils ont l'air de s'amuser tellement que, même si j'ai envie de les détester, je ne peux m'empêcher de les envier un peu. Ça a l'air tellement facile, pour eux. Même Ezio les regarde avec un mélange d'admiration et d'envie. Au moins, il arrête de parler.

Orion se concentre surtout sur les autres concurrents. Ils nous ont déjà rejoints, forment un cercle spontané nous incluant. Au-dessus de certains, le logo d'un sponsor tournoie lentement en les suivant à la trace. Je grimace. Je ne regrette pas d'avoir refusé les propositions des firmes de produit toilette ou de tronçonneuses laser.

Opale et Onyx se retrouvent à tout juste quelques pas de moi. Je déplisse ma cape avec nervosité. Ces mecs sont des véritables légendes, et très largement favoris de la compétition. Si quelqu'un doit se mettre en travers de mon rêve, ce sera eux. C'est la première fois que je les vois sans leur avatar ; j'espérais un peu les trouver moins effrayants, mais ce n'est pas le cas. C'est cette assurance qu'ils dégagent, ou peut-être leur regard perçant… qu'ils ne daignent même pas poser sur moi, alors qu'ils observent tous leurs adversaires avec attention.

Je ravale ma colère et feins de ne rien remarquer, comme toujours. Tôt ou tard, ils finiront par comprendre leur erreur. Et ils en paieront lourdement le prix.

Outre les célèbres frères, je reconnais un quatuor en combinaison jaune que j'ai suivi une fois une deux sur

PlayWithMe – Nord, Sud, Est et Ouest, si je me souviens bien. Fracassant d'originalité. Hormis la couleur de leurs cheveux et quelques tatouages en moins, ils sont assez semblables à leur avatar. Il y a aussi deux costauds en veste de motard rouge, trois ados boutonneux avec des tee-shirts larges représentant un dragon, et un étrange duo composé d'un maigrichon qui respire la joie de vivre et d'un mec plutôt baraqué à l'air renfrogné. Tous posent sur moi le même regard, un mélange curieux de surprise, de mépris et, oui d'admiration aussi – comme si me tenir là, face à eux, tenait déjà du miracle. Ce qui ne fait que m'énerver un peu plus.

Zoom au maximum, tu scrutes avec attention chacun des visages des concurrents. Bien sûr, toi, tu vois seulement leur avatar que tu connais par cœur – mais ce n'est pas ce qui t'intéresse aujourd'hui. Peu importe qui ils sont : tu veux voir leur réaction. Les infimes tics sur leurs joues, au coin de leurs lèvres, ou les émotions qui se battent dans leur regard quand il croise celui de Moon.

Eux le voient tel qu'il est réellement ; eux ont enfin percé son secret. Déjà, tu as compris que la thèse de la difformité faciale ne tient pas : les réactions ne sont pas assez violentes, le rejet pas assez fort. Tu ne vois nulle part le dégoût auquel tu t'attendais. Au contraire, tu décèles parfois une lueur… d'intérêt ? Une sorte de curiosité, de fascination que tu n'aurais pas imaginée.

Je me demande vraiment ce qu'il a de si spécial, *dit quelqu'un en commentaire.* Ça a pas l'air si horrible, à voir les autres.

Peut-être qu'il a une alopécie totale ? Vous savez, ces gens qui perdent tous leurs poils, leurs cheveux et leurs cils...

Ou bien le vitiligo. Ou les cicatrices d'un accident.

C'est plausible, *commentes-tu à ton tour.* *Mais j'ai l'impression qu'il y a autre chose...*

C'est dans la façon dont il se déplace, dont il se comporte avec Orion. L'homosexualité est souvent très mal vue dans ce milieu très masculin, où la pseudo-virilité règne. Tu es bien placé pour le savoir. Alors pourquoi afficher leur histoire mais masquer son visage ? Pourquoi assumer cet amour, mais pas son physique ?

Si Moon va jusqu'en finale, tu auras ta réponse. Le studio l'a promis : le dernier match se fera à visage découvert même pour les followers. Mais la concurrence est rude, et la seconde étape ne sera pas la plus facile pour Moon. Loin de là.

On se regarde toujours en chien de faïence, prêts à sortir nos manettes à tout moment, quand un message s'affiche au milieu du cercle en lettres d'or, coupant net toutes les conversations.

Choisissez vos alliés.

On reste perplexes, les yeux rivés sur la consigne.

— Alors ça, c'est nouveau, commente Onyx après un long moment.

— Depuis quand il y a un mode « coopération » dans

Beasties ? râle le baraqué à l'air renfrogné.

Lui et moi, je sens qu'on va bien s'entendre. Je n'ai aucune envie de m'allier avec l'une de ces équipes et de devoir les supporter en dehors des combats. J'ai déjà assez joué le vilain petit canard quand j'étais au lycée et dans ma famille, merci bien.

Sauf que c'est ton avenir qui est en jeu.

— Je vais parler à Opale, glissé-je à Orion à contrecœur. Si on s'allie avec eux, on aura plus de chances de passer les prochaines épreuves.

Je suis assez rapide pour me glisser devant les autres concurrents et me planter devant le duo légendaire avec aplomb.

— L'Invincible Moon, ça vous dit quelque chose ?

Deux yeux d'un bleu clair se rivent sur moi, l'air ennuyé.

— Dégage, moucheron.

— Attends, coupe Opale. C'est vous, le coup de la fac d'Akala ?

Je hoche fermement la tête.

— C'était bien joué, reconnaît-il, l'air appréciateur. (Là, c'est sûr : mon cœur fait un looping dans ma cage thoracique.) Ton copain a de la ressource, poursuit Opale en désignant Orion du menton. Il peut se joindre à nous. (Cette fois, il me scrute des pieds à la tête comme un vulgaire morceau de viande.) Toi, par contre, pas moyen. T'as pas le niveau.

— Bien sûr. Et tu sais ça juste en me regardant.

— Comme tout le monde ici, ricane Onyx.

— Pauvre con.

Je le plante là, la rage au ventre et l'honneur en miettes. Je sais par expérience que ça ne sert à rien d'argumenter. Les autres équipes se pressent pour me remplacer et tenter de conquérir ces connards de première.

J'attrape Orion par le bras pour le tirer vers la voiture.

— Viens.

— Tu as trouvé des alliés ?

— Non. On s'en va.

Il me rattrape par la taille, me prend par surprise en passant un bras par-dessus mon épaule et m'attire vers le maigrichon et le baraqué. Ce dernier boude autant que moi, tandis que le maigrichon accueille Orion avec un grand sourire.

— Ah, voilà l'autre moitié du duo ! Tu as parlé aux deux frères ? Ils me font flipper ! Pas toi, Wolfy ?

— Je t'ai déjà dit de pas m'appeler comme ça devant les autres, grommelle l'intéressé.

— Et moi, je t'ai dit d'essayer d'être gentil. Ça fait un point partout.

Voilà qui explique pourquoi Orion et lui s'entendent bien. Pourtant, sans accès à leurs informations, on n'a aucun moyen de savoir s'ils seront une aide ou un boulet.

— Ça va pas le faire, dis-je, sans chercher à baisser la voix.

— Tu rigoles ? Coyote a l'air sympa !

Je lève les yeux au ciel.

— Coyote ? Sérieusement ?

— C'est un dieu navajo, rétorque le maigrichon sans se vexer. Il est un peu fou et beaucoup de gens se moquent de lui mais, au final, ils ont besoin de lui, parce qu'il leur montre les erreurs à ne pas faire.

Je ravale ma réplique bien sentie. Je dois reconnaître que ça a de la gueule.

— Je ne sais pas si je supporterai un deuxième incorrigible optimiste dans le groupe, tenté-je.

Wolf approuve vigoureusement de la tête en fusillant mon compagnon du regard, mais Orion et Coyote ont manifestement décidé pour nous. Ils se regardent, éclatent de rire comme deux vieux copains qui partagent le même souvenir, et se serrent la main.

— Je vais aller parler aux motards, dit Coyote. Ce ne sont pas les meilleurs combattants mais ils sont rusés.

— Comment tu sais ça ? demandé-je, méfiante. On n'a aucune info.

— Certains jouent à l'instinct, d'autres à la stratégie, rétorque-t-il. C'est notre cas. On connaît par cœur les classements des dernières années et les évolutions de chaque joueur de la compétition – et même de beaucoup d'autres.

OK. Je reconnais que ça peut être utile, surtout si la firme s'amuse à nous laisser aveugles pendant les combats.

— Essayez les trois mecs en jogging, là-bas, suggère Coyote. Ils sont plutôt hauts dans le classement.

Il désigne Arno, Ezio et Edward.

— Pas question.

Orion me fait les gros yeux.

— Arrête de faire ta tête de mule. On a besoin d'alliés, et on va en trouver. Tu veux avoir une chance de gagner ce tournoi ou pas ?

Touché.

— OK pour Coyote et Wolf, dis-je à contrecœur. Au moins, ils ne me regardent pas comme si j'étais un nuisible. Mais les trois connards, là-bas ? Pas question.

— Fais-le pour moi, s'il te plaît.

— Tu peux pas me le demander comme ça.

Il se rapproche de moi, me serre contre lui.

— Et comme ça ?

— C'est déloyal.

Je soupire.

— OK, allons-y. Ce Coyote a l'air de savoir de quoi il parle.

Je m'approche du trio, qui vient de se faire jeter par Opale et Onyx encore plus rapidement que moi.

— Pas faciles d'accès ces deux-là, hein ?

— Qu'est-ce que vous nous voulez, les amoureux ?

— On est venus prendre le thé.

Ezio me regarde avec des yeux de cocker décérébré. Je soupire de plus belle.

— On veut faire une alliance, crétin.

Orion me donne un coup de coude dans les côtes que j'ignore royalement. Je veux bien faire un effort, mais pas question de m'aplatir devant eux.

— Pas moyen, me rembarre Ezio.

— C'est pas comme si t'avais le choix. Les autres groupes ne semblent pas se ruer au portillon.

Je désigne les différentes équipes en pleines tractations. Déjà, des alliances se précisent, des inimitiés éclatent. Les tensions de la compétition se cristallisent dans cette étape cruciale. Je sens l'hésitation d'Ezio.

— Et qu'est-ce que tu crois pouvoir nous apporter ?

— J'ai un Beastie changeforme, dis-je aussitôt. Et je... (Je me mords la lèvre, jette un coup d'œil vers Orion.) Et Moon n'a jamais perdu. Ses adversaires meurent avant même d'avoir découvert qui il est.

— Et vous ? demande Orion. C'est quoi, vos points forts ?

— Comme si on allait vous les dire, ricane Edward. Allez, salut les débiles. Merci pour les infos !

Je m'étouffe à moitié, résistant tant bien que mal à l'envie de leur sauter à la gorge. Ce qui, soyons lucides, se solderait inévitablement par une défaite cuisante de ma part.

J'accroche le regard d'Arno, resté en retrait jusque-là. À sa posture, je devine que c'est le dernier arrivé dans le groupe, et sûrement le pôle stratégique du trio.

— Vous avez besoin de nous, dis-je d'une voix ferme. (Je désigne Opale, Onyx et leur harem.) Ils ne feront qu'une bouchée de vous. On n'est peut-être pas aussi forts qu'eux, mais plus on est nombreux plus on a des chances de résister.

— Et de gagner, conclut Orion.

Arno hoche la tête.

— C'est vrai. Mais on ne connaît pas votre classement, vous pourriez aussi nous gêner.

— Ou vous sauver la mise. On n'a aucune idée de la nature des prochaines épreuves. Rien ne dit que la puissance brute vous servira. Dites-moi, vous vous en êtes sortis comment avec les énigmes ?

Ils se regardent, mal à l'aise. *Touché.* Je hausse les épaules et attrape Orion par le bras.

— Ils ne sont pas intéressés. On s'en va.

— Mais ils ont l'air…

Je secoue la tête, lui lance un regard profond.

— Ne te fie pas aux apparences. Dans ce jeu, rien n'est vrai…

Ses yeux s'éclairent, malicieux, en reconnaissant le Credo des Assassins de son jeu préféré.

— … tout est permis, termine-t-il.

La réaction que j'attendais ne tarde pas.

— Vous connaissez *Assassin's Creed* ?

Tellement prévisible. Je me retourne en feignant l'étonnement. Je hais cette lueur dans leurs yeux – mi-surprise, mi-admirative. Comme si c'était si extraordinaire que quelqu'un comme moi puisse connaître – et aimer – la même chose qu'eux. Comme si, tout à coup, je prenais de la valeur en m'immisçant dans leur secte.

— Je suis fan de *retrogaming*, explique Orion. C'est rare de croiser des gens qui connaissent d'autres références des années 2000 que celles présentes dans *Beasties*.

Les trois approuvent d'un vigoureux signe de tête. Je les arrête avant qu'ils se lancent dans une interminable discussion d'initiés.

— Bon. Vous faites équipe avec nous, oui ou non ?

Ils se consultent du regard, hésitants. Et finissent par accepter.

— Le premier qui m'insulte, je lui présente mon crochet du droit, dis-je pour sceller notre accord.

Orion me fait les gros yeux. Je hausse les épaules.

— Quoi ? Tu m'as demandé de faire alliance avec eux, pas d'être sympa.

Et je les plante tous là – le coyote, le loup et les trois assassins. J'embrasse Orion sur la joue sans leur faire l'aumône d'un regard, et je vais m'enfermer dans la voiture en mettant la musique à fond.

J'ai fait bien assez de social pour aujourd'hui.

Tu soupires de frustration quand la vidéo se coupe soudainement sur une image du joueur en train de discuter avec ses nouveaux alliés, non sans te balancer une pub pour un nouveau bracelet connecté à l'iFée, qui lui permet de te suivre partout où tu vas. Le bracelet coûte un bras, il te reste quatre arrêts de tram pour arriver au travail et tu as déjà traité toutes tes notifications. Désœuvré, tu lèves les yeux vers la fenêtre ; les façades du centre-ville s'animent dans un tourbillon de couleurs. Tu laisses ton regard errer, lointain.

ERREUR 404

Quoi que cache Moon sous sa capuche et sous son avatar, tu ne peux t'empêcher d'admirer sa force de caractère. Le talent de cette équipe est criant, et, même s'ils ont fini la première épreuve juste à temps, ce sont eux qui l'ont traversée avec le plus de classe, et de loin. Leur solidarité à toute épreuve, la façon unique dont ils se complètent… tu rêverais, toi aussi, de trouver quelqu'un qui te rende plus fort.

D'éprouver la tendresse que tu perçois dans leurs gestes, même sans voir leurs visages.

Mais tu es là, seul, dans ton tram, à guetter ton arrêt d'un œil morne pendant qu'ils vivent une aventure inédite.

Et tu attends toujours la chance de ta vie.

NIVEAU 6

RESPECTEZ LES RÈGLES DU JEU

Le lendemain matin, au réveil, certains ont une mauvaise surprise : tous ceux qui n'ont pas créé d'alliance sont définitivement éliminés, y compris les motards qui ont refusé la proposition de Coyote.

— Ils veulent nous apprendre à respecter les règles, devine ce dernier.

Je lance un regard coupable à Orion.

— Merci.

Sans lui, ma dernière chance de passer pro aurait échoué dès la deuxième épreuve.

— C'est à ça que sert une équipe.

— À ce propos, comment est la nôtre ?

Hier soir, pendant que je m'isolais pour calmer ma colère, il a déjà commencé à créer des liens avec nos nouveaux alliés. C'est Coyote qui répond, avec une verve que je devine coutumière :

— Les trois assassins vont être difficiles à canaliser, dit-il en montrant Edward, Arno et Ezio, qui discutent un peu plus loin, l'air renfrogné. Ils ont déjà essayé de s'imposer comme les chefs du groupe, mais on ne s'est pas laissés faire.

— Vous voulez une démocratie, un truc comme ça ? me moqué-je. Ça risque d'être compliqué de voter en pleine action, si je peux me…

— Non, coupe Wolf d'un ton bourru. On te veut, toi.

J'en reste comme deux ronds de flan.

— Hein ?

— Orion nous a expliqué comment tu leur as tenu tête hier pour les recruter, explique Coyote avec son sourire chaleureux, presque ingénu. C'était vraiment courageux. Et puis…

Ils se regardent, se prennent la main timidement, mal à l'aise.

— Tu sais ce que c'est d'être méprisé, grogne Wolf. Tu les laisseras pas nous ridiculiser.

Je les regarde comme s'ils étaient tombés sur la tête.

— Vous savez que la diplomatie et moi, ça fait quatre ?

— On t'aidera pour ça, me rassure Orion en passant son bras autour de ma taille. Sérieusement : c'est toi qu'il nous faut.

Je soupire.

— On verra. (Je regarde les assassins, qui montent déjà dans leur voiture.) On ferait mieux d'y aller. S'ils arrivent avant nous pour la troisième épreuve, ils ne nous attendront pas.

— À vos ordres, chef !

Je foudroie Coyote du regard, tandis qu'Orion éclate de rire.

Je m'installe dans notre œuf, attendant qu'il me rejoigne.

Il se blottit contre moi. Voiture-Loop démarre au quart de tour, zigzague entre les autres véhicules et les devance sans aucun respect pour la vitesse de croisière autorisée, à ma grande surprise. Je ne pensais pas que nos voitures avaient la capacité de la dépasser. Cela dit, je ne me plains pas : ça a l'avantage de nous offrir un peu d'intimité. L'inconvénient, c'est que je commence à manquer d'ongles à ronger à force de craindre pour nos vies.

Pas de long trajet cette fois : tout juste une heure après avoir quitté la halte précédente, Loop se remet à nous faire tourbillonner et nous entraîne vers une nouvelle arène au bord de l'océan, où nous rejoignent un peu plus tard nos deux équipes alliées.

Sept silhouettes se détachent au milieu des ruines d'un ancien temple grec. Il ne reste qu'un fronton dressé sur cinq colonnes, et les bases des anciens pieds délimitant le pourtour de la construction. Moon et Orion se placent au centre pour admirer la vue.

La pierre blanche des colonnes encore debout contraste avec le turquoise de l'eau calme, mêlé au bleu pâle du ciel parfaitement dégagé. Ça te rappelle un voyage que tu as fait quand tu étais plus jeune. L'ombre d'un sourire apparaît sur tes lèvres.

— Un temple d'Apollon, dis-je en reconnaissant la lyre gravée sur le fronton, partiellement effacée par le temps. (Je pose une main sur la pierre fraîche striée de minuscules fissures.) La reconstitution est magnifique.

— Sympa, ce caillou, commente Wolf.

Simple, efficace. Ça me plaît.

— Bon, les moucherons, vous êtes prêts à vous battre ? lance Ezio, la manette déjà sortie.

— J'en connais un qui a mangé trop de testostérone au petit déjeuner. Rien ne nous dit qu'il s'agit d'un combat.

— Et ces armes, c'est pour quoi, à ton avis ? ricane-t-il.

D'une main, il brandit une lance affûtée. Un coup d'œil à sa droite, à côté d'un des pieds du temple, me permet de découvrir un râtelier de lances, de casques et de pavois dignes de l'armée romaine.

— Le crétin marque un point, reconnaît Wolf.

— C'est moi que tu traites de…

— Vos gueules, les gars.

Tous deux se tournent vers Arno, les yeux rivés sur la falaise. Des poteaux de bois, des pieux, des ficelles, des roues géantes s'y entassent pêle-mêle, prêts à l'emploi.

— Ne me dis pas que…

— C'est un jeu de stratégie, comprend Coyote, les yeux brillants d'un bonheur anticipé. Notre équipe contre une autre. On doit monter nos défenses et préparer nos attaques pour annexer le territoire ennemi.

— J'ai jamais rien compris à ces jeux, râle Edward, son enthousiasme douché.

— C'est parce qu'il y a des règles à respecter, rétorque Wolf. La moindre erreur, et on est morts.

— Donc, si je comprends bien, on va devoir coopérer.

Tous les regards se tournent vers moi, plus ou moins ravis. Je les laisserais bien s'entretuer, mais mon avenir est en jeu et il est hors de question que je perde à cause d'eux. Alors je prends les choses en main.

— Bon, chaque seconde perdue est une seconde offerte à notre adversaire. On ne sait pas qui est en face, alors on ferait mieux de se préparer au pire. Il n'est pas exclu qu'on soit contre l'équipe d'Opale et Onyx. (Surtout, ne pas leur montrer à quel point cette éventualité me terrifie.) Coyote, Wolf, vous avez l'air de bien connaître les différentes stratégies possibles. Je vous laisse faire l'inventaire des ressources et tirer le meilleur parti de nos forces.

Je me tourne vers les assassins.

— Vous trois, vous aimez la testostérone. Construisez ce qu'ils vous disent de construire, et pas de question : on n'a pas le temps de finasser.

— Mais…

— S'il y a du grabuge, c'est vous qui nous défendrez, coupé-je. Votre poste est crucial. Ne me décevez pas. (Cette fois, je me tourne vers Orion avant qu'ils aient le temps de protester.) Quant à nous, on va jouer les éclaireurs. Loop devrait nous permettre d'en apprendre plus sur nos ennemis avant de nous faire repérer.

Orion acquiesce, un sourire aux lèvres. Je m'attends à un tollé de hurlements, surtout de la part des trois crétins, mais ils se contentent de me regarder sans broncher.

— Qu'est-ce que vous attendez ? dis-je pour les secouer. On a du boulot.

Tous se lèvent d'un bond, se dirigent vers le tas de bois au pas de course.

— N'hésitez pas à utiliser vos Beasties, conseille Coyote tandis que je vais chercher la manette et quelques vivres dans la voiture. À mon avis, les organisateurs leur ont prévu un rôle bien précis.

— Le nôtre pourra nous aider à surveiller les alentours,

comprend Edward à contrecœur. Il a une vue perçante.

— Parfait. Je pense qu'on a de quoi monter une palissade, une tour sentinelle et une catapulte. Oh, et une fabrique de bois, pour améliorer nos défenses et construire un bélier.

— Patou montera la garde, décide Wolf. Il est rapide, et sa vue porte loin.

Je n'écoute pas le reste de leurs conversations, car Orion me rejoint muni de deux lances, casques et pavois romains.

— Je t'avais dit que tu ferais un bon chef, glisse-t-il en me tendant mon « uniforme » tandis que je fais apparaître Loop sous la forme d'une mouette.

— On n'a pas encore gagné.

— C'est vrai. Mais tu as mis toutes les chances de notre côté.

— Pouiiiic ? demande Loop en voletant autour de nous, surpris par sa forme qui manque singulièrement de couleurs.

Je lui indique la côte.

— J'ai vu des falaises avant qu'on arrive, alors l'autre équipe est soit dans les terres, soit au sud. Tu peux partir en reconnaissance dans les terres pour nous, s'il te plaît ? On va longer la plage pour voir si on trouve quelque chose.

Il fait une vrille sur lui-même, un des loopings dont il a le secret, et part avec enthousiasme.

— Et comporte-toi comme une mouette normale ! lui crié-je. On est en mission d'infiltration !

Il fait un nouveau looping pour me montrer qu'il a entendu.

Pour la discrétion, c'est mal barré.

Orion et moi quittons les ruines du temple d'Apollon pour partir en reconnaissance.

Tu as ouvert en parallèle les fenêtres de chacune des équipes pour suivre l'action au plus près. D'un côté, deux silhouettes marchant sous un soleil de plomb. De l'autre, cinq joueurs qui s'activent à construire des défenses. Ils sont efficaces, mais leurs ennemis ont de la ressource et une puissance de feu bien supérieure.

Tu n'aimerais pas te retrouver face à eux… et encore moins face à leurs Beasties. Moon a du style et une bonne technique, mais la force brute n'a jamais été son fort.

Cette fois, rien n'est joué.

Au bout d'une heure de marche sous un soleil qui tape de plus en plus fort, les lances et les pavois pèsent beaucoup trop lourd à notre goût. Ça change des références aux années 2000, certes, et le studio a dû créer une jolie surprise pour les spectateurs, mais c'est pas le costume le plus confortable qu'on puisse imaginer. On a repéré une source de bois et un genre de mine qu'on a aussitôt signalés à Coyote par le biais de notre puce comm' pour qu'il envoie les Beasties les chercher ; mais aucune trace de l'ennemi.

— Ils doivent être à l'intérieur des terres, suppose Orion en scrutant l'horizon.

— C'est par là que Loop est parti. En volant, il les aurait déjà trouvés. (L'inquiétude perce dans ma voix.) Il aurait dû revenir depuis longtemps.

— Tu sais comment il est. Il a dû voir un truc qui le fait marrer, ou s'effrayer d'un rien.

Je secoue la tête.

— Je lui ai donné un ordre direct. Il ne peut pas s'en éloigner.

— Tu aurais vu ses points de vie baisser s'il lui était arrivé quelque chose, tempère Orion.

— Il a pu être capturé. Ils veulent peut-être s'en servir de monnaie d'échange.

La pensée de mon p'tit Loop enfermé dans une cage, à la merci d'un ennemi inconnu – et sûrement des deux connards légendaires que j'ai insultés hier –, fait monter mon angoisse d'un cran.

— *Eagle, le Beastie des Assassins, a repéré les éclaireurs ennemis*, m'informe Coyote via la puce comm'. *Aucun n'appartient aux équipes qu'on a vues hier.* (Je lâche un soupir sonore.) *Ils ne vont pas tarder à trouver le camp.*

— Merde. Où en sont les défenses ?

— *La palissade est terminée, grâce au bois que vous avez trouvé. On n'a pas encore fini la tour sentinelle, et il faut tailler les pierres pour la catapulte.*

— Laisse tomber la catapulte pour le moment. Elle ne servira à rien contre des éclaireurs.

— *Non, mais elle peut leur faire peur*, objecte Wolf. *S'ils croient que nos défenses sont meilleures que les leurs, ils prendront le temps de les renforcer avant d'attaquer. On devrait gagner du temps.*

— Mais on aura plus de mal à les envahir.

— *Sauf si on les attire ensuite hors de leur camp. On leur fait peur, puis on leur fait croire qu'il y a une brèche dans notre tactique, on les pousse à sortir pour nous attaquer avant qu'on la répare. Et on les prend en tenaille pendant qu'ils sont vulnérables.*

Je réfléchis une seconde.

— C'est risqué, mais ça peut marcher. À condition qu'on trouve plus d'infos sur leurs ressources de combat, histoire de limiter les emmerdes imprévues, grommelé-je, la peur au ventre.

— On cherche au mauvais endroit, comprend Orion. Souviens-toi : il y avait sept équipes le long de la côte le premier jour. Les autres étaient à l'intérieur des terres.

— Donc, les groupes formés hier forment les équipes « plage », et les autres les équipes « terre » ?

— *Le jeu* Beasties *a toujours privilégié le sens du spectacle,* réfléchit Coyote. *Ça leur correspondrait bien, surtout que nos abonnés savent ce qui se passe dans toutes les autres équipes, eux. Ils doivent apprécier que les groupes se mélangent.*

— Donc, on peut abandonner les recherches sur la plage. Vous pouvez nous gagner du temps avec les éclaireurs, histoire qu'on trouve leur camp ?

— *Aussi surprenant que ça paraisse, Edward me fait signe qu'il a une idée, et Wolfy a réussi à ne pas l'étriper jusque-là. On devrait y arriver.*

— Tenez-moi au courant.

Je coupe la communication et pivote vers les épaisses broussailles qui s'éloignent de la côte.

— Allons-y. Il faut qu'on retrouve Loop.

Orion glisse sa main dans la mienne.

— Il va bien, Moon. Il va s'en sortir.

Le problème avec Orion, c'est qu'il n'a jamais su me mentir. Il y a ce tremblement dans sa voix, ce léger frémissement dans ses doigts pressés contre ma peau. Malgré moi, je repense à la frayeur que Loop nous a faite avant de partir ; la façon dont il est apparu soudainement dans la valise, comme s'il avait peur qu'on l'oublie.

Mille petits détails me reviennent en mémoire : sa propension à se tromper de chemin lorsqu'il dirige la voiture, la façon dont il s'est allègrement moqué des limitations de vitesse, tout à l'heure ; et même sa cabriole alors que je venais de lui donner un ordre clair.

Mon estomac se noue en un nœud inextricable.

Qu'est-ce que j'ai fait ?

CINÉMATIQUE

Une semaine plus tôt

Le visage d'Orion s'affiche en hologramme au-dessus du lit. Il sourit, comme toujours, mais un pli soucieux inhabituel barre son front. Il n'a jamais su me mentir.

Je fais comme si je n'avais rien remarqué.

— Je dois vraiment le faire sans toi ?

— C'est encore un secret mais les inscriptions à la compétition ouvrent demain, sans annonce officielle, pour créer la surprise. Je ne serai pas rentré à temps.

— Ce n'est pas seulement le nombre de vues qui compte, pas vrai ? Je dois juste les impressionner.

Il opine. Son pli se creuse un peu plus.

— Ça va être vraiment rude, Moon. Link m'a dit que ce serait du jamais-vu… et, venant de sa part, je m'attends à tout. Évidemment, il ne participera pas aux sélections si on se présente pour ne pas risquer d'influencer le choix des juges.

— Mais on peut y arriver, non ?

Son sourire s'élargit… un peu trop.

— *Bien sûr qu'on peut y arriver. On a travaillé dur pour ça.*

— Donc, il faut que je passe les sélections sans toi.

Je retiens mon souffle. On devait le faire ensemble. Il avait promis qu'on le ferait ensemble.

— *C'est notre meilleure option, dit-il prudemment.* (Il se tait, me regarde dans les yeux. Très légèrement à côté, en fait.) *Je sais que je devais être là, mais…*

— T'inquiète. (Je triture machinalement l'oreiller à côté de ma tête – le sien.) Je gère.

Le pli de son front diminue un peu, sans disparaître tout à fait.

— *Tu en es capable. Rien ne te force à activer les commentaires, et puis tu auras encore ton avatar pour la sélection. Tu ne risques rien.*

— Je sais. (Je balaie la question d'un geste vague.) J'ai trop pris l'habitude de me méfier, dis-je en tentant un sourire. Ça passera.

— *Tout va bien, alors ?*

Nouveau silence.

— Tout va bien.

Son regard est fuyant, lance de nombreux coups d'œil derrière lui. Culpabilité. Inquiétude. Fatigue. Déni. Autant d'émotions que je connais par cœur, quand elles se lovent sur son visage – même à travers un hologramme.

— File, lui dis-je avec un sourire. Link t'attend pour lancer le film.

— *Je peux rester avec toi, si tu…*

— Fais pas l'idiot. Tu es avec moi toute l'année, je peux bien te prêter quelques jours à ton ami.

— *Mais j'avais promis que…*

— Ça ira. Pense juste à moi avant de dormir, d'accord ?

Il ne sourit plus, maintenant. Le pli de son front a disparu, et ses pommettes se relèvent pour former des pattes d'oie autour de ses yeux. Ce qui est bien, avec Orion, c'est que je sais toujours quand il est sincère.

— *Je pense à toi tout le temps.*

Je montre la place vide à côté de moi, où des oreillers en désordre sont encore enroulés dans la couette, comme il les a laissés ce matin.

— L'appartement est trop grand quand tu n'es pas là.

— *Tu me manques. J'ai perdu l'habitude de vivre sans toi.*

— Tant mieux, dis-je avec un sourire espiègle. Parce que je ne compte pas te laisser la reprendre de sitôt.

Il rit doucement ; m'envoie un baiser à travers l'hologramme. Des petits cœurs se mettent à flotter autour de son visage, comme des ballons.

— *Bonne nuit.*

— Bonne nuit, mon roi du kitsch. Reviens-moi vite.

— *Promis.*

Son visage disparaît, laissant comme un vide dans mon cœur.

Moi aussi, j'ai perdu l'habitude de vivre sans lui. S'il était là, je me loverais contre son dos en l'entourant de mes bras, comme pour lui emprunter un peu de se chaleur. Elle réchaufferait mon cœur, ferait taire les doutes qui me taraudent.

Avec lui, je peux être l'Invincible Moon.

Mais sans lui ?

Est-ce que je saurai faire face aux préjugés ? Est-ce que Loop m'obéira s'il me sent hésiter ? Est-ce que j'arriverai à en mettre plein la vue, comme avant, malgré tous mes échecs ?

Je ne sais pas si j'en suis encore capable. Plus maintenant.

Je me tourne et me retourne dans le lit désespérément vide et froid, cherchant le sommeil, mais au lieu de sa chaleur c'est la voix d'Orion qui résonne à mes oreilles. « *Tu as une chance de devenir pro, Moon. De leur montrer qu'ils ont eu tort de te sous-estimer.* »

Et s'il se trompait ? Si je n'avais pas le niveau ? Si mon physique n'avait rien à voir avec ça, en fin de compte ?

… Et si cet échec, je ne le devais qu'à moi ?

Culpabilité. Inquiétude. Fatigue. Déni. Autant d'émotions que je connais par cœur, quand elles se lovent dans mes pensées. Chaque fibre de mon être me dit de m'accrocher, de m'enrouler dans cette foutue couette et de penser à Orion dans l'espoir de finir par m'endormir.

Orion, qui détesterait l'idée qui point dans mon esprit, avec laquelle j'ai joué si longtemps en secret.

Orion, qui parviendrait à me raisonner, à me rassurer, pour que j'aille jusqu'au bout dans les règles de l'art.

Orion, qui n'est pas là pour m'en empêcher.

Au carrefour entre la culpabilité, la terreur et l'excitation, je choisis de tracer ma propre voie. Je joue encore un peu avec la terrible idée qui prend de plus en plus de place dans mes pensées ; en éprouve les aspérités. Je me laisse séduire par sa surface brillante et sa promesse d'un avenir doré, si doux, si facile. Ce n'est pas vraiment de la tricherie, après tout… juste un petit coup de boost qui ne fera de mal à personne, pourvu qu'on ne me repère pas.

Juste pour m'assurer une chance de retrouver tous mes followers et de décrocher une place dans le tournoi. C'est un peu risqué, mais… une vie sans prendre de risque, ça manque sacrément de piquant, non ?

J'ai toujours aimé les plats épicés : avant de goûter, on ne sait jamais si on va se régaler avec juste ce qu'il faut de piment ou cracher du feu pendant une heure. Chaque bouchée est une aventure, un acte de bravoure. Et c'est comme ça que je veux vivre, désormais.

Place à l'action !

D'une pensée, je trouve un manuel que j'avais lu lors d'une longue journée d'ennui à la fac. Je n'en perds aucune miette.

Le Codage des jeux vidéo pour les nuls

Vous adorez les jeux vidéo et vous rêvez de créer le vôtre, ou de personnaliser vos expériences virtuelles ? Ce manuel est fait pour vous. En quelques chapitres, nous vous apprendrons les bases du code appliqué au jeu vidéo en réalité augmentée. Libre à vous, ensuite, de les utiliser pour fabriquer votre propre programme ou de modifier une base déjà existante.

Attention : vous pouvez modifier des décors ou des sorts, mais pirater une créature virtuelle va à l'encontre du Code de protection des personnages de jeu vidéo. La loi punit très sévèrement toute maltraitance envers les créatures virtuelles.

Le dernier paragraphe du préambule me fait hésiter. J'ai beau maîtriser les bases du code grâce à la fac et à un apprentissage autodidacte intensif, ce n'est pas mon domaine d'expertise, loin de là. Si I.R.L.™ se rend compte de ce que j'ai fait, mon compte sera définitivement fermé. Si j'arrive à débrider Loop, il sera plus puissant, presque invincible. Mais j'ai peur pour Loop – peur de l'abîmer, de lui faire du mal. Peur de ce qui m'arrivera si on m'attrape. Peur de ce qu'en pensera

Orion, toujours si droit dans ses bottes. Trop, peut-être, pour son propre bien. Quand comprendra-t-il que certaines lois nous emprisonnent au lieu de nous protéger ? Quand cessera-t-il de vouer une confiance aveugle à l'État, pourtant bourré de défauts qu'il est bien placé pour connaître ?

La loi est imparfaite, et l'enfreindre une fois ou deux ne fera pas de moi un criminel. Mais Orion… si Orion l'apprend, il sera furieux. Pire – profondément déçu. Et c'est ce qui me terrifie.

Mais j'ai plus peur encore de ne rien faire et de rester là, sur ce lit, à attendre que ma vie défile. Alors je retrouve le fichier source de Loop dans ma puce comm', avec l'impression horrible de lui faire une opération à cœur ouvert sans avoir reçu aucune formation.

La moindre erreur peut l'effacer à jamais.

Ma concentration est extrême. Mon cœur oscille entre la terreur, l'excitation et le calme de celui qui sait ce qu'il fait.

Plus rien ne compte que ces chiffres, ces lettres, ces signes de ponctuation, que je tente laborieusement de déchiffrer.

Il me faut des heures pour en saisir le sens global. Quand j'y parviens enfin, la lune a disparu dans le ciel nocturne et des cadavres de bonbons jonchent la couette froissée. Je me relis, corrige quelques erreurs, le cœur battant quand je comprends qu'elles pourraient tout faire foirer. Je prie pour ne pas en avoir laissé d'autres ; je relis tout encore une fois. Juste au cas où. Les chiffres et les lettres se mélangent sous mon nez, comme pour me narguer. Mes yeux me brûlent d'avoir fixé les inscriptions flottantes, ma gorge est sèche et je pue la sueur rance.

Si Orion était là, je perdrais dix points de charisme, au bas mot.

Mais Orion n'est pas là. Il n'y a que moi et mes démons.

CINÉMATIQUE

Et soudain, je parviens à la dernière ligne de code.

Je cligne des yeux plusieurs fois, comme sortant d'un mauvais rêve.

Et je vois Loop assis sur le lit, à faire des cabrioles idiotes, comme à son habitude.

— Bonhomme !

Il se jette à mon cou, et je ris – je ris fort, laisse éclater mon soulagement.

— J'ai eu très, très peur de t'abîmer, dis-je en le serrant contre moi. (Puis je le porte à bout de bras.) Alors ? Tu crois que ça a marché ?

Il me regarde avec ses yeux pleins d'admiration, ses petits poils orange frissonnant de plaisir, sans comprendre un mot de ce que je raconte.

— Bah ! C'est pas grave. J'aurai essayé, hein ?

— Pouic ?

Et c'est là que, sous mes yeux, ses poils deviennent tout noirs, ses bras et ses jambes s'épaississent, des oreilles poussent de chaque côté de sa tête. L'instant d'après, c'est un chaton noir aux grands yeux jaunes effrayés qui se roule contre moi en ronronnant, réchauffant un peu le vide de mon cœur. Au détail près qu'il est doté de deux jolies ailes rouges, de minuscules cornes et d'une queue en forme de flèche.

Quoi que j'aie fait… On dirait que ça a marché.

NIVEAU 7

MODE « HORS LIGNE »

Je secoue la tête pour tenter d'en chasser les pensées parasites, en vain. La détermination avec laquelle j'ai modifié le code de Loop, ce jour-là, a laissé place à l'angoisse d'avoir fait une erreur. D'avoir franchi la ligne rouge. Pire : qu'Orion s'en aperçoive. Je lui jette un regard coupable dissimulé par mon casque romain.

— J'aperçois les défenses ennemies, dit-il en pointant un doigt à l'horizon sans s'apercevoir de mon trouble.

J'essaie de me concentrer sur la mission. Leur camp est fondé sur les ruines d'un superbe amphithéâtre antique. La pierre, même lissée et érodée par le temps, donne cette impression de puissance brute qui inspire le respect. Une palissade renforcée par des piques clôt le demi-cercle des gradins encore debout, surmontée de cinq tourelles en bois, d'où les guetteurs doivent avoir une vue imprenable sur toute la vallée… et parfaites pour envoyer des projectiles courte distance.

— Ça semble solide, dis-je avec une pointe d'amertume.

Orion ne semble pas s'en soucier. Sourcils froncés, il inspecte le camp ennemi avec une attention accrue.

— Je ne vois pas Loop.

Un pincement au cœur.

— Ils ont dû le cacher à l'intérieur du camp.

— Alors on y va, et on demande ce qu'ils veulent.

Je secoue la tête.

— Ça me tue de le dire, mais, si on fait ça, on fout la mission en l'air. C'est peut-être même précisément ce qu'ils attendent de nous.

En supposant que Loop ne soit pas parti en balade de son propre chef. Je garde cette pensée pour moi, l'estomac noué par la peur. La peur de perdre, un peu – mais surtout la peur de tout perdre. Loop. Orion. La confiance qu'ils ont mise en moi. Celle qui m'a permis de me reconstruire, et que j'ai trahie. *Imbécile.*

— Tu as raison, soupire Orion à mon grand soulagement. Allons étudier leurs défenses de plus près… Il sera toujours temps de récupérer Loop quand on leur aura mis la pâtée.

— *Bien dit !* lance gaiement Coyote dans la puce comm'. *Alors, ça donne quoi ces défenses ?*

— Solides, dis-je, laconique, pour ne pas trahir la peur qui m'habite soudain. Ils ont l'avantage du terrain, cinq tourelles, au moins deux catapultes et… Oui, il y a trois balistes et un bélier devant l'entrée, prêts à l'emploi.

— *Gasp. On ne tiendra pas longtemps face à des balistes.*

— On n'aura pas à le faire, rappelle Orion. On ne sera pas face aux balistes, mais derrière elles.

Coyote se racle la gorge.

— *À ce propos…*

— Quoi ? aboyé-je, vraiment pas d'humeur à supporter un nouveau changement de plan.

— *Edward et compagnie refusent d'appliquer les ordres, qu'ils jugent trop lâches,* déglutit Coyote. *J'ai essayé de les raisonner mais...*

— Putain, ils font chier.

D'une pensée rageuse, j'ajoute les trois assassins à la conversation.

— C'est quoi, ces conneries ?

— *On pense à nos abonnés,* grogne Ezio. *Si on attaque dans le dos, c'est pas une victoire, c'est de la lâcheté.*

— Vous êtes des *assassins*, bordel. Le principe, c'est justement d'attaquer dans le dos, discrètement, sans se faire remarquer.

— *On n'a pas d'ordre à recevoir de...*

— De qui ? coupé-je, saisissant l'occasion d'avoir enfin quelqu'un sur qui déverser ma colère. (C'est toujours mieux que cette putain d'angoisse qui me file la nausée.) Vas-y, crétin, assume ta pensée jusqu'au bout, que je te la fasse bouffer par le trou du cul.

Le gloussement de Coyote ne m'échappe pas. Tout comme il n'échappe à aucun de nos abonnés.

— Vas-y, j'insiste. Fais tout foirer, je t'en prie. On perdra tous par ta faute, sous les yeux de tes chers followers qui sont incapables de comprendre qu'à l'heure actuelle, c'est moi votre meilleure chance.

Rien n'est moins sûr, mais je m'en fous. Son silence gêné est beaucoup trop jouissif.

— Tu veux pas te joindre à nous ? Barre-toi. Bon vent la paille au cul et le feu dedans.

— *Ça veut rien dire,* grogne Edward.

— *Moi, j'aime bien,* s'amuse Wolf.

Un blanc. Puis un éclat de rire franc.

— *Je dois reconnaître que t'as du cran,* lâche Ezio, hilare. *Et des expressions absurdes. J'aime ça.*

— Donc vous allez arrêter de faire chier le monde et suivre le plan ?

— *T'as de la chance que nos followers aient le sens de l'humour. Mais ouais. Pour cette fois, on va t'écouter.*

Je lâche un soupir agacé.

— Bien. Pourrait-on arrêter de perdre du temps et nous remettre au boulot, maintenant ?

Orion me lance un coup de coude en me faisant les gros yeux. Je soupire de plus belle avant d'ajouter de mauvaise grâce :

— S'il vous plaît.

Tous acquiescent, puis écoutent religieusement le compte rendu de la situation tandis qu'Orion et moi contournons la base adverse. Quelques minutes plus tard, alors que les éclaireurs ennemis reviennent vers notre camp pour un nouveau point sur nos défenses, les derniers détails de notre stratégie sont en place.

Juste à temps.

Dans le camp adverse, les soldats se mettent en branle. Avec leurs armures et leurs pavois rouges, je dois reconnaître qu'ils ont fière allure quand ils poussent leurs balistes sur le chemin qui les mènera au temple d'Apollon. Fiers Romains quittant l'arène à la conquête du monde.

Tu reviens de la cuisine avec un paquet de chips et le nouveau jus de fruit conseillé par ton iFée pour garder la ligne, juste à temps pour voir l'équipe rouge quitter son camp dans un ordre irréprochable. Tout en guettant d'un œil la réaction de Moon et Orion, dissimulés non loin de là, tu prends la pose avec tes chips et ton maquillage bleu, juste devant le mur-écran qui diffuse les différentes vues du tournoi.

Tu essaies plusieurs postures : pouce levé, chips à la main, sourire BeautéConseil ou froncement de sourcils déterminé. D'un battement de cils, tu regardes les clichés pris par ton mini-drone. Tu lâches un soupir frustré. Comment les autres font-ils pour avoir l'air cool dans ces conditions ?

L'équipe rouge a déjà parcouru la moitié du chemin quand, de dépit, tu postes une simple photo de ton pouce peint en bleu avec le mur-écran en arrière-plan. Pour tout commentaire :

Allez les bleus !

Simple et efficace.

Ou terriblement banal.

Tu aimerais te démarquer ; montrer à Moon à quel point il compte pour toi, le sel qu'il met dans ta vie.

Tu voudrais lui dire combien ses vidéos t'inspirent, te donnent une sensation de liberté, comme si tout était possible pour toi aussi.

Tu voudrais lui dire merci, comme Coyote et Wolf se tenant brièvement par la main, pour ce couple qu'il forme avec Orion aux yeux de tous, le plus naturellement du monde.

Mais, chaque fois que tu essaies, tu te sens idiot.

Alors tu postes un simple pouce bleu, comme des milliers d'autres.

Et tu le regardes de loin, en silence.

Je compte huit joueurs et trois Beasties sur le pied de guerre. Ils vont lancer toutes leurs forces sur notre camp, persuadés qu'on est retranchés à l'intérieur grâce aux deux Beasties laissés entre les murs, qui ont fait illusion. Pendant ce temps, on les aura suivis discrètement et encerclés, si bien qu'ils se prendront l'essentiel de nos forces à revers. Même avec leurs balistes, l'effet de surprise peut nous suffire à vaincre.

Ce qui n'était pas prévu, en revanche, c'est l'énorme dragon noir à l'air très, très méchant, qui sort de nulle part et se met à survoler leur colonne, implacable vigie.

— Orion !

— J'ai vu, dit-il simplement.

Difficile de faire autrement : la bête est tellement grosse qu'elle jette une ombre sur l'intégralité de l'arène.

— On est morts.

— *Il semblerait,* acquiesce Wolf, qui aperçoit le dragon malgré la distance à laquelle il se trouve.

— *On pourrait toujours…,* commence Coyote, optimiste. Puis il soupire : *Non, désolé. Cette fois, je ne vois pas.*

— On va se faire buter par un putain d'anachronisme littéraire, grogné-je. Un dragon pendant l'Antiquité ? Sérieusement ?

Personne ne goûte à mon humour noir. Moi non plus, d'ailleurs. De dépit, je parcours des yeux le camp adverse, ses fières tourelles, sa fabrique de bois laissée à l'abandon.

— *Il y a peut-être une solution,* signale Coyote. *Mais c'est risqué.*

— Plus risqué que d'être éliminés sous le feu d'un énorme

dragon ?

— *Probablement pas.*

— Alors on fonce.

— *Il y a deux moyens d'éliminer l'adversaire : tuer chaque soldat, ou détruire son camp jusqu'à la dernière pierre.*

— *On n'aura jamais le temps de les contourner et de s'en prendre à leur camp avant qu'ils aient eu le nôtre,* objecte Edward.

Mes yeux courent sur les marches du théâtre, comme pour chercher une idée… qui m'apparaît soudain, au détour d'un tunnel. Un éclat vif, presque invisible – et pourtant notre seul espoir.

— Sauf si on s'en tient au plan initial, dis-je très vite. Vous attaquez l'adversaire à revers, vous faites tout pour le retenir. Et, pendant ce temps, je me charge de défoncer leur camp.

— *En solo ?* se moque Edward.

— Oh que non. J'ai bien l'intention de retrouver le Beastie qu'ils m'ont enlevé ; je ne le vois pas parmi eux, ils l'ont forcément laissé au camp. Et, ça, je peux vous assurer qu'ils vont le regretter.

— Je viens avec toi, dit aussitôt Orion.

La culpabilité revient, avec sa copine la nausée.

— Non. Ils ont sûrement laissé quelqu'un pour garder le camp, et on sera moins discrets à deux. Il doit y avoir des vomissoirs fonctionnels, dis-je en désignant les gradins.

— Des quoi ?

— Les tunnels par où arrivaient les spectateurs. Je pense pouvoir me faufiler dans l'un d'eux pour infiltrer leur camp sans me faire repérer. (Il s'apprête à protester, mais je ne lui en laisse pas le temps.) Tu es plus grand et plus lent que moi. C'est à moi d'y aller.

Il réfléchit, me regarde longuement, de ce regard que j'aime tant, et qui me terrifie à l'instant présent.

Puis il accepte.

— OK. Allons-y.

Ses lèvres se posent sur les miennes, fougueuses.

— Je t'aime, Orion, dis-je dans un souffle.

— Fais attention à toi.

— C'est toi qui risques de finir en barbecue.

— C'est vrai. Mais, toi, tu n'auras personne sur qui t'appuyer. Et je sais de quoi tu es capable dans ces cas-là.

Je tressaille – un frisson qui court jusqu'à la pointe de mes cheveux.

Puis je lui plante un baiser sur la joue, et je me tourne vers le camp ennemi. Je parviens à l'arrière des gradins sans me retourner, jette un œil par-dessus mon épaule pour vérifier qu'Orion a repris le chemin de notre propre camp. Puis je rive mon regard vers les tunnels.

— À nous deux, Loop.

Le dragon rugit dans les cieux et enflamme un malheureux banc d'oiseaux-hypnose, implacable. Un drone-caméra le suit dans les airs, laissant admirer toute son envergure.

S'il le voulait, il pourrait détruire le camp adverse d'un seul souffle.

Mais l'équipe rouge a décidé de jouer.

« Bordel, Moon, qu'est-ce que tu fous ? »

Le joueur se détache du groupe bleu, solitaire, et se dirige en catimini vers le camp adverse. Ça ne lui ressemble pas de quitter Orion en pleine tempête.

Et ce n'est vraiment, vraiment pas le bon moment pour ça.

Retenant ton souffle, tu zoomes sur la fenêtre de sa caméra embarquée.

Il y a une chose que j'ai omis de dire à Orion : Loop n'est pas retenu dans une cage, enlevé par l'ennemi. Il se terre dans les tunnels de l'arène, libre de toute entrave.

Je l'ai aperçu tout à l'heure ; à peine un éclat de lumière… mais je n'ai aucun doute sur sa provenance. Il y a ce truc, dans mes tripes, qui me fait dire que je ne me trompe pas.

Un mélange de culpabilité, de soulagement et de colère.

Première étape : pénétrer le camp ennemi. L'entrée est gardée par un affreux Beastie en forme de clown – j'ai déjà dit que je détestais les clowns ? – et par son joueur. Celui-ci, bras croisés sur son torse, ne semble pas très content d'être laissé derrière : il regarde la colonne de joueurs quitter le camp d'un air renfrogné, persuadé que personne ne viendra jusqu'à lui.

Compte là-dessus, petit.

Même si son Beastie est plus alerte que lui, je n'ai aucun mal à me glisser parmi les buissons épineux jusqu'aux tunnels des vomissoirs. Rester invisible, c'est quand même ma spécialité. Après quelques mètres à retenir mon souffle en traversant un tunnel obscur, je me plaque contre une paroi et jette un œil dans le camp.

L'intérieur est assez impressionnant. Tout est parfaitement ordonné, symétrique, comme dans un véritable camp romain – ou l'idée que je m'en fais. Des bannières flottent fièrement au vent, au-dessus de ce que je suppose être une tente de commandement, portant les logos des différentes équipes qui nous affrontent. Je les note soigneusement dans un coin de ma tête, au cas où nous survivions à cette étape. Une panthère dans un cercle de flammes jaune, un dragon noir sur fond blanc, deux lettres stylisées que j'ai du mal à déchiffrer, et des sabres croisés sur une tête de mort.

Hormis les gradins, tout est en bois ou en tissu, ce qui devrait faciliter la mise en œuvre de mon plan dès que j'aurai retrouvé Loop. *Si je le retrouve.* Je jette un dernier regard au clown tourné vers l'extérieur et entreprends de fouiller les tunnels.

— Allez, mon p'tit Loop, dis-je tout haut. À nous deux.

Tu plisses les yeux, frustré par le manque de luminosité dans les tunnels.

Tu n'as pas vu les rouges capturer Loop, et encore moins le retenir dans une cage. Tu as beau vérifier tous les live : rien. Pourtant, un tel exploit leur rapporterait beaucoup, et, Moon n'ayant pas accès aux vidéos, ils n'auraient aucun intérêt à le cacher.

Où est donc ce Beastie, et comment a-t-il échappé à l'emprise de ses joueurs ?

Avec un soupir, j'entre dans le vomissoir suivant. La fraîcheur de la pierre me fait du bien, mais… Loop n'est toujours pas là. J'avance jusqu'au bout par acquit de conscience.

— Loop ?

Ma voix résonne dans le couloir, puis s'éteint. Je ressors,

me dirige vers le tunnel suivant. Puis le suivant. Et le suivant encore. Jusqu'au dernier.

— *Tu l'as trouvé ?* demande Orion par la puce comm'.

Il est essoufflé, et un fracas de bois brisé résonne derrière lui.

— Je cherche encore.

— *Va falloir accélérer,* halète-t-il. *Ça devient chaud, par ici.*

— Ils attaquent la palissade ?

— *Les tourelles sont tombées, et les catapultes ne chatouillent même pas le dragon. Il va falloir qu'on entre en action.*

— Pas si tôt ! Ils vont vous mettre en pièces !

— *On n'a pas le choix, Moon. S'ils détruisent le camp, on aura perdu. Dépêche-toi !*

Il coupe la communication juste au moment où un craquement de mauvais augure retentit derrière lui.

Eh merde. Le cœur serré, je me dissimule dans l'ombre, et dirige discrètement mon drone-caméra vers le tunnel suivant, comme s'il me précédait. Puis je le passe en mode automatique en lui demandant de ne pas sortir de la zone. Quant à moi, je ne bouge pas. J'attends que la voie soit dégagée, pour que personne ne voie ce que je m'apprête à faire.

La caméra de Moon est d'un ennui mortel. Elle filme une succession de longs tunnels sombres dans lesquels il ne se passe absolument rien. Pas la moindre trace du Beastie censé sauver son équipe.

Il perd trop de temps !

Tu scrutes les écrans des autres joueurs dans l'espoir de comprendre ce qui se passe, constates la déroute des bleus, la joie des rouges qui semblent beaucoup s'amuser à faire durer le supplice.

Et Moon qui ne bouge toujours pas, bloquée dans son tunnel.

« Mais qu'est-ce que tu fous ? »

Pour la centième fois, je vérifie que ma caméra tourne toujours dans le vent et que les gardiens du camp n'ont pas l'idée de regarder dans leur dos. Je retiens mon souffle en voyant le visage du joueur de garde pivoter vers moi, m'enfonce un peu plus loin dans l'ombre des tunnels. Une seconde. Deux. Trois.

Le joueur balaye les gradins du regard sans quitter son air morne, puis s'adosse au muret de sa tourelle en croisant les bras. L'instant d'après, son clown fait une cabriole comme pour le distraire. Je me détends un peu.

— Bon, Loop, ça ne m'amuse plus, lancé-je à qui veut bien l'entendre. On a vraiment besoin de toi, là. S'il te plaît, bonhomme.

Seul le silence me répond. Je tends l'oreille, scrute les alentours, sans grand espoir. Et soudain, retentit un écho faible, hésitant – à mi-chemin entre l'appel désespéré et le cri de protestation.

— Pouuuuic ?

Mon cœur menace d'exploser de joie.

— Oui, bonhomme ! Pouic !

Je cours vers l'endroit d'où provient le bruit – un des tunnels que j'ai déjà explorés trois fois –, guette le moindre signe de sa présence.

— Où es-tu, mon p'tit Loop ?

Pas de réponse, cette fois. Je cherche encore, et encore. Et encore.

— Pouic !

Le son est plus affirmé ; plus proche, aussi. Le cœur battant, je fonce vers le tunnel voisin, trébuche sur une marche abîmée, m'étale par terre de tout mon long, m'écorchant mains et genoux au passage. Et me retrouve nez à nez avec ma boule de poils qui m'observe du coin de l'œil, à moitié dissimulée dans le tunnel.

— Oh, bonhomme ! Tu m'as fait une de ces peurs !

Je tends les bras vers lui, laissant la vague du soulagement rouler dans ma poitrine. Et s'échouer sur les parois de ma cage thoracique quand Loop disparaît de nouveau dans la pénombre.

— Non !

Mais ma boule de poils n'en fait qu'à sa tête. Quelques secondes plus tard, alors que je me relève tant bien que mal pour me lancer à sa poursuite, elle réapparaît à l'entrée d'un tunnel voisin avec un petit roucoulement joyeux. Puis repart dans les ténèbres quand je cherche à m'approcher.

— Merde, bonhomme ! C'est pas le moment de jouer à cache-cache !

— Pouic ! répond-il, bondissant dans un looping au-dessus de ma tête avant d'atterrir hors de portée.

Au moins un qui s'amuse comme un petit fou.

— *Moon ?* lance Orion dans mon oreille. *Ça devient critique, là. On a perdu les deux Beasties, et Coyote, Edward et Arno sont sur la touche. Je n'arrive pas à voir ce que tu fais, c'est normal ?*

— J'ai trouvé Loop, dis-je, la gorge plus serrée que jamais. La caméra n'est pas loin, j'essaie de dissimuler sa forme originale.

— *Génial ! Faites tout péter, sinon je vais finir grillé au barbecue.* (La panique grandit dans sa voix.) *Très, très bientôt.*

— On s'en occupe.

Je me mords la lèvre tellement fort en raccrochant qu'un goût métallique s'infiltre dans ma bouche.

— Tu as entendu, Pouic ? dis-je d'un ton désespéré au Beastie qui s'égaye de tunnel en tunnel. Orion est en danger. Il y a un gros, très gros et très méchant dragon qui s'apprête à le mettre hors ligne et, s'il fait ça, on va perdre le concours. On va devoir rentrer à la maison.

Évidemment, Loop s'en fout – il n'a pas compris un traître mot de ce que je viens de dire. Il lance des trilles en roulant sur le sol, juste hors de portée. Lentement, très lentement, je tends une main vers lui.

— Viens, mon bonhomme.

Il se fige, regarde ma main d'un air méfiant, sachant très bien qu'elle peut le renvoyer dans son œuf et couper court à sa joyeuse escapade.

Je fais un pas de plus.

Il s'éloigne juste assez pour m'empêcher de le toucher.

Il me faut toute ma concentration pour ne pas lâcher la bordée de jurons qui me monte aux lèvres, et pour lui offrir un sourire engageant.

— Pouic ! répond-il avec une cabriole.

Il est un peu plus près maintenant – il ne me manque presque rien pour pouvoir l'attraper.

C'est là que je sors mon arme secrète.

— Tu veux des gratouilles ?

Ses pupilles se dilatent d'envie comme il reconnaît le mot que je viens de prononcer. Il me surveille toujours d'un air méfiant, hésite.

— Je sais que tu veux des gratouilles, insisté-je avec un

sourire attendri – certes un poil crispé. Des bonnes gratouilles sur la tête !

Je fais un pas en avant. Il ne bouge toujours pas, ses yeux exorbités fixés sur ma main tendue. Un autre pas. Il frémit. Ses yeux sont rivés sur mes doigts tendus, qui le frôlent presque désormais.

Plus qu'un millimètre et…

— Qui veut un bonbon ? lance soudain une voix rauque juste dans mon dos.

De surprise, Loop bondit loin de moi, se perd à nouveau dans les tunnels tandis que je fais volte-face.

Et que je me retrouve nez à nez avec un clown géant au sourire froid et au regard de psychopathe.

Enfin, Moon apparaît sur un écran – pas le sien, celui d'un des joueurs du camp adverse. Tu ne vois pas son visage dans le noir, mais son cri te perce les tympans, te remuant jusqu'aux tripes.

Un cri de pure terreur.

Tu comprends vite pourquoi : le joueur qui lui fait face n'a pas la réputation d'être tendre avec ses adversaires. Ses coéquipiers ne l'ont pas laissé en arrière parce que c'était le plus faible, mais parce qu'ils avaient peur de ce qu'il pourrait faire dans la bataille. Avec horreur, tu repenses à ce joueur défiguré, le visage boursouflé par les coups non du Beastie, mais de son maître, parce qu'il avait eu l'audace de remettre en question sa place dans l'équipe.

Ce matin encore, tu lisais le communiqué d'I.R.L.™ expliquant que le comportement des joueurs relevait de leur responsabilité civile, et non de celle de la firme, se dégageant ainsi préventivement de toute poursuite pénale.

Et il est là, impuni, face à Moon sans défense dans le noir.

— Bien ! On dirait qu'il va y avoir un peu d'action, finalement, ricane-t-il à son drone-caméra.

Tu frémis de plus belle.

Et, au fond, tu te sens coupable qu'une part de toi se réjouisse du spectacle à venir.

« Allez, Moon, souffles-tu à son live toujours aveugle. Montre-lui de quoi tu es capable. »

Juste à ce moment-là, la caméra du joueur au clown s'éteint, défiant toutes les règles du jeu.

Une douleur cuisante me cueille soudain à l'estomac, provoquant une nausée aussi soudaine que violente. Je suffoque, tente de reculer, parviens juste à trébucher en essayant vainement de maîtriser ma respiration. J'écarquille les yeux devant le poing du clown qui se dresse de nouveau à côté de son sourire de psychopathe, prêt à me briser les dents.

— Les… Les Beasties ne peuvent pas…

— Le mien, si, ricane le joueur, se délectant manifestement du spectacle. On va dire que je suis doué en hacking. Mais ça sera notre petit secret, pas vrai ? Sinon, je pourrais bien éteindre mon brouillage-caméra pour révéler le tien.

Du menton, il désigne l'endroit où Loop a disparu, désobéissant très clairement à mon ordre direct.

— Espèce de…

La main qui attrape mes cheveux et les tire d'un coup sec transforme mon insulte en borborygme étranglé. Je ne me laisse pas faire : je lève les pieds dans un lancer précis en direction de l'entrejambe du clown qui me retient. Le coup touche au but, mais le fait à peine broncher.

— Il n'a pas de burnes, s'amuse le joueur, pas du tout impressionné.

C'est bien ma veine… mais je n'ai pas dit mon dernier mot. À la seule force de l'instinct, je dégage d'un coup sec une de mes mains et frappe le clown du tranchant dans la gorge. Cette fois, je le touche assez pour effacer son atroce sourire qui se transforme en grimace. Il récupère aussitôt ma main d'une poigne de fer, mais j'en ai profité pour libérer l'autre et lui envoyer mon poing dans l'estomac.

— Chacun son tour, connard. Moi aussi je peux me battre.

Malheureusement, je suis loin de la ceinture noire… si bien que, quand le clown me ceinture par l'arrière en bloquant mes bras et en plaçant mes jambes hors de portée, j'ai beau me débattre autant que je peux, je suis incapable de placer une prise ninja qui le mettrait à terre et assommerait son joueur du même coup.

Au lieu de ça, je halète en me fatiguant inutilement et j'utilise un peu de mes forces pour cracher au visage du clown.

— Ton maquillage est vraiment hideux.

— Merci, répond-il, sincère. Tu veux un bonbon ?

— Pour que tu m'attires dans ton camion ? Non merci.

— Pas besoin de camion, rétorque son joueur en approchant de moi d'un air victorieux. Il n'y a que toi et moi, ici.

C'est là – seulement maintenant – que je réalise qu'on ne joue plus. Et je panique un tout petit peu.

— C'est mon Beastie que tu dois battre pour gagner. Pas moi.

— Tu appelleras ton Beastie à la rescousse si tu es en danger. Il a l'air très… intéressant. Tu as fait quoi, tu as trouvé la backdoor de *Beastie* et tu as contourné la sécurité qui le bride ? Tu as installé un bot[1] pour pouvoir le contrôler en dehors des systèmes prévus ?

— Je ne vois pas de quoi tu parles.

Il ricane.

— C'est ça. Tu ne veux pas partager les combines avec tes potes. C'est pas grave : quand il viendra te sauver, je pourrai le disséquer et constater par moi-même.

Je déglutis.

— Il… Il ne viendra pas. J'ai perdu le contrôle. Tu l'as vu toi-même.

— Si tu le dis. (Un coup d'œil au minuteur sur sa manette.) On dirait que ton équipe a bientôt perdu, de toute façon. Les autres comptent sur moi pour te mettre la pâtée. On va s'amuser un peu, d'accord ?

— J'ai plein de bonbons, affirme le clown en souriant de nouveau. Je pourrais t'en donner, si tu veux.

Tandis qu'il parle, il fourre une main dans sa poche, en ressort une énorme boule gluante et grouillante de vers qu'il approche lentement de ma bouche.

— Tout le monde aime les bonbons, dit-il, tout content de lui.

Et je n'y tiens plus : je me mets à hurler de toutes mes forces. Je hurle à m'en arracher la gorge, à m'en déchirer les poumons, dans l'espoir que quelqu'un m'entende, à travers ma caméra qui erre dans le couloir voisin. Je hurle en me débattant ; en frappant, en griffant de façon désordonnée, avec l'énergie du désespoir.

Je hurle et je ferme les yeux pour ne pas voir l'horrible boule gluante qui va bientôt m'étrangler. Je me tends, serre les dents de toutes mes forces…

[1] Un bot informatique est un logiciel qui interagit avec le serveur de manière automatique, comme un robot.

Et soudain, la pression se relâche de mes cheveux, m'arrachant une mèche au passage.

— Pouiiiiiiic ! lance ma bestiole transformée en boule de démolition, roulant après le clown et son joueur dans le tunnel.

— Loop !

Je crois que je n'ai jamais eu autant de plaisir à le voir apparaître.

Il essaie d'écraser nos adversaires, mais il s'y prend mal, avec la maladresse qui le caractérise. Je pose une main sur la manette en priant pour qu'il veuille bien m'écouter.

— Transforme-toi en enfant, Loop. En enfant très, très triste.

À ma grande surprise – et à mon grand soulagement –, il obéit aussitôt, habillé à la mode des années 1990.

Je me redresse enfin, rappelle mon drone-caméra qui rapplique en quelques secondes. Et laisse mes followers profiter du spectacle.

Tu sursautes en voyant l'écran de Moon s'éclairer enfin, montrant un tout jeune enfant courir après le clown en pleurant de toutes ses forces.

— Tu... tu veux des bonbons ? demande le clown soudain désemparé.

L'enfant pleure plus fort encore, son cri se transforme bientôt en hurlement strident qui te vrille le ventre. Le clown, figé sur place, se bouche les oreilles. Son joueur a beau lui hurler des ordres, il est trop acculé pour pouvoir réagir.

L'enfant hurle encore plus.

— Pouiiiiiiiiiiiiiic !

D'un geste boudeur, il arrache les « bonbons » de la main du clown et les lui renvoie en pleine face comme si ça le dégoûtait. Et l'incroyable se produit : le clown, cet horrible clown au regard de psychopathe, se volatilise en une pluie de ballons sous une simple poignée de bonbons.

— Voilà comment réagit un clown face à son pire cauchemar, lance Moon au micro d'une voix essoufflée.

Le joueur, désormais sans défense, choisit de prendre la fuite. Le gamin commence à le poursuivre, mais Moon le retient :

— Non, Loop. On doit sauver notre équipe.

— *Moon !* hurle Orion dans mon oreille. *Qu'est-ce que tu fous là-bas ?*

— Il y avait un garde. Et quelques complications. Tenez encore le coup une minute, on arrive.

— *On n'a pas une minute, Moon.*

— Tenez quand même.

Je coupe la communication et tourne toute ma concentration sur mon Beastie.

— Allez, bonhomme, dis-je en le serrant très fort contre moi, juste pour m'assurer qu'il est bien là. Il est temps de tout faire péter.

— Pouic ! lâche-t-il, tout joyeux.

D'une pression sur la manette, je lui envoie une nouvelle commande. Mon idée doit lui plaire, car il se retrouve aussitôt transformé en un gigantesque baril de poudre. Les lettres « TNT » sont peintes en rouge sur son bois et sa longue mèche crépite, comme dans les cartoons.

Je donne une petite tape sur le bois.

— Merci bonhomme !

NIVEAU 7 : MODE « HORS LIGNE »

Puis je me mets à courir aussi vite que je peux pour échapper à l'explosion.

— *Moon !* s'exclame soudain Orion. *Le dragon va détruire la dernière planche et, à part toi, on est tous hors-jeu ! Cette fois, on a per...*

Un gigantesque « BOUM » cache la fin de sa phrase. Le souffle de l'explosion me projette dans les bruyères, qui m'écorchent de partout. Des morceaux de palissade, de roche et de tente brûlée volent tout autour de moi ; je sens même la chaleur des flammes sur mon visage.

Il ne reste plus rien du camp ennemi, ni de Loop.

Je ne m'en fais pas pour lui : les Beasties vaincus réapparaissent au bout de quelques heures, frais et dispos. Ce qui vaut aussi pour le clown... mais, qu'on gagne ou qu'on perde, l'un de nous sera éliminé du tournoi, et je ne devrais plus le croiser.

Ce qui m'inquiète plus, en revanche, c'est le silence d'Orion à l'autre bout de la ligne. Un silence de mort qui plane sur toute la plaine, brutal après le fracas des combats et de l'explosion.

Le duel est terminé, c'est certain.

Mais qui a gagné ?

NIVEAU 8

FAITES LE PLEIN DE MUNITIONS

Pendant le trajet qui me ramène vers mon équipe, j'ai toutes les peines du monde à faire taire les inquiétudes qui me taraudent. Est-ce qu'Orion va bien ? Est-ce qu'on a gagné ? Et, surtout, que se passe-t-il avec Loop ?

J'ai bien débridé Loop en modifiant son code pour libérer toutes ses capacités d'un coup, mais une fugue inopinée ne faisait pas partie du programme. D'ailleurs, le clown a subi des modifications, lui aussi, pourtant il obéissait au doigt et à l'œil à son atroce joueur. J'ai dû endommager quelque chose en trafiquant le code – ou bien c'est la petite mise à jour d'avant le départ qui a interféré avec mes manips. Je pourrais tenter de le réparer si j'étais un vrai hacker, mais je n'ai pas compris le quart de ce que j'ai fait ce jour-là, je vais forcément faire une bêtise.

Une *autre* bêtise.

D'un autre côté, si je ne fais rien et que Loop recommence

ses escapades, Orion finira par se rendre compte que quelque chose ne va pas. Et quand il apprendra ce que j'ai fait…

— Moon !

Orion me serre brièvement dans ses bras.

— Tu n'as rien ? dis-je en me forçant à sourire.

— Quelques égratignures, rien de plus. J'ai été mis hors-jeu juste avant que le dragon détruise la dernière palissade. Et toi ? Tu… tu t'es fait quoi à la joue ?

— Tout va bien, dis-je avec une grimace douloureuse. Je t'expliquerai plus tard. (Un pincement au cœur.) On sait qui a gagné ?

— Pas encore. Je pense qu'ils attendent qu'on soit tous réunis. (Il chuchote à mon oreille :) Les autres ne savent pas encore que tu as réussi. Je préfère ne pas leur faire de fausse joie, au cas où…

J'acquiesce. *Au cas où je n'aurais pas été assez rapide.*

Puis je me tourne vers ce qui reste de notre camp.

C'est-à-dire pas grand-chose.

Tout a brûlé, à part les vestiges du temple d'Apollon, sûrement la partie imprimée du décor, que le dragon a détruits à coups de pattes. Coyote, Wolf et les trois assassins sont assis sur des roches éparses, la tête basse et les épaules voûtées. Non loin de là, nos adversaires rient fort en se tapant les épaules et félicitent leurs Beasties. Je repère le joueur au clown avec anxiété – il est à part, sonde mes compagnons. Pour me trouver, probablement. Je frémis, me dissimule derrière Orion pour observer ses coéquipiers. Le dragon, qui a repris une taille plus transportable, est lové sur l'épaule de son maître. C'est un gamin, la dizaine peut-être, fin et nerveux, avec un sourire craquant et un regard pétillant de malice. Si je n'avais pas vu de quoi est capable son dragon, je l'aurais comparé à un jeune poulain prêt à gambader dans les prés.

— Elliot, t'as été incroyable ! le félicite le mec qui l'accompagne, un genre de gros nounours maladroit.

Il le serre dans ses bras, fort – si bien que l'autre finit par étouffer.

Les autres membres de leur équipe, beaucoup moins enthousiastes, leur jettent des regards mauvais en feignant de se concentrer sur leurs Beasties.

Moi qui avais prévu de les détester pour ce qu'ils nous ont fait subir, je me surprends à avoir envie de leur serrer la pogne. Je me contente de me blottir contre Orion pour échapper au clown en attendant les résultats.

Enfin, le message s'affiche en lettres d'or devant chacun des membres de notre équipe, et en argent pour l'équipe adverse. Je stresse tellement qu'il me faut quelques secondes de trop pour déchiffrer le mien. Les hurlements de mes coéquipiers me parviennent au moment même où j'y parviens enfin.

Victoire

— Putain de bordel de merde, tu l'as fait !

Coyote, Wolf, et même Edward, Ezio et Arno se précipitent vers moi et me soulèvent de terre, sous le regard ahuri de nos adversaires. Ma capuche tombe mais, pour une fois, je m'en fous. Nos followers verront mon avatar, et les autres…

— Tu déchires, Moon ! hurlent-ils en chœur, tandis qu'Orion rit aux éclats.

Des jurons bien sentis retentissent çà et là, témoins de l'incompréhension du camp opposé. On finit par me reposer face aux ennemis qui, bras croisés et sourcils froncés, ont l'air tout à fait prêts à me péter la gueule.

Ils se ravisent en découvrant mon visage.

— Tu es…

— Ouais, je sais. Ça surprend, hein ?

Le mec de devant, qui porte le logo de panthère enflammée, se renfrogne.

— Vous avez triché.

— Mauvaise réponse.

— Je vais te buter ! hurle soudain le joueur au clown en se frayant un passage jusqu'à moi à coups de coude.

J'ai très envie de m'enfuir, mais je ne remue pas d'un cil.

— Tu as perdu. Lâche l'affaire.

— Espèce de…

— Ta gueule, ducon, le coupe un de ses coéquipiers. T'as même pas été fichu de l'éliminer alors que t'avais que ça à faire. À cause de toi, on est tous dans la merde !

— Mais notre dragon a détruit leur camp, argue le mec à la panthère. On aurait dû gagner.

— Pas s'ils ont détruit notre camp avant, comprend Elliot.

Il se fraie un passage parmi les brutes et me tend la main, fair-play.

— Bien joué, Moon.

Je hausse un sourcil interrogateur, qui dissimule mal mon soulagement d'échapper à la colère du joueur au clown psychopathe.

— J'ai reconnu votre logo, explique-t-il en souriant. Alors, tu as fait comment ?

Je lui souris en retour.

— « Boum. »

Il écarquille les yeux.

— Ton Beastie s'est transformé en bombe ?

— En baril de poudre. Loop adore tout faire péter.

Il éclate de rire en gratouillant le cou de son dragon.

— Et dire que je trouvais Myrza facétieuse !

— Fechtin ? répond la bestiole adorable qui, il y a encore cinq minutes, mettait notre camp à feu et à sang.

J'aurais bien continué à discuter avec lui, mais j'ai besoin de laisser éclater ma joie et ce serait malvenu de le faire sous le nez des perdants qu'on vient d'éjecter du tournoi.

— Je dois rejoindre les autres, dis-je pour m'excuser.

— Pas de souci. (Elliot sourit de nouveau, un peu triste.) Puisqu'on a perdu… j'espère que vous allez gagner, Orion et toi. Vous le méritez. Et ne laisse personne te rabaisser à cause de ce que tu es, d'accord ?

Je hoche la tête sans mot dire, la gorge bloquée par l'émotion. Si vous voulez mon avis, ce petit bout d'homme a un bel avenir devant lui.

Le bras d'Orion s'enroule autour de ma taille.

— Les autres veulent aller au restau pour fêter ça, me dit-il avec douceur. Ce serait bien qu'on se joigne à eux, mais je comprendrai si tu préfères qu'on reste en amoureux.

Je me tourne vers lui, souris de toutes mes dents.

— Tu rigoles ? J'ai les crocs. Je pourrais manger un dragon !

Une heure plus tard, à défaut de dragon, on se retrouve tous attablés autour d'une montagne de crustacés et de poissons fraîchement pêchés. C'est I.R.L.™ qui régale, alors on ne se prive pas pour commander des doubles rations – et goûter tout ce qui nous fait de l'œil. Après m'avoir fait raconter notre victoire sous toutes les coutures une bonne dizaine de fois et copieusement insulté le joueur au clown qui me vaut une grosse tache violacée sur la joue, Ezio finit par aborder le sujet qui fâche.

— Vous croyez qu'il va se passer quoi, maintenant ?

— M'est avis qu'on le saura bientôt, dis-je en léchant mes doigts couverts de sauce de gambas.

— Je veux dire : vous pensez qu'on va rester en équipes encore longtemps ?

Je me raidis en me rappelant la mutinerie que j'ai failli avoir sur les bras en plein combat.

— Pourquoi ? Ça te tue tant que ça de t'allier avec moi ?

Il ricane.

— Tu crois que je serais en train de bouffer en face de toi si c'était le cas ?

Je ravale de justesse ma réplique bien sentie.

— C'est quoi le problème, alors ?

Mon ton reste un peu trop agressif. On n'efface pas si facilement des années de mépris. Même si, pour une fois et à ma grande surprise, Ezio et ses copains n'ont rien à me reprocher. *À croire que j'ai gagné mes galons.*

Cette nouvelle victoire devrait m'emplir de fierté, mais je ne peux pas m'empêcher de penser que c'est injuste. Ni Orion, ni Coyote, ni Wolf n'ont eu besoin de prouver leur valeur. Moi, j'ai dû faire exploser un clown psychopathe et vaincre un dragon pour avoir droit à un semblant d'estime. Et, évidemment, ça ne choque personne. Ça a toujours été comme ça, après tout. Seuls les concernés s'aperçoivent du problème.

Ce qui ne semble pas du tout être le cas d'Ezio, qui poursuit comme s'il me faisait une immense faveur en m'acceptant dans la discussion :

— On n'a toujours aucune info sur nos concurrents potentiels, mais un de tes fans a mis en ligne un récapitulatif du tournoi sur un site annexe. À mon avis, les choses vont bientôt se corser.

— Qu'est-ce qui te fait dire ça ? demande Wolf, rendu presque loquace par le vin blanc qu'il a descendu en flèche pendant tout le repas.

— Il ne reste que trois groupes comme le nôtre, qui comportent huit équipes au total. Plus de la moitié des participants ont déjà été éliminés. Pour la prochaine étape, il y a deux solutions. Soit on affronte les deux autres groupes…

— … soit on s'affronte entre nous avant de nous confronter aux vainqueurs des autres groupes, comprend Coyote.

Un silence pesant plane sur la tablée comme chacun prend conscience qu'on ne pourra pas gagner tous ensemble.

— Dans tous les cas, ça risque de saigner, commente Arno, pas plus ému que ça. Ils ont prévu un jour de relâche pour demain histoire qu'on prenne des forces, qu'on fasse le plein de bouffe et qu'on répare nos bobos.

— Le calme avant la tempête, acquiescé-je. Reste à savoir si on l'affrontera ensemble.

— Tant qu'à faire, je préférerais être encore avec vous quand on recroisera Opale et Onyx, annonce Edward.

Je siffle.

— Dis donc, ce serait presque un compliment !

— Rêve pas, grommèle-t-il.

Je ris doucement, avant de reprendre mon sérieux.

— Bon. Donc, on est d'accord qu'on reste ensemble demain et qu'on continue à s'entraider tant qu'on n'est pas certains de devoir s'affronter ?

— Ouaip, confirme Wolf. Ça nous a plutôt bien réussi jusque-là.

— On est avec vous, appuie Ezio.

Si quelqu'un m'avait dit hier que cette réponse me ferait plaisir, je crois que je l'aurais bouffé tout cru. Mais, aussi surprenant que ça puisse paraître, le sourire de connivence que je leur adresse est sincère. Venez encore me dire que le jeu vidéo, c'est un truc d'asocial !

Le repas se termine dans la convivialité, chacun osant se dévoiler un peu plus. Coyote pose même sa tête sur l'épaule de Wolf au moment du café ; Edward ouvre la bouche pour leur faire une remarque, mais un coup de coude d'Ezio l'arrête juste à temps.

C'est le moment que choisissent Loop, Patou et Eagle, le Beastie des assassins, pour réapparaître auprès de leurs maîtres et compléter la joyeuse tablée, surexcités. Si Patou, l'énorme chien blanc à poils longs, et Eagle, le rapace géant au bec acéré, sont parfaitement synchros, Loop, lui, a un temps de retard. Je serre les dents, priant pour qu'Orion ne remarque rien. Heureusement, celui-ci semble pressé de serrer notre boule de poils dans ses bras.

— Tu nous as tous sauvés, bonhomme !

Nos nouveaux amis, qui ne l'ont jamais vu sous sa forme originelle, écarquillent les yeux.

— C'est *ça* qui nous a fait gagner ?

— Le célèbre Beastie de Moon l'Invincible est… un machin orange informe ?

— Pouic ! proteste Loop, vexé, en croisant ses bras – encore une fois mal positionnés.

Je ris.

— Je vous ai déjà dit de ne pas vous fier aux apparences.

— Moon a passé beaucoup de temps à s'occuper de lui, explique Orion avec fierté. C'est grâce à son dévouement s'il est devenu changeforme.

Je déglutis, soudain incapable de sortir le moindre mot.

— D'ailleurs, tu ne nous as pas raconté comment tu as

réussi à le délivrer ! réalise-t-il.

Là, tout de suite, je veux bien être partout ailleurs qu'à cette table.

— Y a pas grand-chose à dire, je réponds avec un haussement d'épaules blasé. Il était dans un des tunnels, comme prévu. Je ne sais pas comment ils l'ont attrapé… Le dragon, sûrement.

— Il était encore sous forme de mouette ? demande Coyote.

Je hoche la tête sans conviction.

— J'ai dû le transformer en noiraude pour le faire passer entre les barreaux de la cage. Ce truc était sacrément solide.

— Bizarre, lâche Orion. Ils ont dû passer un temps fou à le capturer et à l'enfermer, alors que le dragon aurait pu le réduire en miettes.

Je baisse les yeux, commence à bafouiller, clairement mal à l'aise. Ça va forcément finir par se voir.

Heureusement, Coyote laisse échapper sa bonne humeur habituelle :

— En tout cas, je suis bien content que tu l'aies retrouvé à temps ! (Il bâille, consulte Wolf du regard.) Bon, on va aller se coucher. La journée m'a épuisé. On se retrouve demain sur la plage ?

— Vendu, acquiesce Edward. D'ailleurs, on va vous suivre.

Tous les cinq se lèvent. J'amorce un mouvement pour les imiter, histoire de ne *surtout pas* poursuivre la conversation en cours, mais Orion m'attire à lui et m'installe sur ses genoux, où Loop me rejoint aussitôt.

— On va rester encore un peu, dit-il à nos nouveaux amis. Je mangerais bien un autre dessert.

— À demain, alors !

Je leur fais un signe de la main, tentant vainement de

masquer ma crispation.

— J'ai sommeil, dis-je en bâillant exagérément. Je ferais mieux de…

— Je préférerais que tu arrêtes de me mentir.

Sa voix est ferme. Sans appel.

Je tressaille.

— Je ne vois pas de quoi tu veux parler.

— Qu'est-ce qui s'est vraiment passé avec Loop ?

Je baisse les yeux, incapable de lui dire la vérité.

— Tu as écarté la caméra, insiste-t-il. Tu ne voulais pas que je te voie.

— J'avais peur que Loop ait retrouvé sa forme originelle, tenté-je. Les followers…

Il soupire. La colère monte lentement dans son regard, irrépressible.

— Ne me mens pas, Moon. Pas à moi.

Loop, sur mes genoux, ose un petit « pouic ? » pour attirer l'attention, mais nos deux regards noirs l'incitent à se rouler en boule pour commencer sa nuit sans faire d'histoires. Ma main se glisse entre ses poils doux, les caresse avec force pour y chercher du courage.

Je lève les yeux vers Orion.

— Je te jure qu'il ne s'est rien passé qui puisse nous nuire.

Il ne cille pas.

— Ce n'est pas ce que j'ai demandé.

Un silence.

— Je sais.

Je me blottis contre son torse, mais il ne répond pas à mon étreinte. Je m'y attendais. Je veux juste lui montrer combien je l'aime. Ou peut-être m'y accrocher pour l'empêcher de s'éloigner.

— Moon.

Un simple mot, porteur de tant de choses.

— Moon, parle-moi.

Je souris tristement.

— Je veux bien te parler de tout ce que tu veux, mon amour. Mais pas de ça. Pas maintenant.

Il tressaille, se raidit dans mon étreinte.

— C'est la première fois que…

— Je sais.

En deux ans, jamais – *jamais* – je ne lui ai caché la moindre chose. Et je me déteste de commencer aujourd'hui. Mais, cette fois, ça concerne Loop. Notre bonhomme, ce petit être qui a changé notre vie sans en avoir l'air. Il ne me le pardonnera pas.

— J'ai besoin que tu me fasses confiance, dis-je d'une voix étranglée, marquée par la conscience que c'est beaucoup demander alors que je viens de lui mentir ouvertement. Juste pour cette fois.

Il se détend un peu – juste un peu.

— J'ai confiance en toi, Moon. Mais ce que tu me demandes…

— Je te dirai tout. Quand le tournoi sera terminé, tu sauras absolument tout. J'ai juste besoin de quelques jours. (Je me mords la lèvre, baisse les yeux.) J'ai besoin qu'on reste concentrés tous les deux jusqu'au bout.

Un silence. Un soupir. Puis la sentence.

— D'accord.

Le mot flotte dans les airs entre nous, fragile pont tendu qui ne nous satisfait ni l'un ni l'autre. On s'y accroche pourtant de toutes nos forces.

— Merci, soufflé-je.

Il sourit – triste, si triste.

Mes lèvres échouant à prononcer d'autres mots, elles effleurent les siennes pour les lui montrer.

C'est si peu, et tellement à la fois.

Une goutte de confiance dans un océan de trahisons.

Pardonne-moi.

Sur mes genoux, Loop ronfle comme un bienheureux, ramenant un peu de joie sur le visage d'Orion.

Jusqu'à la prochaine fois.

NIVEAU 9

CHARGEMENT...

Le quatrième jour du tournoi commence par une grasse matinée digne de ce nom. Orion et moi, épuisés, sommes blottis l'un contre l'autre dans notre voiture-œuf, comme dans un cocon imperméable. Loop, que je n'ai pas eu le cœur de mettre en veille hier soir, est étalé de tout son long sur mes jambes ; il ronronne doucement chaque fois que je remue.

Les vitres teintées laissent passer la lumière du soleil en filtrant une partie de sa chaleur et nous protègent des regards extérieurs. Un rayon se pose sur le visage d'Orion, donnant à sa peau une couleur orangée, comme pour l'enflammer. Ses cheveux bruns brillent d'un reflet chaud.

Mais le sentiment de plénitude ne dure pas. Orion s'agite dans son sommeil, tendu. Même à la façon dont il dort, je sens qu'il m'en veut encore. Je soupire, me blottis un peu plus contre lui, faisant rouler Loop sur le côté. Le Beastie s'ébroue, pousse un des petits roucoulements dont il a le secret, et remonte le long de mon corps pour frotter sa tête contre la mienne.

Je le repousse gentiment.

— Tu me chatouilles !

— Pouic !

Il se frotte de plus belle contre moi, me donne des coups de tête dans sa soif de gratouilles. Ça me réconforte un peu. Je chuchote à son oreille, tout bas :

— Tu veux bien m'aider à nous réconcilier, bonhomme ? Il va vraiment être furieux quand je lui avouerai ce que j'ai fait.

Loop se fige, plonge son regard rond dans le mien. Intensément. L'espace d'une seconde, j'ai l'impression qu'il a compris ; qu'il promet de faire de son mieux. Puis il se roule sur ce qui lui sert de dos, bras et jambes en l'air, en quête d'autres gratouilles. Et je me rappelle que la simple notion de « chaîne PlayWithMe » est un mystère pour lui.

Je soupire de plus belle. Cherche, d'une pensée, les fichiers de Loop que j'ai trafiqués, en essayant de comprendre où j'ai pu merder. Mais le code a muté. Je reconnais des portions bien précises, me rappelle avoir sué dessus, mais elles sont entrecoupées de nouveaux éléments que je n'ai jamais vus – et que je suis bien incapable de comprendre. Le résultat d'une mise à jour, peut-être… Ou les conséquences inattendues de mon erreur.

Quoi qu'il en soit, à moins de trouver un tutoriel miraculeux sur « Comment réparer un Beastie fugueur », je ne pourrai rien y changer. Si j'avais le moindre espoir de remettre Loop dans son état originel avant d'avouer ma trahison à Orion, je n'ai plus qu'à le ravaler.

J'étouffe, soudain, dans cet œuf qui me coupe du monde. Sans un mot, prenant garde à ne pas réveiller Orion, j'enfile une tenue décente, ma cape fraîchement lavée par la voiture multifonction, et je sors prendre l'air avec Loop.

Le vent me cingle le visage, rabat ma capuche sur mes épaules. Je ne prends pas la peine de la remettre, profite de la sensation tant que la caméra est coupée. Le sable, chaud et doux sur mes pieds nus. L'odeur d'iode et de bruyère qui m'emplit les narines, les poumons. Le roulis régulier des vagues sur la plage, ce mouvement hypnotique de l'eau et de l'écume rejetées par l'océan, avant d'être de nouveau aspirées.

Les éclaboussures joyeuses de Loop qui a déjà du sable jusqu'en haut du crâne. C'est en le voyant, là, s'amuser comme un fou, que je comprends que je ne regrette pas vraiment ce que j'ai fait. Je regrette d'avoir triché, oui – par-dessus tout, je regrette d'avoir menti à Orion. De lui mentir encore.

Mais, si mes erreurs ont permis à Loop de gagner un peu de liberté… et alors ? Lui aussi a droit à ses petits plaisirs, après tout. Je ne vois pas ce que ça pourrait faire de mal.

Comme en écho à mes pensées, la boule de poils lance un « pouic ! » sonore en faisant un saut périlleux. Son petit bras se tend vers moi – non, derrière moi. Orion, les cheveux en bataille, la marque de l'oreiller sur la joue et, élément non négligeable, torse nu sous le soleil matinal, sort de la voiture, l'air chiffonné.

Je lui offre un sourire hésitant. Il me sourit en retour, lumineux. Dans ses yeux, un reste de la tension d'hier soir me serre le cœur.

— 'jour, grommelle-t-il. Café ?

— Je t'attendais.

Je retourne vers la voiture qui prend ses nouvelles fonctions, passe mes bras autour de sa taille. Il se laisse faire, s'appuie un peu contre moi. Elle est là, pourtant – la petite barrière que j'ai dressée entre nous. Je la sens dans l'infime tension de sa nuque, dans les battements un peu trop rapides de mon cœur. Je la noie sous un déluge de bonne humeur.

— Ça fait du bien, une bonne grasse mat' ! J'en avais carrément besoin.

— Moi aussi.

Un regard glissant vers Pouic – sitôt effacé. Un sourire un peu forcé, et pourtant sincère.

— J'ai faim, dit-il. Mes rêves ont été bombardés de pubs de pancakes à la banane dégoulinants de miel.

— Bordel, ils sont vraiment sadiques. J'ai eu droit à des réclames pour de la mousse à raser mais, bizarrement, ça n'a pas été super efficace. (Je ris jaune puis, voyant qu'il ne réagit pas, je change de sujet.) J'ai repéré un brunch qui a l'air à tomber, hier, en allant au restau. Ça te dit d'aller te remplir la panse ?

— Vendu ! acquiesce-t-il en avalant son café brûlant.

On range rapidement nos affaires. Enfin, l'estomac grondant, on se dirige vers des montagnes de pancakes et de saumon fumé.

La tension ne nous quitte pas de la journée. Les autres nous rejoignent vers midi, frais et dispos. Ensemble, on cherche un magasin pour faire le plein de nourriture pour les jours à venir. On prend même tout ce qu'il faut pour une soirée barbecue-marshmallows grillés sur la plage. Wolf achète aussi des tongs, Ezio des baskets qu'il se fait aussitôt rembourser par un sponsor opportuniste, Coyote de la crème solaire. Eagle renverse la moitié des rayonnages de chaussettes et Patou court après Loop transformé en chat, qui se cache dans des endroits improbables, pour le plus grand bonheur de nos followers respectifs.

Les commentaires sont toujours filtrés, mais le nombre de vues de nos vidéos me coupe le souffle et les propositions de partenariat avec des networks pleuvent. J'ai du mal à réaliser que tous ces gens, là, sont intéressés par ce qu'on leur montre. La pression monte. *Plus que trois épreuves.* Toute la journée, Orion et moi nous attelons à semer le trouble chez nos abonnés, le visage soigneusement dissimulé dans nos capes. Coyote et Wolf se prêtent au jeu, feignant de ne toujours pas savoir qui est qui.

— Tout ce qu'on peut vous dire, c'est que l'un des deux est… surprenant ! s'amusent-ils devant la webcam.

— Et, bientôt, vous saurez tout, promets-je. (Orion me regarde avec un air surpris, conscient que je m'adresse aussi un peu à lui, sur un tout autre sujet.) Le jour de la finale, on dévoilera notre identité aux yeux de tous, comme la chaîne vous l'a promis. Soyez prêts à tout !

— J'ai hâte de voir vos réactions ! enchaîne Orion. En attendant, vous m'excuserez, mais… On va vous mettre en standby pour le restant de la journée. On a pas mal de choses à faire avant demain.

— Dis plutôt que tu me veux pour toi tout seul.

Il glousse, surjoue un peu pour masquer la tension qui nous sépare.

— OK, ça aussi. À demain, *folks !*

C'est confirmé, Moon va bien révéler son secret !

Dans ton impatience, tu jettes un œil à droite, à gauche, dans l'espoir de partager cette nouvelle explosive avec quelqu'un. Tes collègues sont plongés dans leur travail, le regard fixe, scrutant des images que tu ne peux pas voir.

Frustration.

Parfois, tu as l'impression de ne pas vivre sur la même

planète que tout le monde.

Tu apprécies tes amis, ta famille ; mais, avec eux, tu as toujours la sensation d'être à part. Pas tout à fait compris. Il n'y a que lorsque tu es connecté que tu te sens vraiment libre – libre d'être toi, d'assumer tes goûts, tes humeurs. Là où tu trouves d'autres personnes comme toi.

Tu ne fuis pas la réalité, non : tu en crées une autre. Comme Moon et Orion, qui vivent leur rêve grâce au jeu vidéo. Ça les rend plus forts, plus sûrs d'eux. Tu le vois de jour en jour à travers ton écran.

Toi, tu n'oses même pas avouer à ton voisin de table que tu te fous pas mal de sa réunion de famille du week-end, parce que tu trouves des émotions, des vraies, à regarder des live de jeu vidéo.

Pourtant, lorsque tu croises ton reflet dans le petit miroir BeautéConseil offert par ton ex posé sur ton bureau, tu ne découvres aucune joie dans ton regard. Aucune trace de l'excitation que tu ressens ; seulement un visage fermé, concentré, bien loin de l'expressivité des smileys que tu utilises tout le temps, ou des éclats de rire promis par les réclames d'I.R.L.™.

C'est à ce moment précis qu'une idée folle traverse ton esprit. Et que tes yeux se mettent à briller.

L'après-midi est déjà bien entamé quand on se retrouve tous sur la plage, déterminés à nous entraîner. D'un commun accord, on choisit de garder nos bottes secrètes sous silence, conscients qu'on devra s'affronter à un moment ou à un autre. On reste sur un terrain neutre : l'entraînement physique et les interactions avec nos Beasties. Je montre à Ezio comment pousser Eagle au mieux de ses capacités, tandis qu'il nous force à courir sur le sable pendant une heure. Orion s'en sort à peu près, mais moi, je crache mes poumons et j'ai envie de l'étriper au bout de cinq minutes. Seuls mon entêtement et ma volonté de ne pas leur donner une raison de se moquer me permettent d'aller jusqu'au bout.

Cela dit, je dois reconnaître que ça fait du bien. Après un bon bain dans l'océan et pas mal d'éclaboussures de la part de Loop et de Patou qui sont toujours déchaînés, près du feu préparé par Wolf, je commence à faire griller le poulet avec l'estomac dans les talons.

— Au fait, pourquoi vous faites le concours, vous ? demande Coyote tandis que je croque à pleines dents dans mon morceau de poulet, sous l'œil intéressé de Patou, dont la langue rose dépasse de sa gueule aux poils beiges trempés mêlés de sable blanc.

— On est fans d'I.R.L.™ depuis toujours, explique Ezio – qui se trimballe désormais avec une paire de baskets scintillantes et ailées flottant au-dessus de sa tête. On rêve de pouvoir rencontrer le P.-D.G. et de travailler pour lui. J'avais postulé comme développeur, mais ça n'a pas marché... Et joueur, c'est quand même sacrément mieux, surtout si c'est avec les copains !

— C'est clair, approuve Arno. Ce Link Rinku, n'empêche... ça doit être quelqu'un.

Je jette un coup d'œil discret à Orion, qui baisse les yeux, mal à l'aise. Je change rapidement de sujet :

— Je veux devenir *pro-gamer*, dis-je, avec toute ma conviction. Mais je n'ai pas exactement le profil qui est recherché par les différentes firmes. Ce concours, c'est ma chance de passer par-dessus la norme.

Un silence s'abat sur le groupe, tandis que chacun prend conscience qu'on n'a pas tous les mêmes chances dans ce milieu. Je prends une grande inspiration, puis j'avoue tout bas :

— Et puis, au départ, je voulais juste jouer, mais maintenant… Je veux montrer à tout le monde qu'on peut être différent et s'en sortir aussi bien que les autres. Et fermer leur gueule une bonne fois pour toutes.

— Si quelqu'un en est capable, c'est bien toi, me dit Coyote. (Là, tout de suite, j'ai juste envie de lui faire un câlin. Si. Ça m'arrive.) Et toi, Orion ? Tu aurais déjà pu passer pro si tu le voulais, non ?

Il hausse les épaules.

— Oh, moi je fais ça pour Moon.

Tous écarquillent les yeux.

–- Tu veux dire que tu endures cette semaine de fou juste pour l'aider à accéder à son rêve ? Si vous gagnez, tu ne prendras rien ?

— Son combat mérite bien une semaine de ma vie. Si vous saviez toutes les injustices qui existent dans ce milieu…

— Dans ce monde, en fait, je corrige. Mais le milieu du jeu vidéo, c'est déjà un début.

Tous acquiescent en silence, un peu gênés. Eux aussi ont été injustes envers moi, sans même s'en rendre compte. Pour autant, je ne suis pas là pour leur faire un procès.

— Et vous ? demandé-je à Coyote et Wolf.

Coyote se tourne vers Wolf, l'air interrogateur. Fait rare, c'est le baraqué qui prend la parole.

— Ce concours, c'est le rêve d'une vie. On a grandi dans les bidonvilles avant que la révolution de Chloé Blanche mette fin au règne de *Play Your Life* et nous permette de vivre autrement que comme des parias. Enfin, plus ou moins. Les machines ne nous rejettent plus en ville, mais les gens… On n'efface pas des années de mise au ban en un tour de main. On a réussi à trouver des petits boulots pour survivre, mais c'est… compliqué. La plupart de nos rêves sont rendus inaccessibles par la société qui ne tolère pas notre différence. Alors le jeu, pour nous, c'est comme une échappée. Un souffle de liberté dans lequel on peut donner le meilleur de nous-mêmes et recevoir un peu de reconnaissance.

— Devenir *pro-gamers* nous permettrait de vivre constamment dans ce rêve, soupire Coyote. D'échapper à notre quotidien et à nos jobs pourris.

Quand le silence revient sur le groupe, percé par le crépitement du bois et les exclamations de Loop et Patou qui s'amusent ensemble sous le regard dédaigneux d'Eagle, j'ai la gorge serrée. Pour la première fois, je réalise qu'accéder à mon rêve revient à piétiner celui des autres. Des gens que je respecte, qui pourraient devenir mes amis dans d'autres circonstances. Des gens qui, comme moi, cherchent seulement à échapper aux putains d'injustices de ce monde.

Au regard que me lance Wolf, chargé de regrets, je devine qu'il pense à la même chose que moi.

— On ferait mieux d'y aller, dit-il, brisant la paix fragile qui nous unit. La journée de demain va être rude.

Tout le monde comprend le message. *Mieux vaut partir avant que ce soit trop dur. Avant que je ne sois plus capable de vous vaincre quand on nous opposera les uns aux autres.* Avec douceur, j'attrape Loop, dont les petits bras sont enroulés autour du cou de l'énorme chien, pour retourner vers la voiture. Il referme ses doigts sur les poils blancs.

— Pouiiic ! proteste-t-il.

— Je sais, bonhomme. Moi non plus j'ai pas envie de quitter les copains.

Patou me regarde en grognant, couve Loop du regard. Wolf pose une main sur son dos.

— Viens, mon beau. C'est l'heure d'aller dormir.

Mais Loop s'agrippe plus fort à Patou, qui ne remue pas d'un poil. Je souris malgré moi.

— Eh ben, on dirait que tu t'es fait un ami !

Patou lèche Loop d'une grosse langue gluante et provoque un éclat de rire général. C'est dans la bonne humeur revenue que je prends Loop dans mes bras, détachant doucement ses mains des poils épais du patou, et le serre très fort contre moi.

— Allons-y, p'tit Loop. Ce soir, c'est gratouilles à volonté !

Son regard s'éclaire de bonheur. Il fait un signe de main à Patou, qui jappe en remuant la queue. Puis chacun regagne ses pénates – seul, de nouveau. Mais fort de nouveaux amis.

— On ferait mieux de le renvoyer dans l'œuf pour cette nuit, fait remarquer Orion une fois à l'abri de notre nid douillet. Qu'il recharge ses batteries avant la prochaine épreuve.

Je n'ai aucune envie de me séparer de Loop maintenant, surtout après l'avoir arraché à son nouveau copain, mais il a raison. Une fois les gratouilles promises offertes, je sors la manette pour le mettre en veille. Il s'en empare aussitôt, joueur.

— Loop, mais quelle tête de mule ! je ris.

Je récupère mon bien avec l'aide d'Orion, qui ne cache pas son hilarité, dissipant un peu de la tension qui nous a séparés toute la journée. Loop me tire une langue vert et rose, fait grandir ses bras et les croise tout autour de lui – ils font au moins trois tours – d'un air boudeur. Je lui fais une dernière gratouille, puis je l'éteins pour la nuit.

Ou du moins, j'essaie. Car, mon doigt a beau être appuyé sur le bouton « off », Loop est toujours là, à me tirer la langue d'un air têtu. Et le regard d'Orion, qui passe de mon pouce à notre Beastie indomptable, se pare de nouveau de cette nuance glacée qui me déchire le cœur.

— Moon.

C'est dingue, comme ce simple mot peut revêtir tant d'amour et tant de colère à la fois.

— Explique-toi.

Aucun mot ne sort de ma bouche. Je ne peux que regarder Loop, si désespérément tangible – et la vérité brute, implacable, qui explose entre nous.

— Moon, dis-moi ce que tu as fait.

— Je… je vais tout te dire.

Ma gorge est sèche, mes lèvres pâteuses. Chaque mot est comme une partie de moi qu'on arrache.

— Après le tournoi, je…

— Non. Tu vas tout m'expliquer *maintenant.*

Ce dernier mot tonne dans la voiture-œuf, me fait sursauter tant il regorge de menaces. *Parle maintenant, ou tais-toi à jamais.*

— Orion, je…

J'essaie de lui dire – j'essaie vraiment. Mais ça ne sort pas. Ça reste bloqué là, quelque part entre mon cœur et ma gorge. Incapable de faire demi-tour, et pourtant déjà prêt à éclater.

— Pardonne-moi, dis-je d'une voix étranglée.

— Non. (Je relève les yeux sur lui, le cœur en miettes.) Je ne peux pas pardonner ce que je ne connais pas.

Une minuscule main poilue se glisse dans la mienne.

La présence chaude, vibrante, contre mon flanc, me donne une bouffée d'espoir. Et, tout à coup, les mots sont là.

— J'ai triché.

Cette fois, c'est lui qui reste muet.

— J'ai trafiqué le code de Loop pour le débrider. C'est comme ça qu'il a pu devenir changeforme. Au début tout allait très bien, mais depuis quelques jours il a… des ratés.

— Pouic ! fait l'intéressé, tout joyeux, pendu à mon bras qui tient toujours la manette inutile.

Orion nous regarde sans mot dire – impassible. Seul un infime plissement des paupières me laisse deviner la détresse et la colère qui se battent dans ses pensées. Loop tend un bras vers lui, mais il ne le prend pas. Il nous regarde.

— Il semble avoir développé des envies de liberté, dis-je. S'affranchir du programme.

— Il n'a jamais été capturé par le camp adverse.

Ce n'est pas une question.

Je fais lentement « non » de la tête.

— Il a fugué. Il a désobéi à un ordre direct et, quand je l'ai retrouvé, ce fripon avait plus envie de jouer avec moi que de participer au combat. Il est revenu quand le clown psychopathe, apparemment trafiqué lui aussi, a failli m'étrangler. Heureusement, il aime les gratouilles… et tout faire péter.

Il n'y a pas l'ombre d'un sourire sur son visage.

— Qu'est-ce que tu comptes faire ?

Malgré moi, je me retourne vers Loop, qui semble triste qu'Orion n'ait pas accepté sa main tendue. Je le réconforte en tapotant son crâne, mais il se faufile sous la couette et se roule dos à nous. Son soupir, étouffé, nous parvient à travers les draps.

— Il n'y a rien à faire, soupiré-je en écho. Appeler le SAV nous ferait éliminer du concours et bannir du jeu, sans parler des poursuites légales s'ils portent plainte. On va peut-être nous surveiller de près, vu que j'ai écarté la caméra en plein combat. C'est autorisé par le règlement, bien sûr, mais s'ils se posent des questions… (Je secoue la tête, préférant ne pas terminer ma phrase.) De toute façon, on n'a pas d'autre choix que de continuer. Le code de Loop a muté, je ne sais pas le réparer… et, même si je le pouvais, je ne sais pas si j'en aurais envie.

Il manque de s'étouffer.

— Que…

— Il ne fait rien de mal, Orion. Il a juste envie de jouer un peu.

— Mais tu as triché.

Je prends une grande inspiration. Il va me tuer pour avoir dit ça, mais…

— Tout comme ton ami Link avait triché en faisant sortir Chloé du jeu vidéo pour l'amener dans le monde réel. Et pourtant, au final, c'était plutôt une bonne chose, non ?

— Ça n'a rien à voir.

— Tu t'es battu pour sa liberté. Tu as tout fait pour l'aider à vivre ; merde, tu as même fait partie du syndicat pour les droits des personnages de jeu vidéo ! Et tu me reproches de vouloir faire pareil avec Loop ?

— Tu l'as manipulé, Moon. Tu l'as *trafiqué*. Comme un vulgaire programme.

— Et j'ai eu tort ! Tu n'étais pas là, j'avais peur, et…

— Cinq jours. (Il plonge droit dans mes yeux, laissant filtrer toute l'angoisse derrière sa colère.) Je suis parti *cinq jours* et tu m'as trahi. Tu m'as trahi encore et encore, en me cachant ce que tu avais fait, parce que tu savais que je ne pouvais pas approuver. (Une pause. Puis un cri de détresse.) Il se passera quoi, quand je devrai partir en déplacement pour le boulot ? Ou quand tu seras en tournée pour I.R.L.™ ? Tu vas transformer Loop en monstre sanguinaire juste pour gagner quelques followers ?

Il détourne les yeux, incapable de prononcer un mot de plus. J'entends nettement le son de mon cœur qui se brise.

Regrets, honte, colère, angoisse ; ils me giflent l'un après l'autre, me volent mon souffle, m'oppressent sans pitié. Je tends une main vers lui, imitant Loop sans y prendre garde. Il s'écarte comme si je l'avais brûlé.

— Whisper…

— Ne m'appelle pas comme ça, gronde-t-il. Tu viens d'en perdre le droit.

Il me regarde une dernière fois, laissant filtrer toutes les émotions qui bouillonnent en lui, qui m'atteignent comme une vague se brisant sur la falaise immuable. Encore, et encore, et encore, la détruisant à petit feu jusqu'à finir par l'éroder.

Puis il me tourne le dos et sort de la voiture.

Sous la couette, les ronflements bienheureux de Loop ne parviennent pas à endiguer mes larmes. Elles me ramènent loin, très loin en arrière, quand tout était plus simple… et tellement plus triste.

CINÉMATIQUE

Deux ans plus tôt

Je me promène dans la marina, hume l'air iodé du bord de plage mêlé aux effluves gras des poissons frits en vente un peu partout. Après un combat, j'aimais observer la foule vaquer à ses occupations, inconsciente de ma présence. Je ne joue presque plus, maintenant, mais je viens toujours ici. Pour me faire mal, peut-être. Ou pour me rappeler que j'étais comme eux. Que j'avais fait mes preuves, avant que je comprenne que ça ne suffirait jamais.

C'est comme un ballet bien réglé sans cesse répété. Des pas rapides, déterminés. D'autres plus lents. Un peu perdus peut-être, oublieux de leur destination, concentrés sur des pensées supérieures. Les joueurs sont faciles à reconnaître au milieu des autres.

La plupart des gens ont le nez au sol, fixé sur la série TV qui défile sous leurs pas ou l'esprit perdu dans les réseaux sociaux auxquels ils marmonnent un commentaire, un nouveau statut.

Ici ou ailleurs, quelle importance ? Ils ne savent plus pourquoi ils marchent, ce qu'ils cherchent. Le monde n'existe plus que dans leurs projections mentales.

Les joueurs, eux, observent. Jaugent. Ils cherchent un avatar caché derrière le palmier du bord de mer, essaient d'apercevoir une manette dissimulée dans un sac, dans une poche. Plus encore, ils cherchent les leurs. De temps à autre des regards se croisent, un sourire naît brièvement sur leurs lèvres – rare, précieux. Signe de reconnaissance. *Toi aussi, tu fais partie du monde.*

Alors vient la rupture du ballet, le pas de deux. Les élus se tournent autour. Ils n'attirent pas l'attention – pas encore. Ils fouillent, lisent, écoutent, à la recherche de la moindre information. Adversaire ? Allié potentiel ? Newbie[1] ?

Non. Le newbie ne sait pas : il danse maladroitement, sourit trop fort, trop vite. Tend la main vers sa manette avec trop d'avidité.

Eux connaissent parfaitement les rouages du duel, glissent l'un après l'autre, lentement. Chaque geste compte. Chaque regard est précieux. Même la foule finit par les remarquer : deux fiertés immobiles dans le mouvement incessant, deux respirations parmi les halètements empressés. Sans bouger, ils dansent.

J'ai passé si longtemps à me tenir là, cœur battant, que je connais chacun de leurs gestes. Je les sens qui frémissent dans mon corps, se demandent si je vais les esquisser encore une fois – ou peut-être qu'ils se rappellent la dernière fois que j'ai joué ce tableau, il y a si longtemps. Avant de tout perdre.

Deux yeux marron plongés dans les miens, une mèche

[1] Terme péjoratif désignant un novice en jeu vidéo.

noire épaisse glissée au milieu. Un sourire bref, rempli de cette lumière qui me fait si désespérément défaut. Un sourcil haussé un peu maladroitement en signe de défi.

Il ne connaît pas encore bien la danse, pourtant il prend son temps. Insouciant du ballet qui se joue autour de nous. Inconscient d'en devenir l'étoile l'espace d'un battement de cils. Je lui souris en retour, et ses doigts frémissent sur sa manette. Il hésite.

Pas moi.

Je l'écrase sans la moindre trace de pitié, sans cesser de sourire. Un combat lamentable, pour être honnête : un newbie aurait sûrement fait mieux.

Et pourtant, c'est ce jour-là qu'a commencé ma nouvelle vie. Ce jour-là que j'ai arrêté de fuir pour commencer à me reconstruire. Ce jour-là, j'ai réappris à sourire. Je n'aurais jamais imaginé que, dans un simple combat de jeu vidéo – un mauvais, en plus ! –, je retrouverais l'humanité perdue par le reste du monde. Belle ironie, quand on sait qui a créé ce jeu.

NIVEAU 10

PRÉPAREZ-VOUS AU COMBAT

Le matin me trouve avec les yeux bouffis et le cœur en miettes, plus douloureux encore d'avoir rêvé de notre rencontre. Des images de notre vie défilent dans ma tête sans que je puisse les arrêter. Des regards, des paroles échangées.

Attention, Moon. Le truc qui soulève tes lèvres, c'est ce qu'on appelle un sourire. C'est très dangereux si on ne sait pas s'en servir.

— Tu pourrais m'apprendre, alors ?

— Désolé, tu es un cas désespéré. En revanche, je connais autre chose qu'on peut faire avec des lèvres. Ce n'est pas très hygiénique, mais c'est sacrément agréable.

Je serre les dents pour m'empêcher de crier, secoue la tête, essaie de refluer la nausée que me monte soudain à la gorge. Je finis par me calmer un peu, reprends conscience de ce qui m'entoure. Loop a profité de la nuit pour se faufiler dans la housse de couette, là où devrait se trouver Orion. Je vois sa petite tête pousser les draps en cherchant désespérément la sortie.

— Pouic ? finit-il par demander, tout penaud.

Je lui ouvre un chemin, l'esprit ailleurs.

Au bord de la plage, très exactement ; là où je sais pouvoir trouver Orion, qui a passé la nuit assis face à l'océan. Loop pousse ma main avec sa tête en quête de gratouilles.

— J'ai fait une grosse bêtise, bonhomme, dis-je avec un soupir qui fait remonter mes larmes. Je ne sais pas si je pourrai la réparer.

— Pouic !

D'un bond, il tourbillonne dans les airs et se transforme en rouleau de scotch, prêt à l'emploi. Je souris tristement.

— Je ne crois pas que ça va suffire, tu sais.

Il reprend sa forme originelle, l'air interrogateur. Je soupire de plus belle.

— Allez, viens. On va se préparer pour le tournoi.

Il se juche aussitôt sur ma tête, tout content.

En sortant de la voiture, je ne peux m'empêcher de regarder vers l'océan. Orion est là, déjà vêtu de sa cape. Son regard cerné, rougi, glisse sur moi sans s'arrêter. Il active la commande « café » de la voiture et me tend une tasse sans un mot. Le visage fermé.

Il n'a toujours pas prononcé une parole quand la voiture annonce :

« Itinéraire chargé. Rejoignez le lieu de votre prochain défi. »

Cent fois, j'essaie d'accrocher son regard, j'ouvre la bouche pour établir un contact – n'importe lequel. Tout, plutôt que ce silence accablant qui ne m'offre aucune prise.

Cent fois, je me heurte à la douleur sur son visage.

Et je continue de me taire, la tête basse et les épaules voûtées.

La route est courte, heureusement. Il nous faut à peine une demi-heure – autant dire une éternité de torture silencieuse – pour rejoindre une sorte de fort d'aspect moyenâgeux qui surplombe l'océan. Un rempart de brique rouge longe fièrement la côte, survolé par des oiseaux-hypnose semblables à ceux du premier jour. Pas de soldats, cette fois ; les lieux semblent habités par une faune aussi surprenante que merveilleuse. Là, un minuscule renard à grandes oreilles ; ici, un cerf aux bois étoilés. Derrière un arbre, une panthère se prélasse en se limant les griffes. Derrière cet autre, un lion noir à la crinière de feu pose sur nous un regard presque humain. Juste au-dessus, une petite fée tourbillonne joyeusement dans les airs, suivie par une libellule aux ailes de soie. Elles sont balayées par un chien-de-vent qui galope comme un fou au-dessus du fort, soulevant un tourbillon de feuilles et de minuscules animaux sur son passage. Il y a même un étrange tigre, au loin – massif, imposant, il semble indifférent à l'agitation qui l'entoure. Son regard vif se pose sur moi, sur nous, placide. Et ne nous lâche plus.

Les lieux grouillent de vie, dans un joyeux bordel plein de poésie.

Les mots m'échappent avant que j'aie pu les retenir.

— C'est magnifique.

La nuque d'Orion se tend imperceptiblement. Une nouvelle miette de mon cœur part en fumée.

— Pouiiiiiiic !

Loop, surexcité, bondit soudain de mon crâne, m'arrachant quelques cheveux au passage. Il court droit devant nous en direction du fort – ou, pour être honnête, il bondit, trébuche, roule, bref : se débrouille comme il peut avec ses jambes trop longues.

Un instant plus tard, je le vois revenir juché sur le dos d'un énorme patou qui remue la queue, tout content.

— Moon, Orion ! appelle Coyote. On se revoit plus tôt que prévu, on dirait !

— Reste à savoir si c'est pour jouer avec vous, ou contre vous, lance Edward, qui débarque derrière nous, suivi de ses deux acolytes et de leur Beastie.

La réponse ne tarde pas à tomber, sous la forme d'un nouveau message en lettres d'or.

Il ne doit en rester qu'un.

— Bon, soupire Coyote. Je suppose qu'on n'a pas le choix.

— Il fallait bien que ça arrive.

Les premiers mots qu'Orion prononce depuis hier soir.

— Vous allez me manquer, dis-je pour faire bonne figure auprès de nos amis.

S'ils se rendent compte que l'ambiance n'est pas au beau fixe (et c'est un bel euphémisme), ils ont la délicatesse de ne rien dire.

— Bon… on procède comment ? lâche Wolf.

— Eagle contre Patou, propose Arno. Le gagnant affronte Loop.

— Pourquoi Loop en dernier ? je m'insurge. Je suis parfaitement capable de…

— Parce qu'il est le meilleur, coupe Arno. (Je ravale ma protestation dans une grimace étonnée.) C'est grâce à vous deux qu'on a gagné la manche précédente. C'est donc vous, les favoris.

— Ça me semble juste, confirme Wolf. Orion ? Quelque chose à redire ?

Il secoue la tête en grognant.

— Comme vous voulez.

— Hé ben ! lâche Ezio. T'as bouffé un ours ce matin, ou quoi ?

Orion me lance un regard chargé de rancœur.

— Mal dormi.

— Il vaut mieux le laisser dans sa tanière, dans ces cas-là, dis-je avec un sourire d'excuse, tandis que je tente tant bien que mal de ramasser les morceaux de mon cœur. Je vais gérer le combat.

— OK. Prêts à donner à vos *followers* le spectacle de votre vie ?

Nos *followers*. Je les avais oubliés, ceux-là. Autant leur présence invisible me semble souvent réconfortante, comme des têtes souriantes au-dessus de mon épaule ; autant, aujourd'hui, je les enverrais bien paître sans préambule. J'ai déjà du mal à assurer le spectacle devant cinq personnes… alors devant des centaines de milliers ?

Je ne sais pas si j'aurai assez de force pour ça.

Le combat entre les assassins et les lupins me donne le temps de m'y préparer. Je le suis avec attention, vu que je vais devoir affronter l'un des deux après. Patou est rapide, et très observateur. Sous ses dehors de chien pataud, il repère les faiblesses de son adversaire au premier coup d'œil. Eagle, lui, est doté d'une force surhumaine. Un coup de bec suffit à ôter le bouclier du Beastie en face de lui ; une seconde erreur l'éliminera. À choisir, je préférerais que Loop se confronte à lui. Il est assez malin pour retourner cette force contre son adversaire.

Orion semble bien loin de ces considérations. J'essaie de

lui adresser une ou deux remarques, de l'impliquer dans le combat. Je lui tends des perches grosses comme mon bras avec la délicatesse d'un éléphant dans un magasin de porcelaine.

Il les repousse toutes. Alors je me résigne à combattre sans lui, pour la première fois depuis le début du tournoi. Et, même si j'ai envie de hurler, je ne dis rien. J'ai trahi sa confiance. Pourquoi ne trahirait-il pas la mienne ?

Mes pensées m'absorbent tellement que je ne remarque pas la fin du combat. C'est Loop qui me fait sursauter en bondissant de joie sur le crâne de Patou, qui revient tout essoufflé.

— Bien joué, fait Arno à Coyote en lui serrant la main. C'était un beau duel.

Il ne cache pas sa déception, tout comme Edward et Ezio.

— On aurait préféré gagner, mais bon… Vous avez été meilleurs. Tant pis pour nous.

Hé ben. Les trois connards ont appris l'humilité, on dirait. Ou peut-être que je les ai simplement mal jugés. Je leur fais un signe de tête, incapable de trouver les mots. Puis je me tourne vers Coyote, la gorge serrée.

— Prenez le temps dont vous avez besoin pour vous remettre. On combattra ce soir.

Des mots bien durs, par rapport à tout ce que j'ai envie de lui dire. Quand je vois Loop jouer dans les pattes de Patou qui se désaltère au même ruisseau qu'un loup à la fourrure d'argent, je réalise que je n'ai aucune envie de les combattre. Et que je ne sais pas si j'en aurai la force. *Ils méritent de gagner autant que moi. Et, eux, ils n'ont pas triché.*

Une pause.

Oh, et puis merde. J'en ai ma claque.

Et je reprends une vieille habitude : j'emballe toutes mes

émotions dans du papier kraft, j'enroule le tout d'une bonne couche de scotch – merci Loop –, je dis bonjour au déni qui déboule comme une furie, et je jette le paquet quelque part au fond de mon cœur. J'attendrai qu'il soit recouvert d'une bonne grosse épaisseur de poussière avant d'y toucher à nouveau.

Un subterfuge qui me permet de survivre à l'après-midi en compagnie de nos cinq amis sans y laisser mes plumes. Nous rions, un peu nerveux ou un peu tristes, selon les cas ; mais nous rions ensemble. Même Orion finit par se détendre légèrement. Il ne m'a toujours pas adressé la parole, mais sa main a effleuré mon bras par inadvertance une ou deux fois sans qu'il donne l'impression de se brûler.

Loop et Patou dorment l'un contre l'autre, la boule orange à moitié écrasée par le gros chien blanc. Ce qui n'a pas l'air de la gêner plus que ça, puisqu'elle tend sa main libre vers le crâne de son compagnon pour le gratouiller entre les oreilles. La queue du patou bat le sol avec enthousiasme.

— Dommage qu'ils doivent s'affronter, constate Coyote. Ils sont vraiment mignons.

Je hoche la tête.

— Il faudra qu'on se revoie après le tournoi. Pour eux… (Je leur souris à tous les deux.) … et pour nous.

— De toute façon, on est abonnés à votre chaîne PlayWithMe ! s'amuse Coyote. On vous suivra à la trace.

— Et vous ne nous échapperez pas.

Il rit. Wolf s'approche de nous.

— Bon… on s'y met ?

— Ouais. Et que le meilleur gagne.

Orion, dans mon dos, émet un genre de grognement ému, avant de donner l'accolade à nos deux amis. L'espace d'une seconde, je ne peux pas m'empêcher de les jalouser. Et puis j'envoie bouler cette émotion avec les autres et je me concentre sur le combat.

Moon se met en place au centre d'un cercle dessiné dans la poussière. Sa capuche est baissée et son avatar activé, comme toujours ; le logo de son équipe brille dans la lumière de fin de journée, plus éclatant que jamais.

En face, Wolf et Coyote se lancent un coup d'œil discret, étonnés. Inquiets, peut-être. D'échouer à le vaincre ? Ou de sentir la fraîcheur dans la voix d'Orion, qui a perdu toute sa verve lorsqu'il s'adresse à la caméra ?

Mal à l'aise, tu envoies un dernier mail avant d'activer ta notification d'absence pour les jours à venir, l'oreille tendue pour comprendre ce qui se passe.

C'est Wolf qui se met en face de moi – pour être honnête, ça m'arrange. Il est moins sentimental que son ami, ça simplifiera les choses.

Patou le suit en jappant, tandis que Loop s'installe sur mon crâne. Déjà, je regarde tous les animaux fabuleux qui nous entourent, cherchant l'inspiration pour la mise en scène du combat. Je lance les premières commandes, concentration maximale. Je veux faire du grand spectacle. Je vais…

— Loop, qu'est-ce que tu fous ?

Ma boule de poils, au lieu de se transformer en un petit dragon asiatique blanc à la crinière verte, choisit de devenir un chiot blanc à crinière verte, et se précipite vers Patou en jappant. Ce dernier se recule en grognant, prêt à attaquer sur ordre de son maître ; mais ça ne décourage pas ma tête de mule ambulante, qui évite un coup de dent et bondit sur son dos.

Se rappelant trop tard qu'il n'a pas de bras pour se raccrocher aux poils blancs, il glisse, essaie maladroitement de se rattraper en balayant l'air de ses petites pattes arrière, échoue, s'étale sur le sol de tout son long après une vrille pittoresque dans les airs. Et se relève prestement en trottinant, l'air vexé.

Coyote éclate de rire.

— Bien vu, Moon, c'est hilarant !

Sauf que je n'y suis pour rien. Loop a simplement décidé que s'amuser avec Patou était beaucoup plus rigolo que le combattre... une réticence que n'éprouve pas l'énorme chien de berger. Obéissant à l'injonction de Wolf, il fonce sur le chiot, tous crocs dehors, tant que celui-ci est déconcentré par sa chute.

— Loop, attention !

Il évite l'attaque juste à temps – mais pas assez vite pour échapper au coup de patte qui l'attend au tournant. Il part bouler dans la poussière, tandis que la moitié de la jauge de son bouclier part en fumée sous mes yeux.

— Concentre-toi, merde !

Je jette un œil à Orion, toujours muré dans son silence. C'est à peine s'il commente pour la caméra. Qu'est-ce qu'il pourrait dire, de toute façon ? Que j'ai provoqué la défaite la plus ridicule du tournoi parce que j'ai voulu tricher ?

Quelque chose ne va pas.

La défense est trop brouillonne, l'attaque inexistante.

Ce combat tient plus du one man show que de la lutte acharnée.

Un froid glacial t'envahit l'estomac, tandis que ton regard se pose sur la valise qui t'attend dans le couloir.

Et si Moon refusait de combattre ses amis ? S'il avait décidé d'abandonner ?

Loop, transformé maintenant en petit singe mignon comme tout – et toujours vert pétant –, fonce de nouveau vers Patou. Cette fois, il est prêt : il esquive l'attaque de son ami, se glisse entre ses pattes, rebondit sur le sol, et termine sur le dos du chien, à faire du rodéo.

Ce serait une attaque sacrément efficace si elle avait eu pour but de percer la garde de l'adversaire pour lui porter un coup fatal. Loop, lui, préfère utiliser sa main toute neuve pour gratouiller Patou entre les oreilles.

Ce dernier, insensible à sa tentative de charme, tourne la tête dans tous les sens ; parvient à écorcher la petite main qui lui chatouille la tête d'un coup de crocs, amochant le bouclier de Loop. Ma bestiole glapit. Patou grogne et attaque de plus belle.

— Ne te retiens pas, Moon, grogne Wolf. Ne nous fais pas cette insulte.

Je secoue la tête, incapable de répondre quoi que ce soit. Loop esquive les crocs de Patou de justesse en poussant des petits cris outrés, vexé que son copain refuse de jouer. Je tente une nouvelle commande mentale.

— Allez, bonhomme. Tu pourras jouer après, mais, là, on a besoin de toi.

Toujours aucun dragon chinois à l'horizon. Loop offre une défense désordonnée, sans aucune cohérence, et refuse d'attaquer. Il esquive une nouvelle morsure en sautant ; Patou en profite pour faire volte-face et lui donner un puissant coup de patte, qui supprime son bouclier et une partie de sa vie.

Tu retiens un cri en voyant la barre de santé de Moon baisser.

Depuis que tu le regardes jouer, c'est la première fois qu'un joueur lui ôte son bouclier. Même avant Loop il n'avait jamais été en difficulté. Sa rapidité, sa discrétion et sa capacité à anticiper la plupart des attaques lui avaient toujours permis de s'en sortir sans égratignure.

Mais pas cette fois.

Est-ce le tournoi qui se durcit, ou Moon qui faiblit ?

Un nouveau coup de crocs superchargé – la spécialité de Patou, apparemment – effleure le bras vert de Loop-singe, lui envoie une décharge dans tout le corps. Sa barre de vie chute dangereusement, s'approchant du rouge.

— Loop ! dis-je d'une voix étranglée. On va perdre !

Je ne sais même pas si la notion de victoire ou de défaite compte pour lui. Mais, quand je le vois échapper maladroitement aux pattes d'un Patou enragé mené de main de maître par Wolf, je décide de changer mon fusil d'épaule.

Nouvelle vibration de la manette pour annoncer un lien avec Loop.

— OK, bonhomme, t'as gagné. On va faire ça à ta façon cette fois.

J'envoie une série de commandes très différentes de ce dont il a l'habitude, croise tous mes doigts pour qu'il les écoute… et pousse un cri de victoire quand il se transforme en un tout petit oiseau au pelage bleu, encore ébouriffé comme un oisillon, qui volète au-dessus du gros chien. Je n'avais pas vraiment prévu les lunettes d'aviateur sur sa tête, mais si ça lui fait plaisir…

— Pouic ? fait l'oisillon-Loop en se tenant au-dessus de Patou, juste hors de sa portée.

Pas d'attaque sournoise, cette fois ; pas de grand spectacle, de référence littéraire ou cinématographique. Juste un petit oiseau qui évite les attaques de son copain pour conserver ses quelques points de vie sans faire de mal à personne.

Le combat reste ainsi en *stand-by* un moment, Wolf cherchant un moyen de nous atteindre, Loop s'appliquant à ne pas trop s'approcher, enfin à l'écoute de mes commandes – tant que je ne lui demande pas de s'en prendre à Patou. On ne gagnera pas comme ça, mais, au moins, on n'a pas encore perdu.

Soudain, Patou bondit avec une vitesse impressionnante ; Loop, dans la lune, réagit trop tard. Pas moi. En un battement de cils, je l'écarte du danger et vois Patou retomber sur ses pattes avec souplesse, la gueule vide.

— Bien joué, gronde Wolf.

— Belle détente, salué-je en retour.

— Te réjouis pas trop vite. J'ai encore quelques tours dans ma manche pour quand tu te décideras à attaquer, et tu n'as plus droit à l'erreur.

Je hoche la tête, saluant au passage ma copine l'angoisse qui revient à la charge. *Si je dois perdre, autant que ce soit contre eux.* Mais, alors que j'essaie désespérément de ne pas me laisser pétrifier par les enjeux de ce combat qui échappe totalement à mon emprise, Loop volète un peu trop près de Patou, sans doute dans l'espoir de le ramener à la raison.

Celui-ci ne manque pas l'occasion. Avec sa rapidité légendaire, il bondit, saisit l'aile de l'oisillon dans sa gueule et le secoue de toutes ses forces, prêt à l'avaler.

— Pouiiiiiic ! hurle Loop.

Dans la panique, il se transforme successivement en loutre, en hérisson, en dragon chinois – c'est pas trop tôt ! –, en gremlin, en elfe de maison, en chat potté, en Pikachu, en bisounours, en schtroumpf, en wookie… Mais même la grosse bestiole poilue de *Star Wars* ne parvient pas à faire lâcher prise à Patou, qui n'en démord pas. Notre barre de vie passe dans le rouge et se met à clignoter dangereusement.

Dans un élan désespéré, je commande à Loop de s'agripper au cou de Patou avec ses pattes poilues pour l'empêcher de balancer la tête et de lui ôter le peu de vie qui lui reste. Celui-ci s'exécute, mais son étreinte est maladroite, fatiguée. Le temps d'un clignotement supplémentaire, d'un point de vie en moins, et il retrouve sa forme originelle, à la grande surprise de Wolf qui retient son souffle.

Comme nous tous.

Loop, épuisé, pousse des « pouic » à l'oreille de son copain, serrant ses petits bras autour de son cou comme pour lui faire un dernier câlin. Comme s'il savait que Patou ne l'aurait jamais attaqué si, comme lui, il avait eu le choix. Avec ses dernières forces, il passe sa main derrière l'oreille blanche, pointée en avant, pour le gratouiller doucement comme pendant leur sieste.

Surpris, Patou se tord le cou pour le regarder. Prépare une attaque, qu'il ne lance pas, tandis qu'il croise les yeux du Loop originel. Il pousse un cri étrange, à la limite entre le grognement et le gémissement, comme s'il reconnaissait son ami – comme s'il luttait pour ne pas le mordre.

Et l'impossible se produit.

Perdant toute son agressivité, le chien de berger se met à remuer la queue en levant la tête, au comble du bonheur.

— Allez, Patou, dit doucement Wolf. Il est temps d'en finir. Je te promets qu'on retrouvera bientôt ton ami.

Mais Patou n'écoute pas. Il se contente de regarder son copain en jappant, tout content de l'avoir retrouvé.

— Euh… il se passe quoi, là ? bégaie Coyote.

— Coupez le son.

— Mais…

— Coupez le son ! je répète, avec toute l'autorité dont je suis capable.

Ils s'exécutent sans broncher – Orion, Coyote, et même Edward et ses deux complices qui assistent au combat de loin. Et nous nous retrouvons muets.

La réalité envahit brusquement ton audition. Les trois fenêtres PlayWithMe montrent toujours les joueurs, qui n'ont pas le droit de les couper en plein combat – mais le son est bloqué. La firme a autorisé cette méthode pour lutter contre le stream-hack *; les joueurs qui écoutent les stratégies de leurs adversaires pour les prendre à revers. Ça ne devrait pas être utilisé ici, puisque les participants au tournoi sont de toute façon coupés du live, mais les précédentes épreuves ont montré* *que c'est une fonction utile pour conserver quelques surprises aux followers dans la mise en scène, surtout quand on joue en équipe.*

Que préparent-ils, cette fois ?

Tu hésites un instant, les yeux rivés sur la poignée de la valise qui glisse dans ta main.

Juste un instant.

Puis tu coupes les réseaux et tu quittes ton appartement sans te retourner.

— Ils ne se battront pas, comprend Wolf.

Je hoche la tête.

— Il semblerait qu'on ait une rébellion sur les bras.

Coyote réfléchit une seconde, puis prend rapidement une décision.

— Pas question de les forcer. S'ils sont assez copains pour que leur libre arbitre outrepasse les ordres qu'on leur a donnés, insister serait faire preuve de cruauté.

C'est un peu plus compliqué que ça en réalité, mais sa décision me soulage. Affronter Coyote et Wolf ne me plaisait pas, de toute façon. Ce que Loop a parfaitement senti.

— On fait quoi, alors ? Match nul ?

Wolf secoue la tête.

— Quelqu'un doit gagner. Si on ne respecte pas les règles, on prend le risque que les deux équipes soient éliminées.

— On n'a quasiment plus de points de vie. Ça devrait être vous.

Je sursaute en entendant la voix d'Orion. Je sais ce qu'il pense. *On a triché, nous. Vous avez plus le droit de gagner que nous.* Et il n'a pas tort. Mais le voir faire une croix sur mon rêve si facilement, sans même me faire l'aumône d'un regard…

— Je ne suis pas d'accord, proteste Coyote. Loop aurait pu vaincre Patou s'il l'avait voulu, mais il ne l'a pas fait. J'ai bien vu qu'il n'a fait que se défendre maladroitement, pourtant j'ai regardé toutes tes vidéos et je sais très bien de quoi il est capable. Il a simplement fait ce qu'on aurait tous voulu faire : refuser de se battre contre un copain.

Il interroge Wolf du regard, qui hoche la tête. Moi aussi. Orion, lui, reste de marbre.

— C'est vrai que je n'avais pas envie de vous combattre…

— Ni moi, soupire Wolf. Et on n'aurait pas dû laisser un jeu nous monter les uns contre les autres. C'est censé nous rassembler, non ?

— Si, affirme Coyote. Loop s'est battu pour nous le faire comprendre, et même quand il a failli mourir il n'a pas abandonné. Je m'en voudrais de gagner dans ces conditions.

— Mais votre rêve…

— Vous aussi, vous avez un rêve. Et un combat à mener.

— On ne mérite pas votre sacrifice, insiste Orion, toujours aussi froid.

Un coup de poignard en plein cœur.

Wolf fronce les sourcils.

— Je ne sais pas ce qui se passe entre vous, et ça ne me regarde pas. Mais je ne peux pas te laisser dire ça. Quoi que vous ayez dit ou fait, le rêve que vous portez – celui de rendre le monde un peu meilleur, à la hauteur de vos moyens – vaut *tous* les sacrifices. Et si ça a un rapport avec les fantaisies de Loop, eh bien… cette boule de poils n'a fait de mal à personne, pas vrai ?

— Je crois au contraire qu'elle vient de nous donner une

belle leçon d'amitié et de pacifisme, approuve Coyote. En nous forçant à trouver une solution sans nous battre.

Je sens Orion hésiter. Mon cœur, lui, menace de déborder. Ma boule de kraft devient beaucoup trop petite pour contenir toutes mes émotions.

— On veut gagner, mais pas à n'importe quel prix, insiste Coyote. Si devenir pro veut dire écraser un Beastie qui voulait simplement jouer avec le nôtre et piétiner ton combat sans que tu aies même eu la chance de te défendre, alors on préfère retourner à notre vie d'avant.

— Ouais, approuve Wolf.

Venant de sa part, c'est plus éloquent qu'un long discours. Je les regarde se rapprocher et se prendre la main, incapable de comprendre ce qui est vraiment en train de se passer. Ils se dévisagent avec intensité. Ils semblent sûrs d'eux. Moi, j'en suis encore à démêler les sentiments qui se bousculent dans mon cœur, dans ma tête ; à chercher des solutions pour qu'ils n'aient pas à faire ça.

L'instant d'après, l'inscription « victoire par forfait » s'affiche devant mes yeux.

— Je… Merci, soufflé-je. Vous n'étiez pas obligés…

La main d'Orion se glisse dans la mienne, envoyant valser le kraft sans cérémonie.

— Ouais. Merci.

— Pouic !

Loop effectue une danse de la joie sur le dos de Patou, lui tire les oreilles, envoie des paillettes dans tous les sens et des petits cœurs autour de notre quatuor ; puis roule sous les pattes de Patou, qui essaie de l'attraper pour jouer, et finit par lui gratouiller le ventre en se roulant dans la poussière.

— Il est un peu survolté, dis-je à mes amis, pour masquer

ma gêne devant le cadeau énorme qu'ils viennent de me faire.

— C'est parce que vous allez en demi-finale, s'amuse Coyote. Et on sera là pour vous soutenir.

— Nous aussi ! lance Arno depuis son poste d'observation sur les remparts.

La main d'Orion serre la mienne un peu plus fort. Ce n'est pas une réconciliation, mais c'est déjà quelque chose. Une promesse d'espoir qui revient. Et une certitude.

Quoi qu'il arrive désormais, je me battrai pour aller au bout.

Pour moi. Pour Loop. Pour Orion. Et pour nos deux nouveaux amis, qui ont placé leur confiance en moi.

Let's play !

NIVEAU 11

TOUS LES COUPS SONT PERMIS

En arrivant sur les lieux de la demi-finale, j'en ai le souffle coupé. Il nous a fallu de longues heures de voiture pour arriver là, mais putain, ça valait le coup ! Au beau milieu d'une forêt d'épineux tout ce qu'il y a de plus banal, quelques marches en pierre ont été aménagées pour descendre une pente abrupte. Orion passe devant et m'aide à négocier les passages difficiles.

Ce n'est pas encore le grand amour, mais il me parle un peu, parfois. Je crois que ce qu'a dit Wolf, ce que Coyote et lui ont fait, l'ont aidé à me pardonner un peu. Chaque mot de lui est comme un baume sur mon cœur. L'espoir que, peut-être, tout n'est pas perdu.

Et puis, tout à coup, on se fige. Là, entre les arbres, juste au bas des marches, s'étend une cascade auréolée de verdure. Elle plonge dans un lac aux eaux scintillantes où s'ébattent des Beasties sauvages. Des parois de roche forment comme un cercle autour de nous, dévalé par l'eau claire. Un rayon de soleil pénètre dans le puits, vient caresser la cascade et révéler sa couleur étonnante. Un mélange de vert, de bleu et de violet qui a quelque chose d'étrangement apaisant. L'air humide, frais, qui nous caresse le visage, me détend aussitôt. Même Pouic se tient tranquille, juché sur mon crâne sous sa forme de singe. Il change de couleur pour s'accorder au paysage.

— Wow, lâche Orion.

Ses yeux brillent d'admiration, ses traits semblent apaisés. Il s'avance au soleil, et le logo de notre cape scintille dans son dos, faisant naître sur mes lèvres un sourire béat. Pour un peu, j'en oublierais pourquoi on est là.

Presque.

Car, sur un pan de la falaise, le tableau de la demi-finale est projeté en lettres d'argent. Je prends soin de lancer la caméra avant d'aller le déchiffrer.

Un petit bip te signale que le live est de nouveau opérationnel.

Tu souris, mais tu ne le lances pas.

Tu regardes autour de toi.

La cascade qui dévale les murs de l'arène naturelle, les poissons colorés, le poulpe bleu et la tortue qui se mêlent dans le bassin.

Et là, quelques mètres en dessous de toi, deux silhouettes noires main dans la main enveloppées dans une grande cape, la constellation du Chasseur avec une lune en plein cœur brillant sous le soleil de midi. Tu poses une main sur ton siège comme pour t'assurer qu'il est réel – un gradin confectionné spécialement pour la demi-finale, prévu pour accueillir des fans triés sur le volet.

Tu as acheté ta place à prix d'or à un chanceux qui en avait obtenu plusieurs. Toutes tes économies y sont passées, mais, pour la première fois, tu t'en moques. Tu as dépassé la barrière de l'écran. Tu as quitté la sécurité douillette de ta maison pour rejoindre des fauteuils en plastique et découvrir, enfin, ce que Moon dissimule sous sa capuche. Surtout, pour le voir jouer de tes propres yeux. Pour la première fois, tu te sens un peu plus proche de lui.

Tu contiens ton excitation, habitué à la garder pour toi, sûr de passer pour un fou.

C'est alors que des dizaines de voix retentissent autour de toi.

— Ils sont là ! Moon et Orion sont arrivés !

Premier duel	Les frères Bond	Orion/Moon
Second duel	Opale/Onyx	Rubik's cube

Mon souffle se relâche d'un coup quand je réalise qu'on ne va pas se battre contre Opale et Onyx. Du moins, pas tout de suite. Et peut-être pas. Avec un peu de chance, Rubik's les écartera de la compétition. Je le connais un peu pour l'avoir suivi sur PlayWithMe : c'est un des rares solitaires du tournoi. Il est intelligent, rusé, et a un beau sens de la mise en scène, mais son Beastie manque de puissance et de maniabilité. Loop et moi, on peut le vaincre. Les deux légendes, en revanche, c'est une autre paire de manches.

Mais, pour le moment, je préfère me concentrer sur notre prochain adversaire : les frères Bond. Inconnus au bataillon. Pseudo stupide. Pour autant, ils sont arrivés jusque-là et ont sûrement plus d'un tour dans leur sac. J'ai intérêt à me méfier.

— On va avoir des spectateurs, commente Orion, juste derrière moi.

Je lève le nez et découvre ce qu'il a déjà remarqué : derrière les rideaux de verdure à flanc de falaise, on aperçoit des têtes. Des dizaines et des dizaines de têtes penchées au-dessus de l'arène, qui nous regardent avec avidité. Comme si nos *followers* s'étaient soudain matérialisés au-dessus de nous. Je déglutis. Savoir qu'on nous regarde, c'est une chose. Le voir, c'en est une autre, et de très loin. Je m'attendais à ça pour la finale, pas avant. Si ma capuche tombe, aucun avatar ne me protégera, ici.

— Coyote et Wolf doivent être là, quelque part, rappelle Orion. Et peut-être le petit Elliot. Les participants au tournoi ont tous une place réservée dans les gradins.

Tant pis pour sa réticence : je lui prends la main avec force, et je la serre pour l'empêcher de partir. Ce qu'il ne fait pas. Il a beau m'en vouloir, il sait être là quand j'ai besoin de lui. Et, là, j'ai foutrement besoin de lui.

Je peux gérer les adversaires. En revanche, si Loop décide une fois encore de ne pas m'écouter, ça ne pourra plus passer inaperçu. Et je peux dire adieu à la compétition, au jeu… et à Loop lui-même, probablement. Ce dernier semble ailleurs, concentré à faire des nœuds dans le tissu de ma capuche plus que sur le combat à venir. Je serre la main d'Orion un peu plus fort.

— Alors c'est vous, les lopettes qu'on doit éliminer ?

Une voix grave, dans mon dos. Du genre qui me hérisse le poil. Je ne bouge pas. Vérifie que mon déformateur de voix est toujours activé.

— Ouais.

— Pourquoi tu te retournes pas ? T'as peur de regarder celui qui va te mettre la pâtée ?

Orion veut réagir, mais je lui serre la main d'un coup – assez pour lui faire mal. Et pour qu'il ravale ses protestations. Les provocations, c'est mon domaine. Le début du duel, déjà.

— Je savoure.

D'un seul coup, la peur disparaît. Je me glisse dans la peau de Moon l'Invincible soigneusement construite avec Orion pour revenir dans la partie. Le *gamer* que rien ne peut atteindre. Ils veulent du spectacle ? Ils vont en avoir. Et ça commence dès maintenant. Je souris en me retournant lentement.

— J'adore la tête que font les connards dans ton genre quand ils me voient en vrai.

Ça ne manque pas : l'incrédulité déforme ses traits tandis qu'il découvre les miens. La surprise vient lui tenir compagnie et, déjà, le mépris qui rapplique à toute berzingue, imprime un pli au-dessus de ses lèvres.

Il est exactement comme son pseudo. Grand, mince, brun, les cheveux gominés au possible, vêtu d'un ridicule pantalon de costume et d'une chemise blanche sans un pli, avec un nœud papillon impeccable et une veste de pingouin. Derrière lui, ses deux sosies arborent exactement la même tenue et la même expression que lui. *Des triplés. Génial.*

— Merde, on a trouvé comment cloner James Bond ?

Les trois restent muets comme des carpes, tentant toujours d'analyser ce qu'ils sont en train de voir. Loop s'agite un peu sur mon crâne.

— Ta gueule, finit par lâcher le premier adversaire. (*Merveilleuse repartie, bravo.*) C'est à Moon qu'on veut parler.

Je souris calmement.

— Qu'est-ce qui vous fait dire que ce n'est pas moi ?

Il me jauge une seconde, puis éclate de rire.

— C'est bon, tu m'as bien fait marrer. Maintenant retourne jouer avec ta caméra et laisse les adultes parler entre eux.

Là, tout de suite, j'ai tellement envie de lui mettre une raclée que ça ne me gênerait pas de commencer le combat avant le top départ. Il me manque juste une chose : la motivation de Loop. Qui semble perdue quelque part entre les nœuds qu'il fait sur mon crâne et le ruissellement de l'eau sur lequel il se balance, en rythme.

Orion passe un bras autour de ma taille. Un geste qui paraît sans doute protecteur aux yeux des triplés, mais on sait tous les deux ce qu'il en est. *Calme-toi,* me disent ses doigts pressés contre mon bassin. *Garde tes forces pour le combat.* Et, justement, un nouvel élément vient faire diversion.

Un chat à poils roses striés de violet et au grand sourire malicieux, digne du Cheshire d'*Alice au pays des merveilles.* Il s'élance dans les airs, tourbillonne au-dessus du lac, puis déclare d'une voix de stentor :

— Mesdames et messieurs, j'espère que vous êtes prêts pour le premier duel de la demi-finale !

Un rugissement enthousiaste nous parvient depuis les gradins, faisant sursauter Loop sur mon crâne.

— Les terribles frères Bond affronteront le surprenant duo « Moon et Orion », et accrochez-vous, parce que je parie qu'il va y avoir du spectacle !

Loop se met à agiter la main devant la foule, tout content des applaudissements. *Au moins un qui aime se mettre en scène !*

— Mais attention : nous avons changé une règle à l'occasion de cette demi-finale. Chaque équipe ayant prouvé sa valeur pour parvenir jusqu'ici, nous avons décidé de mesurer ses membres séparément. C'est pourquoi un seul joueur participera au duel qui va suivre.

La foule rugit de plaisir, tandis que je pâlis. Même si Orion ne combat pas, le savoir à mes côtés me donne le courage d'affronter les autres.

Le Cheshire fait un nouveau tour sur lui-même, théâtral, avant d'ajouter la dernière règle du jeu.

— C'est l'équipe adverse qui choisira quel joueur elle souhaite affronter.

Les frères Bond éclatent de rire. Ils jubilent déjà. Je pousse un soupir soulagé, mais intérieurement. En public, je préfère jeter un coup d'œil inquiet à Orion, perdre un peu de ma belle assurance.

— C'est toi qu'on choisit, fait Bond en me désignant, hilare. On va voir ce que vaut Orion sans Moon l'Invincible !

Ce crétin n'a pas pris une seconde pour réfléchir à son choix. Et à l'énorme connerie qu'il est en train de faire, lui qui aurait pu nous vaincre sans trop se fouler. Il est sûr d'avoir gagné. Et, moi, je suis bien plus optimiste quant à nos chances de victoire.

Je prends une seconde pour les jauger tous les trois, feignant la panique. Je pourrais choisir un des deux acolytes, mais, la plupart du temps, la plus grande gueule n'est pas la plus forte. Suffit de voir comment Hulk coupe court au long discours-de-méchant-final de Loki dans le premier *Avengers*, l'un des préférés de la firme qui nous le ressort à toutes les sauces.

Je désigne donc celui qui se moque de moi.

— À nous deux, 007.

Il se rengorge.

— Au moins, t'as pas froid aux yeux.

— Ouais, c'est ça. Bon, tu la fermes, qu'on puisse commencer ?

Là, j'avoue, c'est que de la gueule. Seul ou pas, il est certainement très fort pour être arrivé jusqu'en demi-finale, et l'absence d'Orion à mes côtés, sorti du cercle de l'arène, se fait déjà cruellement sentir. *Allez, Moon. Donne-lui une belle leçon.* Je jette un œil aux gradins, au-dessus de l'arène, dans lesquels la foule s'agite comme jamais. *Montre-leur à tous qu'ils ont tort de te sous-estimer.*

Tu hurles avec les autres à l'unisson, sans plus aucune retenue.

Ces commentaires que tu envoyais d'une pensée, tu les cries maintenant à voix haute.

« Vas-y, Moon ! On est avec toi ! »

Dans l'euphorie, tu hésites un instant, caresses en esprit cette phrase que tu gardes en toi depuis si longtemps sans oser le partager. Grisé par la foule qui t'engloutit, persuadé que ton coup d'éclat sera noyé sous les hurlements enthousiastes, tu envoies valser tes craintes, juste pour cette fois.

Le Chasseur a décroché la lune, et la lune est à nous ! Moon et Orion nous offrent l'impossible !

Surpris, tu l'entends aussitôt en écho à ta droite, puis à ta gauche. Tu répètes ton slogan du bout des lèvres, timidement, puis un peu plus fort à mesure que tes voisins le reprennent un à un. Bientôt, sans que tu saches vraiment comment, toutes les lèvres qui t'entourent le hurlent en chœur au rythme des applaudissements et des pieds qui heurtent le plancher.

Tes mots, balancés dans le vent par des centaines de voix, descendent jusqu'à la silhouette noire et son petit singe bleu qui font face à la réincarnation de James Bond. Tu la vois sursauter, surprise ; tourner la tête brièvement vers vous, vers toi, et lever le pouce avant de se concentrer de nouveau sur le combat à venir.

Et tu as soudain une certitude.

Elle est là, la place que tu cherchais depuis si longtemps. Sur ces gradins éphémères, au milieu d'une foule éphémère connectée au même rêve que toi.

— C'est parti ! lance le Cheshire. Et rappelez-vous : avec *Beasties*, tous les coups sont permis !

Ma main droite se crispe sur la manette tandis que le slogan des fans résonne puissamment derrière moi, brisant la solitude qui me terrifiait. C'est étrange comme sensation. Quelque chose à mi-chemin entre la plénitude et l'angoisse. La fierté de devenir un modèle, la conscience que je voulais juste jouer, mais que j'ai dû me battre trois fois plus que les autres pour en arriver là – et la peur paralysante de ne pas être à la hauteur.

Je secoue la tête, lève brièvement mon pouce pour les remercier.

Plonge une dernière fois mon regard dans celui d'Orion, qui me sourit en retour.

Et me tourne vers la tâche qui m'attend.

— Allons-y, Loop.

Le Beastie adverse est toujours invisible. *Bizarre.* Je lance une première reconnaissance histoire de tester leurs défenses. Loop me regarde sans comprendre.

— Pouic ! fait-il en haussant ses épaules de singe.

L'angoisse me monte immédiatement à la gorge.

— S'il te plaît, bonhomme. J'ai vraiment besoin de toi, là.

On forme toujours une équipe, pas vrai ?

Il hoche sa petite tête, mais ne réagit pas plus à la nouvelle commande que je lui envoie.

— Alors ? lance Bond depuis l'autre côté de l'arène. T'as la trouille, Orion ?

Un peu, ouais. Mais t'y es pour rien.

Je regarde tout autour de moi, en quête de son Beastie. Soit il est tout petit, soit très bien dissimulé. Soit…

Mon œil accroche un reflet étrange devant la cascade, sous le rayon du soleil. Je repense soudain à la voiture de James Bond, aux caractéristiques plus folles les unes que les autres, même pour nos voiture-œufs tout confort. Dont une, non négligeable : l'invisibilité.

— Devant la cascade, glissé-je à Loop. Leur Beastie est invisible. Tu peux tenter une approche discrète ?

Loop me répond par un soupir ennuyé. Un nœud d'angoisse me noue soudain l'estomac.

— Bah alors ? Où est passé ton sens du spectacle ?

— Pouic, fait-il, tout triste, en désignant Orion en dehors du cercle, à peine à portée de voix.

Mon cœur se serre.

— À moi aussi, il me manque. Mais on le retrouvera juste après avoir gagné, d'accord ? On leur met la pâtée, et on va se réconcilier avec lui.

Il me tire la langue. Sa façon de dire : « Je te crois pas. »

Je soupire.

— C'est aussi ta faute s'il me fait la gueule, hein. Si tu passais pas ton temps à faire n'importe quoi…

— Pouiiiiiic !

Soudain, son poids disparaît de mon crâne. Mais il n'est pas passé à l'attaque. Non : le Beastie adverse l'a envoyé bouler sur le sol dans une attaque fulgurante. Il est toujours invisible, mais Bond jubile tellement qu'il se trahit.

— Même ton Beastie veut pas de toi, glousse-t-il. Il est lent du ciboulot, non ?

— Ta gueule.

Pas ma meilleure repartie, je le reconnais. Mais l'essentiel de mon attention est focalisé sur le bouclier de Loop qui est parti en fumée. Et sur sa barre de vie qui diminue à chaque fois qu'il encaisse un coup, sans même essayer de se défendre.

Je m'acharne sur la manette pour lui envoyer des ordres, au point d'en avoir mal à la main.

— Te laisse pas faire, bonhomme ! Bats-toi !

Mais il continue d'encaisser, comme avec Patou. À un moment, il plonge dans l'eau dans un « plouf » retentissant, pour le plus grand bonheur de Bond qui décide de s'amuser un peu. La jauge de vie a baissé dangereusement, encore une fois. Plus que quelques coups, et je peux dire adieu à mon rêve.

Je range la manette dans la poche de ma cape, me place à la lisière du cercle et me tourne vers Orion. Je lui offre un sourire triste.

— Tu avais raison. Je paie les conséquences de mes actes.

Il secoue la tête.

— Dis pas n'importe quoi. Tu n'aurais jamais dû me mentir, mais c'est pas une raison pour laisser tomber Coyote et Wolf. Alors retourne-toi, va chercher Loop par la peau des fesses et envoie-le leur dans les dents. Tu nous dois bien ça.

Je serre les poings.

Je me retourne vers l'adversaire.

Un truc me fauche les jambes, me fait trébucher et tomber douloureusement sur le derrière. J'ai juste le temps de rattraper ma capuche qui menace de glisser avant que le Beastie invisible ne me fonce dans l'estomac, m'arrachant un cri de douleur. La jauge de Loop descend au plus bas.

— Hé !

— Tu n'étais pas au courant ? fanfaronne Bond. Pendant la demi-finale, les règles sont un peu plus souples que d'habitude. Joueurs et Beasties ne font qu'un.

Mais, au lieu de l'expression choquée et terrifiée à laquelle il s'attend, c'est un sourire vainqueur que je lui offre.

— Là, mon vieux, tu viens de faire une énorme erreur.

Car Loop a vu ce qui s'était passé. Et Loop n'aime pas, mais alors pas *du tout* qu'on s'en prenne à moi. D'un bond, il sort de l'eau. Il n'a pas encore touché terre qu'il est transformé en… pot de peinture. L'attaque que je lui avais suggérée au début de la partie. Dans un tourbillon de couleurs chatoyantes, il balance son contenu un peu partout dans l'arène, révélant la forme du Beastie adverse, que je parviens à éviter avec une roulade.

J'éclate de rire.

— Un pingouin, sérieusement ? Merde, Bond, tu fais dans l'autodérision en fait ?

Le truc se dandine de droite à gauche, plonge vers moi. J'esquive de nouveau en m'appuyant sur ma main droite pour me relever. Fatale erreur : une lance de douleur remonte jusque dans mon coude.

Je grimace, parviens avec peine à échapper à une nouvelle tentative de me déséquilibrer.

Et donne à Loop le temps dont il a besoin pour mettre en scène le prochain round.

Transformé à son tour en manchot – mais alors en adorable, adorablement chou bébé manchot –, il tourne à toute vitesse autour du Beastie en faisant des claquettes avec ses pieds palmés, dans une sorte de danse étrange à la *Happy Feet.* L'air de rien, il lui coupe toute possibilité de m'atteindre, tout en offrant au public un show digne d'Hollywood. Il remue son popotin, ses palmes, pousse des cris stridents... Il est déchaîné !

Déjà, ses points de charisme augmentent, et avec eux son bouclier qui se régénère, lui offrant un peu de répit.

Bond rigole beaucoup moins.

— Loop ! dis-je en voyant le Beastie des Bond se préparer à attaquer. Rappelle-toi les copains !

J'ai à peine prononcé ces mots que, face au pingouin, se dresse un énorme chien blanc plus rapide que son ombre. Mais il ne s'attaque pas au Beastie, non : il fonce droit sur le joueur qui se dirigeait vers moi en courant, le stoppant net d'un puissant coup de pattes dans l'estomac. Le pingouin cherche à lui sauter dessus, mais, l'instant d'après, la réplique parfaite d'Eagle plane au-dessus de nous et envoie un coup de bec sur le crâne du pingouin – qui parvient à esquiver *in extremis.* Loop me surprend en incarnant ensuite le bébé-dragon d'Elliot, qui hurle « fechtin ! » dans un cri qui nous force à plaquer nos paumes sur nos oreilles.

Mais cet hommage, si important soit-il pour montrer qu'on n'est pas seuls, ne fait pas beaucoup avancer le combat. Le bouclier du pingouin est à peine entamé par toutes ces attaques, et je commence à deviner que le duel va s'éterniser.

C'est le moment que choisit Bond pour me foncer dessus, tous muscles dehors. L'instant d'après, je me retrouve au sol, suffoquant sous un corps moite beaucoup trop lourd pour moi, à tenter de dégager mes poings.

— Loop, fais la James Bond girl ! hurlé-je à mon Beastie, que je ne vois plus.

Le grognement du pingouin et sa jauge de vie qui baisse

sont sa seule réponse. Mon adversaire se fige, surpris par ce retournement de situation. Une simple seconde d'inattention qui me suffit à libérer mon coude et le lui envoyer droit dans le côtes, lui coupant le souffle. L'instant d'après, je suis au-dessus de lui, poing dressé vers son visage. Mais je ne frappe pas.

Ce n'est pas comme ça que je veux gagner.

Alors je le repousse loin de moi et je profite du spectacle.

Loop, toujours aux prises avec le pingouin, bondit dans les airs et atterrit sous la forme d'une femme sulfureuse en talons aiguille. Mais, au lieu d'être sauvée par son agent secret préféré, celle-ci esquive le pingouin d'un salto, laisse à tout le monde le temps d'admirer ses longues jambes pendant son saut… et les envoie droit dans le pif de Bond, encore trop hébété pour esquiver.

Son bouclier saute aussi sec.

Dans sa lancée, Loop-girl attrape le nœud papillon ridicule de son adversaire, tire dessus d'un coup sec avec une expression aguicheuse, et fait valser Bond dans le lac, où il se débat tant bien que mal. Voilà qui devrait définitivement nous prémunir de son bouclier, sa jauge de charisme étant à zéro. Celle de Loop est sur le point d'exploser.

Il se retransforme en singe et saute dans mes bras. Je le serre fort contre moi, rien qu'un instant, tout en surveillant du regard le pingouin qui cherche à s'approcher maladroitement. Il a du mal à comprendre les ordres de Bond, qui patauge encore dans le lac.

Loop, en revanche, n'a besoin d'aucun ordre. Il me regarde avec des yeux suppliants, se dandinant dans mes bras avec des petits « gnih » de frustration. Je souris.

— Vas-y, bonhomme. T'as droit à tes paillettes.

— Pouiiiiic !

Survolté, il bondit de mes bras pour se jucher sur mon crâne, dans une pluie de paillettes qui se collent à la peinture recouvrant le pingouin. Aveugle, désorienté, le pauvre n'a plus aucune chance. Loop lui lance une attaque de petits cœurs qui tourbillonnent autour de lui, et s'octroie même le luxe de lui faire un câlin furtif, esquivant la riposte maladroite aussi vite qu'il est venu, avant de le noyer sous une pluie d'étoiles multicolores.

Plus *kitsch*, tu meurs. Mais Loop s'amuse tellement que ça fait rire le public aux éclats.

Bond, en revanche, sourit beaucoup moins quand, sortant de l'eau, trempé des pieds à la tête, il découvre le score sur le tableau qui s'affiche entre nous.

James Bond	Moon
Perdant	Vainqueur

Il me regarde sans comprendre.

— Moon ?

J'hésite une seconde – rien qu'une. Et puis je décide que j'ai assez attendu. L'occasion est trop belle, la victoire trop grisante. Il y a Coyote et Wolf dans les gradins, à qui je dois bien ça. La présence d'Orion, dans mon dos, dont je sens la fierté pour Loop, pour moi, malgré nos différends. Je prends le temps de le regarder, de l'interroger en silence. Il hoche simplement la tête, serein.

Et je fais de nouveau face à Bond.

Le silence s'abat soudain sur les gradins.

Sur l'arène tout entière.

Les mains de Moon sortent de ses manches, se lèvent jusqu'à son visage.

Les tiennes se crispent sur ton drapeau où brillent la lune et le Chasseur entrelacés.

Lentement, délibérément, je désactive mon avatar pour les followers et je rabats ma capuche, me dévoilant aux yeux de tous. Les drones-caméras s'agglutinent autour de moi, ne manquent aucune miette du spectacle. Mes longs cheveux auburn, libérés de leur entrave, dévalent dans mon dos sous les exclamations choquées des spectateurs. Et je souris – d'un sourire de joie simple, naturelle.

— Eh oui, connard, dis-je, assez fort pour que chaque personne présente dans l'arène puisse m'entendre. C'est moi, l'Invincible Moon.

Je m'approche jusqu'à être tout près de lui – jusqu'à frôler son visage, presque jusqu'à l'embrasser, à l'image d'une de ces James Bond girl qui se laisse séduire par son héros. Et je lève mon genou d'un coup sec, droit dans ses parties, l'envoyant bouler sur le sol, les mains crispées sur l'entrejambe et un cri suraigu aux lèvres.

— Alors, ça fait quoi d'être écrasé par une fille ?

NIVEAU 12

BOSS FINAL

Au matin du dernier jour, je me sens libérée. Prête à affronter n'importe qui. Adieu la cape étouffante, je sors en robe confortable pour montrer à tout le monde que je suis fière d'être qui je suis – et qu'on peut porter autre chose que des pantalons sans pour autant user de son charme pour gagner des niveaux plus vite, merci bien.

Je ne suis pas un « garçon manqué », comme ils disent (je déteste cette expression sexiste au possible), ni une *nerd* introvertie qui fait tout pour cacher qui elle est. Non : je suis une fille comme les autres qui aime les jeux vidéo et qui voudrait en faire son métier. Point.

Une fille qui en a ras le bol qu'on la prenne pour une merde juste parce qu'elle n'a pas de couilles entre les cuisses, ou qu'on ne joue avec elle que dans l'espoir de finir dans un lit ou derrière un buisson.

Alors que je m'avance dans le camp où joueurs, anciens

joueurs et *followers* me détaillent des pieds à la tête au milieu de quelques sifflements, je me revois travailler comme une acharnée pour gagner ma place dans la boîte de Link, avant de comprendre qu'on ne donnerait jamais sa chance à une fille. Tant que je restais dans les bureaux, tout allait bien. Je testais les jeux, je participais à la vie de l'entreprise sans me sentir exclue. Bien sûr, quand c'était moi qui jouais, on me regardait toujours comme une bête curieuse alors que les autres restaient dans l'indifférence générale ; bien sûr quelques hommes n'écoutaient que d'une oreille quand j'essayais de leur expliquer quelque chose, comme s'ils n'avaient rien à apprendre de moi. Mais ce n'était pas bien méchant. On m'a proposé des postes plus élevés, on m'a formée au *narrative design* pour que je puisse évoluer en interne.

Mais je voulais devenir *pro-gamer.* Participer à des compétitions d'e-sport, gagner ma vie par le jeu, pour le jeu. Pas rester enfermée derrière un bureau. C'est là que ça a commencé à déraper. Quand j'ai cherché des équipes *(« On ne serait pas assez crédibles, et puis les filles ne sont pas assez passionnées par leur boulot pour faire de l'e-sport. » « OK, on en parle ce soir chez moi autour d'un verre ? »)*, des sponsors *(« Une fille ne peut pas représenter un jeu vidéo »)*, que j'ai contacté Link pour lui proposer de jouer pour I.R.L.™ dans les tournois *(« Tout le monde te prendrait pour une e-girl. Tu veux vraiment affronter les rumeurs qui disent que tu as couché pour arriver là où tu es maintenant ? »)*. Peut-être que je les attaquais dans leur virilité, peut-être que ce milieu est tellement sélectif qu'ils se raccrochent à ce qu'ils peuvent pour éliminer la concurrence.

On ne m'a même pas laissé une chance de faire mes preuves. Comme si perdre contre moi risquait d'entacher leur honneur à jamais. J'étais tellement désespérée que j'ai proposé de me cacher derrière un avatar, de ne jamais me montrer en personne, histoire qu'on me laisse en paix – mais même ça n'a pas fonctionné. J'ai eu beau hurler, leur présenter des héroïnes de jeux vidéo qui avaient fait l'unanimité depuis des années – Aloy de *Horizon Zero Dawn*, Max de *Life is Strange*, et plus récemment Charlotte de *Steampunk Wedding* –, ils n'ont rien voulu savoir. Pas plus que quand je leur ai montré le nombre de filles qui jouent aux jeux vidéo et qui en ont ras le bol de ne jamais pouvoir s'identifier aux personnages et aux joueurs célèbres.

Alors j'ai abandonné.

J'ai remâché ma lâcheté pendant deux ans.

Et je me suis relevée, grâce à Orion et – ô ironie suprême – grâce à l'invention du Beastie qui m'a permis de rester cachée et de faire mes preuves, qu'ils le veuillent ou non. Depuis hier soir, j'ai reçu plusieurs mails de soutien d'associations féministes qui veulent partager mes vidéos. Moi qui voulais seulement jouer en paix, je me retrouve héroïne malgré moi, étendard des filles qui se sentent exclues et qui partagent mon combat. Il y a une semaine encore, ça m'aurait fait doucement rigoler – mais plus maintenant. Maintenant, je suis heureuse d'avoir permis de libérer leur parole. De gueuler un bon coup à la face du monde. Après tout, c'est encore ce que je fais de mieux !

Et j'emmerde tous ces sponsors opportunistes qui, au lieu de la mousse à raser, me proposent désormais d'arborer les couleurs de leur crème dépilatoire ou leur bikini rose pétant, eux qui m'ont rejetée quand je les ai démarchés il y a deux ans. Encore des mecs (ou des femmes, malheureusement) qui n'ont rien compris à ma démarche. J'emmerde les commentaires de mon live, temporairement réactivés, soudain devenus plus salaces, exactement comme avant.

Pourquoi tu as caché tes boobs tout ce temps ?

Tu veux sucer ?

T'as l'air bonne, tu veux de l'aide pour monter en niveaux après la finale ?

Et les filles ne sont pas en reste :

Putain, encore une nana qui fait tout pour attirer l'attention. Laissez-nous jouer en paix, merde !

C'est à cause des filles comme toi que personne ne veut de nous. Sérieux, t'as aucune estime ?

E-girl de merde. Orion a des relations haut placées, je parie.

Oui, les filles peuvent être pire que les hommes dans un milieu où elles se sentent menacées en permanence, et où elles ne peuvent faire confiance à personne de peur qu'on prenne ça pour des avances. On est un peu conditionnées pour nous en prendre à toutes celles qui sortent du rang, alors je crains autant leurs réactions que les autres.

Mais je m'en fous. Je ne changerai pas le monde en deux jours, mais cette fois j'ai agi. Et ça fonctionne. Car, au milieu de ces remarques à vomir, il y en a d'autres qui valent tout l'or au monde, et qui résonnent bien plus fort à mes oreilles.

Tu déchires, Moon ! Écoute pas tous ces cons, la plupart ne sauraient pas aligner deux mots s'ils étaient en face de toi. T'as eu du courage de participer au tournoi !

Enfin tu arrêtes de te cacher ! Oui, j'avais deviné depuis longtemps en voyant les réactions des autres… Je les connais tellement bien !

Il y a même une fille qui vient me voir pendant le petit déjeuner avec les yeux brillants d'admiration.

— Alors ? Prête à gagner ?

J'avale mon croissant en vitesse, m'étrangle à moitié avant de répondre :

— Je vais faire de mon mieux.

— S'il te plaît, écrase-les. J'ai vu les vidéos d'Opale et Onyx pendant le tournoi, ce sont vraiment des connards. Ils ragent pour rien, font des blagues salaces à tour de bras, se moquent des filles qui commentent leur live en disant qu'elles n'y connaissent rien.

Ma bouche devient sèche, tout à coup.

— On va affronter Opale et Onyx ?

Elle hoche la tête, super enthousiaste.

— Ah, j'aimerais avoir ton niveau pour leur mettre une raclée ! Je ne suis qu'une joueuse du dimanche, alors je n'ai aucune chance, mais j'avoue que ça ferait un bien fou. Je le vivrai par procuration avec toi !

— C'est Loop qui va faire tout le travail.

— Mais vous formez une bonne équipe, tous les trois. Et ça serait une belle conclusion à ton combat de battre ces machos de première en finale.

Je souris, un peu gênée, réconfortée par son enthousiasme et sa chaleur mais pas très à l'aise avec les démonstrations d'effusion. Elle ne semble pas s'en offusquer, parce qu'elle me renvoie un sourire éclatant en retour et me salue en me souhaitant bonne chance.

Même si, à la base, j'ai fait tout ça pour moi, je me rends compte que leurs témoignages comptent. Que je veux me battre, pour elles autant que pour moi, et pour toutes celles qui ne disent rien mais qui subissent ça au quotidien, sans en parler parce que c'est « normal ». Et ça fait du bien, putain, de faire enfin quelque chose. De compter, même un peu, même pas longtemps.

Une seule chose vient entamer mon enthousiasme : Orion. Orion, qui regarde d'un air mauvais tous ceux qui osent me reluquer comme la chair fraîche que je suis à leurs yeux. Orion, qui est pourtant toujours aussi distant avec moi. Lui qui avait promis d'être là pour moi me laisse complètement tomber au moment où j'ouvre la cage aux lions.

En ce jour de finale, j'ai plus que jamais besoin de lui. On va devoir donner tout ce qu'on a, main dans la main. Et, pour ça, on doit régler nos problèmes.

Raison pour laquelle je le rejoins derrière la cascade, où il se rafraîchit en compagnie de Loop, qui a retrouvé sa forme originelle. Lui non plus n'a plus besoin de se cacher. La petite boule de poils trempée s'ébat sous l'eau, pour le plus grand bonheur d'Orion.

Son visage se tend quand il m'aperçoit.

— J'ai besoin de toi, dis-je.

— À ton service.

Je secoue fermement la tête.

— Non : j'ai *vraiment* besoin de toi. Dans ma vie. Dans mon cœur. Dans l'arène. Dans mon lit. (Il frémit imperceptiblement. Je prends une grande inspiration.) J'ai besoin de toi tout le temps, Orion. On ne peut pas continuer comme ça.

Il me regarde droit dans les yeux, un soupçon de colère revenu au fond de ses iris.

— Et qu'est-ce que tu proposes ?

— Je ne sais pas. (Une pause.) Pas… ça, ajouté-je en faisant un geste qui nous englobe tous les trois.

— Alors quoi ?

Je lâche un soupir agacé.

— Si j'avais une solution facile je l'aurais déjà dit, tu ne crois pas ?

— J'en sais rien. Apparemment, il y a plein de choses que tu ne me dis pas.

Ça, c'est un coup bas.

— Je suis désolée, Orion. Je te l'ai dit cent fois, et je te le redirai mille, un million de fois si tu veux, jusqu'à ce que ça te rentre dans le crâne. J'ai fait une erreur, et je suis prête à en assumer les conséquences.

Loop, toujours sous la cascade, a cessé de jouer. Il nous regarde avec des grands yeux tristes, tend le cou vers nous.

— Pouic ?

— Pas maintenant, bonhomme, dis-je un peu trop sèchement.

Il se transforme en cœur rafistolé par du scotch, se pose sur l'épaule d'Orion. Celui-ci le chasse doucement.

— Moon et moi, on a des choses à régler. Reste tranquille deux minutes, tu veux ?

Le petit cœur se brise de nouveau. Je retiens mon envie de le prendre dans mes bras, sachant que ça agacerait Orion. Celui-ci rive sur moi un regard de glace.

— Je t'aime, Moon. (Un bond, dans mon cœur, si fort qu'il me fait vaciller. Bon sang que ces mots m'avaient manqué.) Mais je ne sais pas si je pourrai de nouveau te faire confiance.

Je me raidis.

— C'est trop facile, ça. (J'avance d'un pas vers lui ; nos visages sont tout près, tendus, non pas de désir mais dans un duel à armes égales. Sans doute le plus difficile que j'aie eu à mener.) J'ai fait une erreur, une seule. Elle était énorme, stupide et tout ce que tu voudras, mais je ne l'ai faite qu'une fois. La seule conséquence, c'est que notre petit Loop est plus libre, qu'on doit être à son écoute si on veut gagner. (Je ferme les yeux, la gorge douloureusement serrée tout à coup. Quand je les rouvre, une larme s'en échappe malgré moi.) Et tu es incapable de me pardonner ?

Il se tait, conscient que le moindre mot pourrait me faire exploser. Je poursuis quand même.

— Deux ans, Orion. Ça fait *deux ans* qu'on vit ensemble chaque jour. Deux ans qu'on vit l'un pour l'autre, l'un par l'autre. Et tu me dis que, à la première erreur, tu es prêt à faire un trait sur tout ça ? (J'écarte les mains, paumes en l'air.) Désolée, mais je ne suis pas parfaite. Je ne t'ai jamais menti là-dessus. Des erreurs, j'en referai d'autres, même en faisant de mon mieux, même en passant toute ma putain de vie à me demander si je fais le bon choix. Alors, si tu m'abandonnes sans même me laisser une chance de me rattraper…

La fin de la phrase plane entre nous, silencieuse. Je n'ai pas la force de la prononcer, tout comme il n'a pas la force de l'entendre. Ses yeux sont rouges, humides. Tout son être semble lutter contre la tempête qui sévit en lui.

Il sait trop bien que, si on n'est plus « Moon et Orion », on n'est plus rien du tout. Il n'y a plus que Whisper d'un côté, et moi de l'autre.

Ma voix s'étrangle alors que j'essaie de rompre l'atroce vérité qui nous sépare.

— Je t'aime, Orion. Putain, je t'aime tellement. Je ne veux pas te perdre.

Il baisse les yeux.

— Moi non plus je ne veux pas te perdre. Et je suis prêt à te pardonner toutes les erreurs du monde. Mais celle-ci… (Il s'arrête, laisse échapper un sanglot.) C'est Loop, Moon.

Notre bonhomme, presque notre enfant. Tu n'aurais pas dû faire ça sans m'en parler.

— Je sais.

Le silence, de nouveau ; bercé par le murmure de la cascade au-dessus de nous. Puis brisé par la voix de stentor du Cheshire et les hurlements des spectateurs en délire.

— Mesdames et messieurs, j'espère que vous être prêts pour la grande finale qui déterminera le vainqueur du tournoi !

L'angoisse que je ressens tout à coup se reflète dans les yeux d'Orion.

Je ne veux pas combattre. Pas maintenant. Pas sans la réponse d'Orion.

— On ferait mieux d'y aller, dit-il, la mine sombre. On se concentre, on donne tout et on gagne ce fichu tournoi. On aura tout le temps de régler nos problèmes après.

— Ensemble ? dis-je en en lui tendant la main, la voix tremblante.

Il hésite une seconde. Attrape ma main.

— Ensemble.

Mais, dans sa bouche, j'entends « une dernière fois ». J'essuie mes larmes avec rage.

Tu la vois derrière l'arène. Moon. Si forte, comme toujours. Rien ne semble pouvoir l'ébranler.

Pas même les regards moqueurs qui la suivent depuis sa dernière victoire.

Pas plus que les encouragements de ceux qui comprennent son combat. De ceux qui l'admirent autant que toi.

Toi, tu ne dis plus rien.

Ton drapeau pend entre tes mains, inerte.

Mille détails te reviennent en mémoire. Les sorts qu'elle choisissait avant la sortie de Beasties *; les références féministes qu'elle a inculquées à Loop, sa façon de détourner les clichés pendant chaque combat.*

Tu auras dû le voir venir.

Tu aurais dû, mais tu n'as pas voulu.

Tu aimais trop l'idée de ce garçon qui te ressemble et qui vivait sans se cacher.

Tu regardes ton drapeau, puis Moon, et enfin Orion juste derrière elle. Ils sont beaux, tous les deux. Beaux et fiers dans la lueur matinale, comme si rien ne pouvait les vaincre. Même les larmes que tu surprends au coin des yeux d'Orion te semblent belles. Pas honteuses, comme celles que tu caches parfois. Juste belles.

Et tu comprends que ça ne change rien.

L'instant d'après, ton drapeau survole l'arène avec fierté, battant dans le vent au son du slogan que tu scandes d'une voix éraillée. Mais cette fois, tu ne le fais pas pour eux.

Tu le fais pour toi.

— Accueillez dans l'arène les frères de légende, Opale et Onyx ! gueule le Cheshire survolté.

— On va leur mettre la pâtée, s'amuse Onyx. Pas question d'être galant avec la fillette. Fallait pas s'attaquer aux couilles de son adversaire précédent : solidarité masculine, les gars !

Quelques éclats de rire gras nous parviennent depuis le public, transformant toute ma tristesse en une rage foudroyante.

— Et quand on aura mis son copain au tapis, je me la taperais bien, cette gonzesse ! renchérit Opale.

— C'est ce qu'on verra, connard, dis-je en serrant fort, très fort la main d'Orion. (Je jette un œil par-dessus mon épaule.) Tu viens, Loop ? On a un tournoi à remporter.

Aucune réaction. Mon estomac fait une vrille incontrôlée.

— Loop ?

Mais Loop n'est nulle part.

« Un problème technique nous oblige à repousser le début du combat, annonce la voix de stentor du présentateur. Veuillez nous excuser pour ce délai, et profitez-en pour vous ravitailler en Drink-Up, la boisson officielle du tournoi ! »

Après de longues minutes de recherche, on doit se rendre à l'évidence : Loop est bel et bien parti. Il nous a plantés là, sans cérémonie, à quelques minutes de la finale du tournoi de ma vie. Sans même un au revoir.

— J'ai dit que tu étais malade, avoue Orion, essoufflé, en revenant vers la voiture où je me suis réfugiée. Ils nous ont donné une heure, pas plus. Si on n'est pas revenus d'ici-là, ils nous déclareront forfait.

Le monde s'écroule sous mes pieds, pour la seconde fois de la journée.

— On ne peut pas abandonner…

— On va continuer à chercher, promet Orion. Je suis sûr qu'on va le retrouver.

Je secoue la tête.

— On l'a blessé. On lui a dit de nous laisser tranquilles alors qu'il voulait nous réconcilier. Il déteste qu'on se dispute.

— Il nous pardonnera.

Je lève vers lui un regard désabusé.

— Pardonner, c'est pas toujours si simple.

Il pousse un soupir frustré.

— Alors quoi ? On attend d'avoir perdu, bras ballants ?

— On pourrait essayer de se battre à mains nues. On aurait l'avantage de la surprise.

— Dis pas de conneries, grogne Orion. Leur Beastie est un foutu ninja volant.

— Ils nous lamineront, mais tant pis. Je ne peux pas les laisser gagner par forfait. Je dois au moins leur foutre un coup de genou dans les boules pour ce qu'ils ont dit ce matin.

— Tu veux partir la tête haute ? On va juste se ridiculiser…

Je serre les poings.

— Non. On va tout donner. On va montrer qu'on est capables de se battre même quand tout est perdu.

— Et Loop, en attendant ? On le laisse tout seul ?

Je renifle.

— Il voulait sa liberté, non ? Il l'aura.

Il fait une grimace choquée.

— Non mais, tu penses sérieusement ce que tu dis ?

Je ne réponds pas. Je suis beaucoup trop en colère pour ça. Tout ce que j'ai donné, tout ce que j'ai sacrifié, pour en arriver… nulle part. Plus d'avenir, plus de Loop – et probablement bientôt plus d'Orion non plus.

— Putain de bordel de merde !

Une main se pose sur mon épaule, m'arrachant un frisson.

— Ça va aller, Moon. On va trouver une solution.

Je secoue la tête.

— Je ne sais pas. Peut-être que j'ai fait tout ça pour rien, après tout. Peut-être que les autres filles m'auront oubliée demain et que ça n'en valait pas la peine.

Il n'essaie pas de me détromper. N'ôte pas sa main de mon épaule. Toujours ce putain d'entre-deux qui va me rendre folle.

— Décide-toi, dit-il, comme s'il m'avait entendue.

Je lève sur lui un regard interloqué. Le sien est dur, sa voix ferme, comme jamais je ne l'ai entendue.

— Tu dois choisir, Moon. Soit tu pars la tête haute et tu vas te battre à mains nues dans cette arène, soit tu mets ton orgueil de côté et tu viens avec moi, à la recherche de Loop.

Mes poings se serrent de rage et de frustration.

— Dans les deux cas, je renonce à mon rêve.

— C'est vrai. Mais tu peux le faire seule, ou avec moi. (Sa main se crispe sur mon épaule, douloureusement.) Tu as dit que tu étais prête à assumer les conséquences de tes actes. C'est le moment d'honorer ta promesse.

Ça devrait être facile de lui dire oui. De le suivre sans hésiter, de renoncer à tout ce à quoi j'ai rêvé pour rester avec lui, avec mon bonhomme que j'aime tant. Alors pourquoi est-ce que je n'y arrive pas ? Pourquoi est-ce que j'en veux tellement à Loop de m'avoir abandonnée, pourquoi j'ai envie de hurler à Orion qu'il n'a pas le droit de m'obliger à choisir ?

— Je t'aimerai toujours, Orion. Que tu le comprennes ou pas, je t'aimerai toujours.

— Alors viens avec moi.

Je baisse les yeux.

— Je le ferai. Mais d'abord, je veux terminer ce combat. (Il essaie de protester, mais je le prends de vitesse.) C'est moi, ça, Orion. Ma personnalité. Si je déclare forfait après tout ce qu'on a fait, c'est une part de moi que je déchire en morceaux.

— Je t'aiderai à les recoller.

Je soupire, autant de tristesse que de frustration.

— Tu ne peux pas. Notre rouleau de scotch s'est enfui, tu te souviens ?

— Je suis sérieux, Moon.

— Moi aussi. Ma vie est avec toi, et je donnerai tout pour qu'on vive heureux tous les deux. Mais ça n'arrivera pas si je renie mes valeurs. J'ai besoin d'être une personne, d'être fière de moi. Sinon, je n'aurai plus rien à te donner.

— Je sais.

Je lève vers lui un regard surpris. Il a un sourire léger – presque un frémissement.

— C'est pour ça que je suis tellement amoureux de toi. Toi et moi, on est à la fois fusionnels et indépendants, et c'est pour ça que ça fonctionne si bien. Comme deux pièces d'un même puzzle, uniques, mais faites pour aller ensemble.

Mon cœur bat fort, beaucoup trop fort. Mais je ne sais pas s'il va s'envoler ou se déchirer.

— Je ne te demande pas de renier celle que tu es, poursuit Orion. Jamais. Je veux juste te montrer que tu te trompes.

Je reste muette, la gorge serrée au possible. Il y a tellement d'amour dans la façon dont il dit ça. C'est le seul qui peut m'avouer une chose pareille sans que j'aie envie de lui péter la gueule.

— Tu n'as rien à leur prouver, Moon. Plus maintenant. Ils ont vu qui tu es, ce dont tu es capable. Et putain, c'était bon à regarder. (Sa bouche rit, mais son regard reste empli de tristesse.) La suite, ça ne regarde que nous.

Je serre mes doigts autour de la manette en l'écoutant

parler, surtout pour me donner contenance. Je la lève au niveau de mes yeux – détaille le joystick, le bouton de veille, les parties tactiles. Autant d'éléments que je connais par cœur, comme une extension de moi-même.

— C'était ma revanche. Mon rêve.

Une larme roule sur ma joue – une seule, perdue au milieu de ma vie qui s'enfuit. Soudain, Orion me serre contre lui ; sa chaleur m'enveloppe, son parfum s'infiltre dans mes narines, emplit mes poumons d'une vague de bien-être douloureux.

— Tu en trouveras un autre, souffle-t-il à mon oreille. Si tu le veux, tu en trouveras un autre.

— Je ne sais plus si j'en suis capable.

Il s'éloigne de moi pour me tenir par les épaules ; le froid qui s'engouffre entre nous me donne un frisson violent, comme si on avait arraché une partie de moi. Il se penche un peu pour me regarder droit dans les yeux avec toute l'intensité de ses émotions.

— Tu es capable de tout, Moon. Si tu n'y crois pas, laisse-moi y croire pour toi. (Il prend une grande inspiration, puis lâche d'une voix soudain brisée par la peur :) Mais ne m'abandonne plus.

J'avale difficilement ma salive, les yeux rivés dans les siens, incapable de me détacher de son regard. Incapable, même, de combler le vide qui sépare nos lèvres pour lui donner ce baiser qui me brûle la bouche.

— Fais-toi confiance, comme j'ai confiance en toi, souffle-t-il.

Un murmure, brise légère aussitôt emportée par le vent. Mais il a la force d'une bourrasque. Il me fait chanceler. Puis me pousse dans le dos pour me jeter dans ses bras. Enfin, nos lèvres se trouvent ; s'aspirent. *Tu m'as manqué,* disent les siennes. *Ne me quitte plus,* répond ma langue qui trouve la sienne, s'y accroche désespérément.

Puis elles se séparent de nouveau, nous laissant haletants, le cœur battant à tout rompre. Deux roseaux dans la tempête.

Je ne regarde pas Orion.

Mes yeux sont rivés sur la manette dans ma main. Son plastique lisse. La dragonne argentée à mon poignet. Les petites diodes orangées qui s'affolent quand j'appuie sur des boutons devenus inutiles.

Je la pose à mes pieds, dans la terre couverte d'épines.

— Allons chercher Loop.

GAME OVER

CINÉMATIQUE DE FIN

Retour au monde réel, trois heures après le tournoi

— La voiture est triste, sans Loop.

— Tu veux dire que tu n'as pas peur pour ta vie ?

Orion me serre contre lui. J'ai un pincement au cœur et les larmes me montent aux yeux pour la vingtième fois de la journée.

— Ce petit con nous a abandonnés. Il m'a empêché de vivre mon rêve. (Je laisse mon regard errer sur le paysage qui défile, espérant y apercevoir une petite boule de poils orange et le redoutant tout à la fois.) Qu'est-ce que je vais faire, maintenant ?

Silence.

— Je ne peux pas… Je ne peux pas retourner à la fac. Pas après…

Pas après y avoir cru si fort. Pas après avoir abandonné les amis qui croyaient en moi, par pur égoïsme.

— Tu trouveras ta voie, me réconforte Orion. Donne-toi

juste un peu de temps, d'accord ?

— Tu parles comme un gourou.

Il sourit doucement. C'est tellement facile, pour lui.

— Commençons déjà par retrouver ce chenapan avant qu'il s'attire des ennuis. On s'occupera de ton avenir après, d'accord ?

Je soupire.

— Je sais ce que tu essaies de faire. (Je relève la tête pour le regarder.) Tu veux m'empêcher de déprimer en me forçant à me concentrer sur autre chose.

— Ça fonctionne ?

Je hausse les épaules.

— Bof.

— J'aurai essayé.

Le temps passe, le paysage défile. Enfin, on arrive sur les lieux de notre précédente arène, celle avec le fort et les animaux incroyables. Je sors péniblement de la voiture. Laisse mon regard errer sur les lieux.

Il n'en reste plus rien. Le tournoi terminé, la firme a effacé la partie, déménagé les décors imprimés et supprimé le programme de réalité augmentée de nos puces comm'. Ce n'est plus qu'une forêt comme les autres qui surplombe l'océan, maintenant. Ma gorge se serre encore une fois.

— C'est vraiment fini.

Soudain, mes larmes se mettent à couler à flots. Elles dévalent mes joues, mon cou ; s'échappent de mon corps à gros sanglots, m'arrachant des hoquets douloureux. Pourquoi maintenant ? Je ne sais pas.

Cette arène vide, si triste, me renvoie d'un seul coup la réalité en pleine gueule.

J'ai encore échoué.

J'ai laissé passer ma chance.

À cause de Loop.

Loop, qui n'est toujours pas là, et pour lequel je m'inquiète autant que j'ai envie de l'étrangler.

Les bras d'Orion m'entourent, me bercent doucement dans le paysage banal de cette vie banale qui nous attend. Et je pleure, je pleure ; putain, je pleure comme je n'ai jamais pleuré. Ça fait mal, et ça soulage à la fois. Je me vide de ce trop plein d'émotions que j'ai refoulées ces derniers jours. La douleur de ma dispute avec Orion. La peur de le perdre. La peur de perdre Loop. L'euphorie de me dévoiler enfin. Le soutien dans l'adversité. Et ce coup de poing en pleine face – cette victoire qui m'échappe sans même me donner une chance d'essayer. *Encore.*

Les larmes coulent, coulent ; semblent ne jamais vouloir s'arrêter. Orion, silencieux, continue de me bercer, caresse mes cheveux, les embrasse, passe une main sur ma joue pour essuyer des larmes qui reviennent aussitôt.

Je me raccroche à lui comme à une ancre. Je m'agrippe à son tee-shirt, le froisse entre mes poings crispés par la force du désespoir. Je me serre contre lui, tremblante, pour y trouver un peu de chaleur. Mes lèvres cherchent les siennes, les trouvent. Dans son souffle, j'aspire un peu d'espoir.

Les larmes coulent toujours, mais ma respiration est moins chaotique. Les sanglots moins violents. J'inspire son air avec avidité, nourris ma peine avec son amour inconditionnel pour la vie. Cette lumière, qui me fait si désespérément défaut. Celle que j'ai vue en lui le premier jour.

Soudain, il ne reste plus rien – que le vide de mon cœur et cette étreinte brûlante. Celle qui, un jour peut-être, me donnera la force de reconstruire. Je ferme les yeux pour contempler le néant.

Une petite main se pose sur ma cheville.

— Pouic ?

Je tressaille, partagée entre l'envie de le prendre dans mes bras avec soulagement et celle de lui faire mal pour m'avoir détruite.

Au final, je ne bouge pas. Coincée dans cet entre-deux sans trouver la force d'en sortir.

Orion attrape Loop et l'éloigne doucement.

— Te voilà enfin, bonhomme ! Tu nous as fait peur, tu sais.

Je n'ai pas le courage de les regarder. Je reste prostrée au sol, les yeux fermés, agrippée à Orion comme à mon dernier souffle.

Je sens la boule de poils s'agiter, quelque part au-dessus de moi.

— Laisse-la un peu tranquille, murmure Orion d'une voix douce mêlée de sévérité. Tu lui as fait beaucoup de mal.

— Pouic, répond une voix toute triste. (Un silence. Il s'agite de nouveau.) Pouic ?

— Oui, on s'est réconciliés. Enfin, je crois.

— Pouiiiic !

Le bonheur, cette fois. Je rouvre les yeux. Vois Loop qui tourbillonne entre les mains d'Orion, qui le lève au-dessus de sa tête pour l'empêcher de me toucher. Surpris par mon geste, il a un moment d'inattention ; Loop en profite pour s'échapper et se précipite contre moi, me serre fort, très fort, tout en tenant la main d'Orion.

— C'est pour ça que tu es parti, hein ? dis-je d'une voix étranglée. Tu savais qu'on s'inquiéterait pour toi et qu'on arrêterait de se disputer.

Il ne dit rien, me serre toujours dans ses petits bras. Les larmes se remettent à couler plus vivement.

— On a perdu, Loop. (Je montre le paysage désolé autour

de nous.) La partie est finie.

Dans ma voix, l'amertume le dispute au désespoir. Il s'écarte de moi, regarde les alentours en croisant les bras. Fait un mouvement de tête mécontent.

Et provoque ma seconde plus grosse surprise de la journée.

— Co… comment tu as fait ça ?

— Pouic, fait-il en haussant ses petites épaules.

Il me laisse là, sans cérémonie, pour aller jouer avec un tigre à la fourrure dorée. Orion et moi contemplons, hébétés, le fort et ses remparts, les dizaines de bêtes merveilleuses qui s'ébattent dans la forêt, dans les airs, et même dans la petite rivière scintillante qui vient d'apparaître. L'arène de jeu telle qu'elle était pendant notre combat contre Coyote et Wolf, trait pour trait.

Ma surprise est telle que mes larmes en oublient de couler.

— Je crois que je viens de comprendre, souffle Orion.

Je lève la main pour accueillir le petit papillon d'argent qui volète autour de nous.

— Si tu veux éclairer ma lanterne, te prive pas.

Le papillon s'illumine d'une vive lumière, comme en écho à mes propos. Un sourire – triste, certes, mais un sourire – s'invite sur mon visage.

— Loop voulait continuer à jouer, dit-il, songeur. Il ne voulait pas que la partie se termine.

Je hausse les épaules, amère.

— C'est raté.

Orion secoue la tête en me montrant notre petite boule de poils, toute joyeuse, qui fait apparaître l'un après l'autre les décors de nos dernières aventures. Il y a même un patou qui bat de la queue en se roulant sur le dos, tout heureux.

— Regarde autour de toi, Moon. Avec Loop, la partie

n'est jamais finie. Plus besoin de manette, il s'est connecté directement à nos puces comm' pour manipuler la réalité augmentée. Il… *recrée* le programme juste pour toi.

— On a quand même perdu.

— Tu en es vraiment sûre ?

Je ferme les yeux, dans le vain espoir de faire le vide dans mon cœur et de comprendre ce qui est en train de s'y passer.

Les derniers mots d'Orion me parviennent dans le noir.

— Tu lui as offert la liberté. Lui, il veut t'offrir ce qu'aucun tournoi, aucun métier ne pourront jamais t'apporter.

Il marque une pause. Reprend la parole avec un mélange d'effroi et d'admiration.

— Loop vient de t'offrir l'impossible.

— Pouic !

Loop, tout heureux, me tend une fleur de frangipane. Sans me laisser le temps de l'attraper, il bondit sur mes genoux, l'attache dans mes cheveux, part aussi vite qu'il était venu et en tend une autre à Orion avec une adorable mimique.

Je laisse mon regard errer sur le château empli de mille animaux fabuleux, le pré de frangipanes qui vient d'apparaître devant – il faudra que je songe à apprendre à Loop que ses fleurs préférées poussent sur un arbre, pas dans un champ –, le ruisseau qui s'écoule jusqu'à nous comme un chemin d'étoiles.

Et sur Orion, que j'ai eu tellement peur de perdre.

— J'ai merdé.

Il hoche la tête. J'insiste :

— Pas seulement avec Loop. J'ai merdé avec toi. Je me suis laissée obnubiler par la victoire et par ma rage de vaincre. J'ai compté les *likes* encore et encore, et ce simple chiffre a fini par me faire oublier le seul pouce qui compte vraiment à mes yeux.

— J'ai deux pouces.

Je ronchonne :

— Ne casse pas mes efforts poétiques. J'essaie de m'excuser, là.

— Merci. Et désolé, mais tu te trompes encore.

Haussement de sourcils.

— Nos *followers* ne sont pas qu'un simple chiffre. Ce sont des personnes bien réelles qui ont choisi d'utiliser leur temps pour nous suivre, nous. Certains se sont même déplacés pour nous voir, nous supporter. Bon sang, tu les as entendus crier dans l'arène ?

Je baisse la tête.

— Oui. Et je les ai abandonnés juste après.

Silence. Orion se rapproche de moi tandis que Loop s'égaye dans les fleurs toutes neuves.

— Tu devrais leur parler. (Je relève les yeux, surprise.) Pas de combat, cette fois. Pas d'action. Juste toi qui expliques ton choix.

— Que veux-tu que je leur dise ? « Désolée, mon Beastie est devenu fou parce que je suis un hacker à deux sous » ?

— Je ne sais pas, Moon. Parle-leur, c'est tout.

— Tu pourrais…

Il fait « non » de la tête.

— Pas cette fois.

Je me tais, l'esprit en ébullition. Je n'ai aucune envie de m'adresser à nos fans ; aucune envie d'allumer cette caméra, de rouvrir les réseaux pour y lire toutes les insultes qu'ils auront laissées, maintenant qu'ils savent que je suis une fille et que j'ai déclaré forfait. Je veux juste disparaître encore une fois et ne plus jamais revenir. Oublier cette partie de ma vie une bonne fois pour toutes.

J'étouffe, soudain. Je me lève d'un bond, esquisse quelques

pas vers la forêt. Le tigre, allongé au bord de l'eau, me suit du regard. L'instant d'après, je me retrouve juste à côté de lui sans la moindre idée de la façon dont j'ai pu franchir une telle distance en un battement de cils.

Je ne m'en inquiète pas.

Je reste là, immobile, fascinée par ce regard d'or insondable qui ne manque aucun de mes gestes.

Pas agressif.

Pas amical.

Juste… vivant.

D'une impulsion, j'allume le drone-caméra et je le dirige sur le tigre – sur nous.

Il prévoit chacun de mes gestes, les surveille sans frémir. Intouchable. Indomptable.

Comme ces milliers de *followers* qui m'observent en silence. Pour les approcher, je dois m'exposer à leurs crocs sans savoir si l'œil qu'ils posent sur moi est bienveillant ou méprisant.

Je dois prendre un risque.

Et eux, que risquent-ils en retour ?

La déception, répond la voix d'Orion dans mon esprit. *La conscience aiguë d'avoir donné un bout de leur cœur à quelqu'un qui ne sait même pas qu'ils existent.*

Pendant une seconde d'éternité, mon regard toujours plongé dans celui du tigre placide et les « bip » du live résonnant dans mon esprit, tous leurs commentaires me reviennent à l'esprit. Les haineux et les blessants, oui, mais aussi les encouragements. Ces pseudos qui reviennent tous les jours, toujours plus nombreux.

L'un d'eux était même là la toute première fois, quand mon drone-caméra était mal réglé, que l'image était floue et le son inaudible. « *Tu joues mal, mais tu joues avec le cœur. J'aime bien.* »

Depuis, chaque fois que j'allume ma caméra, je sais qu'il sera là. Invisible. Implacable. Indéfectible. Comme si, à chaque nouvelle partie, il me disait…

— J'espérais te trouver là.

Elle sursaute, tourne la tête vers l'énorme tigre qui la dévisage d'un air méfiant.

Tu te racles la gorge. Prends ton courage à deux mains pour quitter l'ombre qui t'abrite.

Et soudain elle est là, face à toi. Plus grande que tu l'imaginais. Plus réelle. Et terriblement égale à elle-même.

— T'es qui, bordel ?

Je dévisage l'intrus, légèrement pliée sur mes appuis, prête à lever le genou si je me sens menacée. Il avance, hésitant, les mains entortillées dans un tee-shirt moulant où brille un logo iFée. Il me lance un sourire un peu craintif et dévisage ma caméra avant d'oser un nouveau pas, lentement.

C'est bizarre. On dirait qu'il craint que je le morde.

Je me redresse un peu.

— T'as peur de quoi ?

Il rit doucement.

— Je sais de quoi tu es capable.

— Ça, ça m'étonnerait.

Il rit de nouveau, mais timidement.

— Oh que si, Moon l'Invincible. Je sais tout de toi.

Ma repartie meurt dans ma bouche. Je reste à le regarder,

interloquée, tandis qu'il me dévore de son regard gris, non avec amour mais avec admiration. Avec envie, peut-être.

Et c'est moi qui me mets à rire.

— Tu t'es cru dans *Play Your Life* ou quoi ?

Tu secoues la tête sans parler – incapable de détacher tes yeux de cette silhouette si réelle, si détaillée. Elle est moins impressionnante en vrai : en apparence, c'est juste une fille comme les autres. Tu as beau savoir que c'est absurde, ça te déçoit un peu. Tu aurais aimé lui découvrir des superpouvoirs, un tatouage guerrier ou une aura terriblement séductrice.

Tu aurais aimé la savoir spéciale, parce que ça t'aurait donné une bonne raison de l'aduler encore. Mais elle est normale. Juste normale.

— Désolé, je me suis mal exprimé. Je veux dire que je te connais bien mieux que tu le crois, même si tu n'as aucune idée de qui je suis. Je te soutiens depuis le premier jour. Mon pseudo est…

— Watcher, complète-t-elle avec un sourire étonné.

Cette fois, c'est toi qui restes bouche bée.

— Tu… Tu sais qui je suis ?

Je ris.

— « Tu joues mal, mais tu joues avec le cœur. »

Il rougit violemment.

— Je… C'était…

— Merci.

Il relève les yeux, interdit.

— Merci d'avoir toujours été là, j'explique. Merci d'être encore là malgré ce qui s'est passé.

— Tu… Tu ne me trouves pas bizarre ?

— Oh que si. Mais tu es venu me chercher jusqu'ici et tu ne m'as pas encore déchiquetée avec une tronçonneuse, alors… (Je hausse les épaules et désigne le drone-caméra.) Vas-y. Balance ton commentaire en direct.

Tu prends une grande inspiration.

Tu t'efforces d'oublier la fille déstabilisante en face de toi pour te concentrer sur l'Invincible Moon, le joueur… Non, la joueuse que tu connais depuis trois ans maintenant. Tu aurais préféré que la caméra soit coupée, mais tu sais que tu n'auras pas d'autre chance.

Alors tu te lances.

— Il fallait que je te voie en vrai.

Elle ne dit rien, attend que tu poursuives. Tu soupires.

— Je voulais t'intercepter après la finale, mais quand tu es partie j'ai compris que tu ne reviendrais pas. J'ai… (Tu te racles la gorge.) J'ai réussi à localiser grossièrement ton IP et je me suis douté que tu étais revenue à l'arène précédente.

» Bref. Je voulais te dire que je t'ai trouvée très courageuse lors de la demi-finale. Et toutes les autres fois que je t'ai vue combattre. J'avoue que, quand j'ai appris que tu étais une fille, j'étais déçu. (Ses yeux se mettent à lancer des éclairs ; elle ouvre la bouche, poings crispés, mais tu la devances.) J'étais déçu parce que j'admirais le couple que tu formes avec Orion, la façon que vous aviez de vous montrer ensemble à l'écran, sans cacher votre amour. Je trouvais ça tellement bien qu'un

couple homosexuel parvienne à dépasser les préjugés pour vivre normalement, surtout dans ce milieu difficile, que je t'en ai voulu quand j'ai compris que je me trompais sur toute la ligne.

» Mais…

Elle ouvre la bouche. La referme. Te laisse finalement poursuivre sans prononcer un mot.

— Ça n'a aucun sens, tout ça. Volontairement ou non, tu m'as aidé à me sentir mieux et je me rends compte que c'est tout ce qui importe. Quels que soient les préjugés, ceux qui ont la force de s'élever contre eux méritent le respect, parce que ça revient à soulever des montagnes.

» Et c'est ce que je fais en ce moment.

Tu reprends ta respiration, essoufflé par ce long discours dont tu n'as pas l'habitude. Même sur ton clavier tu n'as jamais écrit autant d'un coup. Mais, cette fois, tu t'es promis d'aller jusqu'au bout.

— Quitter mon écran, mon chez-moi, te suivre pendant le tournoi juste pour te rencontrer : pour moi, c'est énorme. Je ne l'avais jamais fait avant parce que j'étais persuadé que, partout où j'irais, je me retrouverais seul, décalé, le mec un peu bizarre qu'on aime bien mais qu'on ne comprend pas vraiment. Je me trompais.

» Dans l'arène j'ai découvert des gens comme moi, des gens qui aiment des jeux de gamin, qui en connaissent les moindres rouages. Mais eux, au lieu de le cacher, ils le crient haut et fort. Comme si c'était normal. Comme toi avec Orion. Au fond, je crois que c'est ça que je suis venu chercher. J'ai suivi tes pas pour éprouver une fois, juste une fois, cette sensation de liberté qu'apporte la certitude qu'on a trouvé sa place.

» Alors merci. Je ne sais pas pourquoi tu as déclaré forfait, si tu continueras à jouer ou si tu vas de nouveau disparaître, mais

ça n'a pas d'importance. Je voulais simplement te dire merci avant de redevenir anonyme… et fier de ce que je suis.

Le cœur battant, tu laisses le silence retomber entre vous. Il se dépose tout doucement sur tes lèvres juste au moment où il quitte les siennes.

— Je vais partir, dit-elle avec un sourire désolé.

C'est comme une évidence dans son regard, dont la caméra ne manque pas une miette.

— Je vais passer du temps avec Orion et Loop, parce que c'est là qu'est ma place pour le moment. Je vais suivre leurs pas comme tu as suivi les miens dans l'espoir de trouver un nouveau chemin à tracer. (Elle se tourne vers le drone-caméra, plante son regard en plein dans l'œil de verre.) Pardonnez-moi. Pardonnez-moi de vous laisser tomber maintenant, avant d'avoir terminé le combat. Pardonnez-moi d'être égoïste. Non, en fait, ne me pardonnez pas : apprenez de mes échecs. Je n'ai pas la force de continuer la lutte, mais vous, si. Comme Watcher qui s'est affranchi de ses peurs pour trouver sa place. Je m'en vais, mais pas vous. Alors battez-vous, filles et garçons, pour que personne ne vous dise comment vivre et ce que vous avez le droit de faire.

» Moi… je vais disparaître quelque temps. Peut-être pour toujours. Mais je ne vous oublierai pas, les amis. Jamais.

Tu hoches la tête. Déçu, un peu, mais conscient que ça ne pouvait pas se passer autrement.

— Merci, murmure-t-elle encore.

Il y a tellement de mots silencieux dans ces quelques lettres. Elle ne les prononce pas, mais tu les lis dans son regard lumineux, dans la façon dont elle redresse imperceptiblement les épaules, lève son menton déterminé pour passer la main dans les poils du tigre qui se met à ronronner. Tu l'entends dans le « clic » de l'objectif de la caméra qui se referme, comme un rideau à la fin du spectacle.

C'est comme ça qu'elle disparaît de ta vie.

Fière et mystérieuse comme elle l'a toujours été ; prête à soulever des montagnes que tu n'oses même pas imaginer.

Tu te plais à penser qu'elle partira de cette clairière un peu plus riche qu'elle n'y est entrée – d'amour, de confiance en soi, d'aspirations.

À ton tour, tu t'évanouis dans les arbres, sachant que tu ne la reverras jamais.

Heureux d'avoir touché la lune du bout des doigts.

Je me sens complètement vide lorsque je rejoins Orion et Loop dans la clairière. Coupable de leur en vouloir pour mon échec, complètement perdue dans le chemin tout tracé qu'était ma vie il y a encore trois heures, et que je viens d'effacer pour de bon.

J'ai beau essayer, je ne parviens pas à partager leur joie d'être là, tous les trois, seuls au milieu de nulle part, avec pour unique impératif celui de ne plus jamais nous séparer. Ils m'entourent de leur amour, de leur optimisme, comme ils l'ont déjà fait. Mais la douleur est trop grande – l'échec inconcevable.

J'avais enfin accompli quelque chose, et pourtant… il faut croire que je ne suis pas faite pour ça. À quel moment les obstacles deviennent-ils des signes du destin ?

Je suis passée trop près du but. J'ai touché mon rêve du doigt, j'ai senti son odeur, ce parfum de victoire, quand j'ai enlevé ma capuche devant tout le monde. J'ai entendu les exclamations de la foule, les commentaires du live. Je *sais* que j'aurais pu y arriver.

CINÉMATIQUE DE FIN

Mais je suis partie. Et, cette fois, je ne reviendrai pas. Je vais me reconstruire, me laisser chouchouter par Loop et Orion, essayer de trouver du réconfort dans leur présence indéfectible.

… Indéfectible ? Ils n'étaient pas là, pourtant, quand j'avais besoin d'eux.

À mesure que les jours passent, je m'engouffre un peu plus dans le vide. Je mange sans faim, cours sans plaisir, me coupe des réseaux pour éviter de m'y noyer. Seules les merveilles de Loop parviennent à me sortir de l'apathie, lui qui, chaque jour, brise une nouvelle loi de la réalité augmentée en faisant apparaître une nouvelle prouesse, toujours un peu plus tangible. Je m'attends à chaque fois à ce que notre parenthèse se referme, qu'on nous retrouve, qu'I.R.L.™ s'aperçoive de ce que j'ai fait et décide de désactiver Loop ou de le « réparer ». C'est peut-être la seule chose pour laquelle je suis encore prête à me battre : sa liberté. Bien plus qu'un programme, c'est un être vivant maintenant, avec une volonté propre et un libre arbitre. C'est mon bébé-Loop, ma petite boule de poils, que je déteste autant que je l'adore.

Le temps passe sans que je le mesure. Au cœur de la nature, seule avec mes pensées, j'apprends à leur pardonner un peu. Je ramasse les émotions éclatées dans mon cœur, je les regarde une à une en essayant de les écouter, de les comprendre, au lieu de les enfouir sous la poussière comme j'en ai l'habitude. Ça ne marche pas aussi bien, mais ça m'aide à me relever. À regarder Orion dans les yeux sans avoir à me détourner ; à saisir la main de Loop sans être tentée de lui broyer les doigts.

Et à avancer avec eux sur ce chemin inconnu – un chemin que je n'ai jamais voulu emprunter, mais que je vais découvrir avec eux.

Que je le veuille ou non, ma vie ne s'arrêtera pas là.

COMMENCER
UNE NOUVELLE PARTIE

Salut !

Moi, c'est Moon.

Enfin pas vraiment.

Moon, c'est celle que j'étais *avant*.

Maintenant, je suis… Je ne sais pas. Je cherche encore.

Une chose est sûre, je n'ai pas fini de jouer. J'ai perdu une fois, mais je vais apprendre à faire avec. Il suffit de lancer une nouvelle partie, après tout !

Mais attention : on est en terrain inconnu, maintenant. Je n'ai absolument aucune idée de ce qui va se passer et, pour être honnête, je m'en fous. C'est ça qui est fun, non ? L'aventure. La découverte. Au diable les chemins tout tracés, puisque je suis incapable de les suivre : il est temps d'en construire un nouveau.

Sache qu'il n'y a plus de règles désormais. Tout peut changer à tout moment. Rien de ce que tu verras n'est acquis ; rien de ce que tu imagineras n'est impossible.

Tu es prêt à me suivre sur cette voie ?

Sûr ?

Dans ce cas… *Let's play !*

TUTORIEL

— Pouiiiic !

— Hé ! C'est pas si facile, hein !

Ma boule de poils croise les bras sur sa poitrine.

— Pouic.

— Pour toi, peut-être. Mais je te rappelle que moi, si je tombe, je ne rebondis pas. Tu ne sais pas ce que c'est que la douleur, et crois-moi, tu as de la chance.

Une vague d'amertume me balaie sans prévenir, me renvoie tous mes échecs en pleine face. Oui, je sais trop bien ce qu'est la douleur - et c'est en partie sa faute. Je serre les dents, me répète ma promesse une fois de plus. *Ne pense plus au passé. L'avenir te réserve encore bien des surprises, surtout avec Loop.*

Je fais taire la petite voix qui me dit que tout ça est trop beau, que ça finira par s'arrêter quand quelqu'un se rendra compte de ce qui se passe. Loop, lui, s'en fout pas mal. Il pousse un soupir exaspéré comme si j'étais la dernière des chochottes. Il a beaucoup plus d'expressions maintenant, je crois qu'il apprend en nous imitant. D'ailleurs, ce pli boudeur sur les lèvres, je crois bien que c'est le mien. Hum.

Loop me remontre encore une fois l'endroit où je dois passer, bondissant joyeusement au-dessus d'un canyon pour atterrir de l'autre côté en toute légèreté. Je déglutis, regarde longuement le lit de la rivière en contrebas – beaucoup trop loin à mon goût –, prends une grande inspiration. *Allez. Tu n'as pas d'autre chemin à suivre, de toute façon.* Je me lance à sa suite.

Je cours de plus en plus vite ; me tends vers mon objectif, concentration maximum. Prends appui sur le sol. Et saute.

Le vide défile sous mes pieds. Mon souffle reste bloqué dans ma gorge. La paroi de l'autre côté s'approche, mais pas assez. *Je n'y arriverai pas.*

— Pouiiiiic ! Pouic pouic pouic ! s'affole Loop en désignant mes jambes.

— Putain, de bordel, de merde !

Les mots s'échappent dans un souffle comme je remets mes pieds en mouvement au-dessus du vide pour continuer de courir, prenant appui sur… rien.

Je devrais tomber ; finir ma vie là-bas, dans le lit d'une rivière qui s'en moquera pas mal.

Mais ça n'arrive pas.

Par une prouesse neuronale inattendue, j'arrive à convaincre mon corps qu'il n'y a pas de vide sous mes pieds ; que réalité et virtuel ne font littéralement plus qu'un. Et je cours dans les airs sans perdre mon élan ; je franchis la distance qui me sépare de l'autre côté, où j'atterris sur la terre ferme. Plus précisément : je trébuche sur le sol, surprise par sa solidité après ma course dans le vide, m'étale par terre, roule sur la pierre dure dans un grognement de douleur, et finis encastrée dans un arbre un peu plus loin, incapable de bouger.

Loop apparaît dans mon champ de vision.

— Pouic ? demande-t-il d'une toute petite voix.

Je tourne laborieusement la tête vers lui en grimaçant de douleur.

— La vache, Loop… C'était TROP GÉNIAL !

J'éclate de rire, toute amertume envolée.

— T'es le meilleur, bonhomme ! Je ne sais pas comment tu fais pour rendre tout ça si réel, mais… Putain ! Orion va être fou en apprenant ce qu'on a fait !

Je cesse de faire un câlin à mon arbre, me retourne sur le dos pour respirer un peu mieux. Loop bondit aussitôt sur mon ventre avec des trilles de bonheur - une nouvelle expression étonnamment proche du rire. Je grimace.

— Évite la vessie, s'il te plaît. L'émotion, ça me donne envie de faire pipi.

Il rebondit pile poil sur le bas de mon ventre. Je ris de nouveau, euphorique, en le repoussant pour me relever.

— Pouic ? dit-il en me désignant le canyon.

— Euh, pas tout de suite, bonhomme. J'ai besoin de me remettre de mes émotions. Et de trouver un petit coin tranquille.

Je regarde à droite et à gauche, à la recherche du meilleur endroit. L'instant d'après, un cabinet de toilettes grand luxe se matérialise autour de moi sans le moindre bruit.

— C'est vraiment trop cool.

Sourire jusqu'aux oreilles, mes échecs momentanément effacés de ma mémoire par la prouesse de Loop, je fais mes affaires en toute intimité, me lave les mains. J'ai beau l'avoir déjà fait, je suis toujours aussi surprise de constater que mes mains sont *réellement* plus propres. Je devrais juste en avoir la sensation ; l'eau n'est pas réelle, c'est juste un programme qui explique à mon cerveau que, oui, je dois imaginer que mes mains sont mouillées. Pourtant je suis plus propre, et mon urine a bel et bien disparu dans un cabinet imaginaire.

À moins que tout ça aussi ne soit qu'une illusion ? À moins que j'aie l'impression que tout est vrai, mais que je suis en réalité bien crado, de l'urine plein les pieds et de la boue sur les mains ? Je secoue la tête pour chasser ces pensées absurdes. Je n'ai aucune idée de comment tout ça fonctionne, mais… merde. Je ne le saurai jamais si je ne vais pas jusqu'au bout de l'expérience. Avec un soupir, j'ôte quelques épines coincées dans ma queue-de-cheval, puis sors par la porte, presque surprise de me retrouver au beau milieu de la forêt.

— J'ai l'impression d'être bourrée.

Loop saute sur ma tête et s'agrippe à mes cheveux, comme si tout était normal. Ça l'est, pour lui. Tout ça, c'est son univers. « Impossible ». « Irréel ». Deux mots qu'il ne peut pas comprendre. Deux mots qui, après ce que je viens de vivre, n'ont plus aucun sens.

Je lève les mains, attrape ma petite boule de poils, la détache de ma tête en douceur et la lève à hauteur de mes yeux, soudain émue.

— T'es incroyable, tu sais ? T'es une vraie tête de bois, mais t'es incroyable.

— Pouic ?

Du Loop tout craché. Il est capable de faire apparaître un palais si ça lui chante mais, quand je lui dis une phrase simple, il ne comprend pas un traître mot. Et s'en fout pas mal.

Indifférent à ma déclaration, il se tortille dans tous les sens pour échapper à mon étreinte. Je le repose sur ma tête, encore euphorique.

— Bon, allez ! On recommence ?

Je m'approche du canyon, prête à sauter de nouveau. Mais Loop en a décidé autrement, apparemment, parce qu'un pont apparaît au-dessus du vide. OK, ça marche aussi. Mais c'est beaucoup moins fun.

Je franchis le pont à pas prudents, pas certaine qu'il soit assez tangible pour me supporter. Loop ne me fera jamais de mal volontairement. Mais, justement, il n'a aucune idée de ce qui peut faire mal. C'est la raison pour laquelle il s'est enfui avant la finale, celle qui me pousse à rester méfiante avec lui, même quand j'ai envie de m'abandonner. Il est parfaitement capable d'oublier que je ne sais pas – encore – voler et de supprimer le pont avant d'arriver sur la terre ferme, juste parce que l'envie lui prend.

Je retrouve le chemin de la voiture-œuf, où Orion doit encore dormir paisiblement (ou serait-ce l'odeur du café qui fait frétiller mes narines ?). Même si je suis toujours aussi paumée, cette parenthèse lui fait du bien, à lui aussi. Il est plus détendu, me parle un peu plus. Et, moi, j'essaie de l'écouter un peu mieux.

— Oh, bordel, c'était bien du café !

Je cours vers la voiture en reniflant l'air, alléchée par l'odeur qui me fait saliver d'avance. Orion, en bermuda et torse nu en plein cœur de la forêt, me tend une tasse. Il arque un sourcil en voyant ma tête.

— Qu'est-ce que vous avez encore fabriqué, tous les deux ?

Je ris, sincère pour la première fois depuis des jours.

— Loop m'a donné quelques leçons.

— Ne me dis pas que…

— Siiiii ! J'ai réussi ! Tu aurais dû voir ça, c'était fou !

— Pouic !

Je sautille sur place, m'arrête juste à temps pour ne pas

renvoyer la moitié du précieux contenu de ma tasse au sol, et savoure l'expression d'Orion, médusé. Je m'attends à ce qu'il me traite de menteuse, ou demande à avoir une preuve, ou même qu'il me prenne pour une folle…

— Tu es belle.

Je me fige, interloquée.

— T'es sérieux ? Je suis pleine de terre, j'ai transpiré et mes cheveux sont coiffés au pétard et aux épines de pin.

— On ne peut plus sérieux.

Cet imbécile réussit l'exploit de me faire rougir. Je glousse en plongeant mon nez dans ma tasse de café.

— T'es bête.

Il y a cette joie simple, dans son regard. Plus intense encore qu'avant notre dispute. Je me glisse contre lui, appuie ma tête sur son torse, savourant sa présence.

— Je déconne pas, tu sais. J'ai vraiment couru au-dessus du vide.

— Je t'avais dit que tu étais capable de tout.

Je relève la tête pour le regarder.

— Tu crois que je peux le marquer sur mon CV ? « Hacker catastrophique mais sait courir au-dessus du vide. Aurait gagné le tournoi si son Beastie n'était pas une tête de mule. »

Il rit.

— Connaissant Link, tu as toutes tes chances dans sa boîte.

— Mouais. Je vais peut-être perfectionner ma technique, avant. Pas sûre que « atterrissage sur les fesses » joue en ma faveur.

Et je ne suis pas sûre d'avoir envie de travailler de nouveau pour I.R.L.™, maintenant que j'ai vu qui ils sont.

Je soupire, ma belle humeur déjà envolée.

— Donne-toi du temps, me répète Orion pour la centième fois.

— Je déteste ne pas avoir de but, je grommèle. Ça me donne l'impression de tourner en rond.

— Tu viens de courir au-dessus du vide, Moon.

Je ris, l'esprit un peu plus léger.

— C'était trop cool ! Merde, tu te rends compte ?

Il hausse les épaules.

— Franchement ? Non.

— Tant mieux. C'est encore plus fun. (Je penche la tête sur le côté.) Je me demande jusqu'où Loop est capable d'aller.

— Avec toi ? Au bout du monde, à mon avis.

Je lève les yeux vers lui.

— Peut-être que c'est ce que je dois faire.

La panique traverse son regard.

— Un tour du monde ?

— Ah non, sûrement pas. Ou alors pas sans toi. (Je marque une pause, le temps de réfléchir.) Peut-être que je dois voir de quoi il est capable. Je n'ai plus d'objectif… mais lui, il en a peut-être un pour moi ?

— C'est une boule de poils orange qui dit « pouic », Moon. Pas un gourou.

— Un point pour toi. Mais… (Je hausse les épaules.) Merde. Je ne me suis jamais autant amusée que tout à l'heure, et j'ai enfin envie d'aller au bout de quelque chose – à part ce foutu tournoi. Putain, c'est toujours aussi douloureux. (Je soupire derechef.) Pourquoi ce ne serait pas ça, ma voie ?

Je m'écarte de lui, attrape Loop qui est pendu à ma jambe, l'envoie bouler dans les airs, m'amuse en le voyant protester, se faire pousser un bras télescopique et se rattraper à une branche d'arbre en me tirant la langue.

— À partir de maintenant, je ferai tout ce qu'il me dira.

Orion jette un œil sceptique à notre boule de poils, qui

est en train d'épouiller un écureuil en le tenant par la patte arrière, tête en bas.

— Tu es sûre que c'est une bonne idée ?

Je ris. Un peu jaune, certes.

— Non. Mais ça a l'air marrant.

Et il n'y aucune pression, cette fois. Aucun échec possible. Même si rien de tout ça n'est réel, je ne risque pas de descendre plus bas.

Il lève les yeux au ciel, mais me serre contre lui. Je me laisse aller à son étreinte, les yeux rivés sur Loop – et sur la mini-baleine verte qu'il fait flotter devant lui, une expression béate sur le visage.

— Et puis, qui sait… Peut-être que mon avenir se trouve quelque part entre l'impossible et l'irréel ?

NIVEAU 1

CHOISISSEZ VOTRE OBJECTIF

Les semaines ont passé. Assise sur un énorme tronc d'arbre, au beau milieu d'une clairière piquetée de minuscules fleurs blanches qui brillent au soleil, je regarde Orion et Loop se chamailler, comme souvent. Le Beastie secoue son corps de gauche à droite comme pour dire « non », tandis qu'Orion essaie vainement de l'attraper. Il n'a aucune chance. Si ces vacances prolongées m'ont appris une chose, c'est bien que Loop n'en fait désormais qu'à sa tête.

Un pincement au cœur.

On aurait pu gagner.

— Moon ! appelle Orion avec une moue boudeuse. Loop refuse encore de jouer avec moi !

— Dommage pour toi.

Ma voix, par réflexe, est un peu trop sèche – un peu trop ailleurs. Il se tend aussitôt, mais ne dit rien. Je m'approche de lui en soupirant.

— Désolée.

— C'est pas grave.

La tension dans ses traits dément ses paroles. Je voudrais m'excuser encore, mais un reste d'amertume me fait ravaler mes mots. Loop, comme s'il sentait notre humeur se dégrader, se précipite entre mes jambes et s'y agrippe de toutes ses forces, puis tire sur le bas de mon pantalon avec insistance.

— Une seconde, p'tit Loop. J'arrive.

Orion frémit imperceptiblement.

— Vous y retournez ?

— Apparemment.

Il ouvre la bouche, se retient à la dernière seconde. Soupire.

— Soyez prudents.

— Tu ne viens pas ?

Il fait « non » de la tête.

— Je voudrais bien, mais…

— Mais tout ça, ça te fait peur.

Je ne l'accuse pas, cette fois. Je me contente de constater.

— Le jeu vidéo, c'est pas trop mon truc, s'excuse-t-il à demi-mot. Surtout depuis *Play Your Life.*

J'entends les reproches qu'il tait, plus forts encore que s'il les avait prononcés. *Ce qu'on fait, c'est mal. Tout ça ne devrait pas être aussi tangible. Je ne sais pas si c'est Loop qui devient réel ou nous qui devenons fous, mais ce n'est pas normal, même si ça te fait du bien.*

— Filez, murmure-t-il. Avant que je change d'avis.

Je hoche la tête, m'attarde un instant pour le regarder.

— On ne fait rien de mal, tu sais.

Un soupir de frustration.

— Je ne sais pas, Moon. C'est une chose qu'il ait un libre arbitre et qu'il puisse en profiter, tout comme Chloé à l'époque.

Mais modifier la réalité, ou quoi qu'il fasse… ça va beaucoup plus loin. Je ne suis pas sûr qu'il faille franchir ce pas.

— On ne fait que s'amuser. C'est comme jouer aux Lego ou aux Kapla à taille réelle, sauf qu'il suffit d'un clin d'œil de Loop pour tout ranger après.

— Pour le moment, oui. Mais après ?

Je hausse les épaules.

— Depuis quand c'est moi, l'optimiste du couple ?

— Depuis qu'on a dépassé les frontières du réel.

Loop tire plus fort sur mon pantalon ; il commence à s'impatienter. Ou peut-être qu'il veut couper court à une discussion qu'on a déjà eue cent fois.

— Je te promets de faire attention, dis-je. (Coup d'œil coupable.) Et d'essayer de dompter mon sale caractère.

En général, ça suffit à lui arracher un sourire. Mais pas cette fois. Non : cette fois, il s'assied, gratouille Loop qui vient se réfugier contre lui, lassé de m'attendre. Et lance avec agacement :

— Je suis fatigué, Moon.

Un coup de poing en pleine face. Orion ne se plaint *jamais.*

— Fatigué de tes reproches silencieux, qui arrivent aussi vite qu'ils repartent. Fatigué de ne rien comprendre à ce qui se passe entre Loop et toi. Fatigué de ne pas savoir quoi faire. Tu oscilles entre la joie enthousiaste et l'amertume depuis des semaines ; et moi, je me contente de te suivre ou de subir tes foudres. Mais j'en ai marre.

— Je sais, dis-je du bout des lèvres.

Je m'assieds à mon tour, prends sa main dans la mienne.

— Je ne m'excuserai pas, et je ne peux pas te promettre de ne pas recommencer, parce que je ne le maîtrise pas. Je n'ai pas envie de le maîtriser. Merde, pour une fois, je lâche prise et j'arrête de contrôler quoi que ce soit. Vu là où ça m'a menée…

— On pourrait rentrer chez nous. On pourrait retourner voir Coyote et Wolf, et même ces trois crétins d'Assassins. Loop pourrait jouer avec Patou, et toi, tu vivrais avec des gens qui comprennent qui tu es. Tu ne serais pas malheureuse.

— Mais je ne serais pas heureuse.

— Au début, peut-être. Mais le temps…

— Non, Orion. Je ne serais pas heureuse.

— Je suis là, moi.

— Tu ne le seras pas toujours. Tu vas devoir recommencer à vivre, toi aussi ; trouver un boulot avec ton diplôme, aller voir Link de temps en temps, ou Chloé et Hilmi. Et je ferai quoi, pendant la journée ? Je t'attendrai en imaginant la vie que j'aurais pu construire ?

Il lâche un soupir de frustration.

— Bien sûr que non. Écoute, je… (Nouveau soupir.) Laisse tomber.

— Pouic ? demande Loop en revenant tirer sur mon pantalon.

— Vas-y, me dit Orion d'une voix lasse. Il a besoin de toi.

Je frémis.

— Est-ce que…

— Je serai là à ton retour, promet-il. Je ne vous laisserai pas tomber, ni toi ni Loop. Mais, en échange, jure-moi que tu vas y réfléchir.

Je serre sa main entre mes doigts, lui souris avec un mélange de tristesse et de douceur.

— C'est promis.

— Merci.

Je dépose un léger baiser sur ses lèvres, puis je cède à la pression de Loop, qui a transformé ses yeux en cœurs rose vif et qui m'entraîne vers notre nouveau terrain de jeu.

Au fil de nos « entraînements », j'ai pris l'habitude de ces décors extravagants, et je m'attends déjà à un château digne de la *Belle au bois dormant* ou du *Château ambulant*… mais, cette fois, il m'attire juste un peu plus loin dans la clairière, derrière un immense séquoia qui nous masque à la vue d'Orion. Je me demande une seconde si c'est Loop qui l'a planté là, mais il s'en désintéresse complètement.

— Ben alors ? On ne saute pas par-dessus les canyons ou de toit en toit, aujourd'hui ?

Il ne m'écoute pas, focalisé sur les pétales de la fleur qu'il vient de cueillir. J'attends que sa concentration daigne se diriger vers moi. Une minute. Deux.

— Loop ?

Il émet un petit grognement - encore une nouvelle expression dans sa palette.

— Dis donc, mon p'tit bonhomme, c'est toi qui m'as entraînée ici, alors montre-moi un de tes tours !

Indifférence totale.

— Tu me dis si je te fais chier, hein ?

— Pouic.

— Bien sûr. Là, comme par hasard, tu comprends ce que je dis.

J'attends encore un peu en le regardant, en vain. Je finis par soupirer.

— Bon, je retourne voir Orion. Tu me diras quand tu seras dans de meilleures dispositions.

Je tourne les talons mais, avant que j'aie pu faire deux pas, cinq doigts orange agrippent le bas de mon pantalon et me tirent au pied de séquoia. Je souris.

— Ça y est ? On peut commencer ?

Il tapote l'herbe à côté de lui en me regardant. Je m'assieds, partagée entre l'agacement et l'excitation. Enfin, on va pouvoir jouer !

Je crois.

Peut-être que ce sera le cas quand cette foutue fleur n'aura plus aucun pétale ?

Ou peut-être pas. Après cette fleur en vient une autre, puis une autre encore. À plusieurs reprises, j'esquisse le geste de me lever, mais Loop me retient d'un regard impérieux.

Je rêve, ou il essaie de m'apprendre la patience ?

— C'est quand même un peu l'hôpital qui se fout de la charité, grommelé-je. Tu tiens jamais en place plus de deux secondes !

Mais il m'a attendue pendant que je discutais avec Orion ; c'est à mon tour de le suivre maintenant.

Même si ça implique de m'emmerder royalement.

Le temps passe, et Loop continue de dépiauter des fleurs imaginaires. Mes pensées vagabondent, se tournent vers Orion, vers le sujet de notre dispute, me ramènent au tournoi manqué, puis à Loop. Repartent loin en arrière, quand je ne connaissais pas Orion, quand je croyais encore que j'aurais les mêmes chances que n'importe qui d'autre dans le milieu du jeu vidéo, peu importe ce que j'ai entre les jambes.

Quand j'y pense, j'étais plus optimiste à l'époque. Tout était possible.

Depuis, j'ai compris qu'on n'a pas toujours ce qu'on veut.

Et pourtant…

Pourtant, tout au fond de moi, sous la rancœur et le désarroi, je crois bien que je touche mon bonheur du bout des doigts. Je n'ai plus de rêve, mais j'ai Orion, même si on se dispute un peu. Et j'ai Loop. J'ai toutes ces choses incroyables qui ne devraient pas exister – qui n'*existent* pas mais qui sont là quand même. J'ai cette conscience nouvelle que je suis vraiment capable de tout, même de l'impossible. Et que je ne peux plus échouer. Pas avec Loop. Pas dans ce monde où les préjugés, les carcans de notre société n'ont plus cours.

Et tant pis pour les connards qui sont incapables de le voir. J'irai accomplir mes miracles ailleurs, puis je retournerai les voir en leur chantant « Dans l'cul Lulu ! » avec une danse du popotin digne de celle de Loop.

Sa petite main poilue se glisse dans la mienne. Je la presse délicatement, les yeux perdus sur la cime des immenses arbres qui nous entourent.

— C'est bizarre, tu sais, bonhomme. Dans les jeux, on a toujours un objectif clair, une mission définie. On avance une étape après l'autre, inlassablement, jusqu'à obtenir ce qu'on veut. Mais la vraie vie est beaucoup plus compliquée. Dans la vraie vie, il n'y a personne pour nous dire ce qu'on doit faire. Et trop de gens qui essaient de nous rentrer dans des cases. C'est à nous de choisir notre mission sans savoir si c'est la bonne, ni même si elle va nous mener quelque part. (Je me tourne vers lui, surprise de voir ses grands yeux posés sur moi d'un air attentif au lieu de son habituelle indifférence.) Ça ne te fait pas peur, à toi ?

Il ne répond pas, mais reste concentré sur moi comme s'il buvait mes paroles. Je souris.

— Probablement pas. En même temps, si tu te trompes, tu peux toujours revenir en arrière et recommencer, toi. Tu peux mourir, tu revivras. Tu ne peux pas échouer, pas comme je l'ai fait si souvent. Et si tu as besoin de quelque chose il te suffit de le créer. Ça simplifie pas mal la vie.

Et là, tout doucement, son petit doigt pointe vers mon cœur.

— Pouic.

Je fronce les sourcils.

— Qu'est-ce que tu veux dire ?

Il écarte la paume, y fait apparaître une jolie rose digne de celle de *La Belle et la Bête,* referme la paume et montre ma main.

— Pouic.

Je déglutis.

— Tu penses que… Oh, merde. Bien sûr que tu le penses. C'est même pour ça que tu m'as emmenée ici et que tu m'as fait patienter tout ce temps. Tu… tu voulais être sûr que je t'écouterais.

Il hoche sa petite tête poilue. Rouvre la main, fait apparaître cette fois un mini-éléphant rose avec une corne bariolée sur le crâne.

— Pouic ?

Je regarde mes doigts refermés dans un poing, le cœur battant la chamade. Les lève à hauteur de mon visage. J'ai à la fois très, très peur et très, très hâte de ce qui va se passer.

Loop est surexcité. Il bondit sur place en attendant que j'ouvre mon poing, comme s'il venait de me jouer un tour. Je retiens mon souffle. Pense de toutes mes forces à une rose rouge. Ouvre mes doigts un à un, tandis que Loop effectue un saut périlleux joyeux. Et contemple…

Rien.

Juste ma paume.

Une paume tout ce qu'il y a de plus normal. Sauf que, dessus, je peux distinctement lire l'inscription :

Erreur 404 - Fichier introuvable

— Pouic ! me gronde Loop en croisant ses trop grands bras, mécontent.

— Merde alors.

C'est à peu près tout ce que je trouve à dire tandis que je lis et relis l'inscription improbable au creux de ma paume.

— Mais… je suis pas un putain de programme, moi ! Comment ce truc a pu arriver là ?

Loop se fout pas mal de mes questions existentielles. Il rouvre la main encore et encore, y faisant apparaître chaque fois un nouvel objet, puis repousse mes doigts jusqu'à refermer mon poing. Il serre assez fort pour m'extirper de mes pensées confuses.

— OK, OK, je vais réessayer. Laisse-moi atterrir une seconde, tu veux ? Peut-être que si je comprenais comment ça fonctionne, je…

— Pouiiiiiic !

Je soupire, referme les yeux, pense de nouveau à la rose, avec le même résultat que la première fois.

— Je… je dois fouiller dans le programme, c'est ça ? Je le manipule pour sortir les fichiers dont j'ai besoin ou changer mes capacités, comme je l'ai fait avec toi. Mais je fais ça juste… par la pensée. Parce que tu me sers de lien avec le jeu ? Comme une sorte de manette vivante ?

Les questions sont purement rhétoriques. Loop fait des bulles au bout de sa langue en attendant que j'aie terminé mon monologue, m'apportant un immense soutien psychologique.

— Bon. Donc, si je commence par quelque chose qui est relié au jeu, ça devrait être plus facile. Il y aura moins de choses à coder, et le lien risquera moins de se rompre. Ou moi de faire une connerie. Ou… Bref. Donne-moi une seconde.

Je ferme de nouveau les yeux, inspire profondément, poing serré. Cette fois, je ne pense pas à une rose mais à une barre de chargement que j'ai vu cent, mille fois quand je jouais dans la rue. C'est moins tangible – plus anodin dans l'univers virtuel.

Loop penche la tête vers ma main en plissant les yeux, comme pour voir s'il y a quelque chose à l'intérieur.

J'ouvre d'un coup.

Et mets quelques battements de cœur à réaliser ce qui vient de se passer.

Là, dans ma main, brille une barre de chargement en tous points semblable aux autres. J'en détaille chaque pixel, lis et relis l'inscription « Chargement en cours… » au-dessus de ma paume, me délecte de voir la barre se remplir peu à peu.

Une fois pleine, elle clignote une seconde, puis se volatilise.

Je reste figée, incapable de bouger.

Loop bondit partout, tout content ; se perche sur ma tête, tire mes cheveux, saute au sol, roule, virevolte en applaudissant. Étire ses petites lèvres en un large sourire contagieux.

Je ris.

— Tout ça n'a absolument aucun sens.

Je ris plus fort, un brin hystérique.

— Putain, je viens de faire apparaître un programme. Juste par la pensée. Comme si… comme si mes pensées se traduisaient directement en code à travers toi.

— Pouiiiic ! se réjouit Loop, tout content, en m'offrant sa légendaire danse du popotin.

Je réessaie un coup, juste pour être sûre que je n'ai pas rêvé. Puis encore. Au bout d'une heure, je suis capable de produire une rose sans message d'erreur. Loop est moins hystérique ; il me regarde en souriant, et applaudit à chaque réussite.

Si je ne le connaissais pas, je dirais qu'il est fier de moi.

Quand le soleil arrive à son zénith, je commence à mourir de faim et je suis super impatiente de raconter ça à Orion – et en même temps un peu anxieuse de sa réaction.

— On fait une pause ?

Loop fait un saut périlleux, ce que je prends pour un assentiment. Je me relève, étire mes muscles douloureux. Commence à me diriger vers la voiture avant de tendre la main à mon Beastie.

Je me rends compte qu'il est resté à quelques pas derrière moi.

Je fronce les sourcils.

— Ben alors, bonhomme ? Tu ne viens pas ?

Il me sourit de toutes ses dents, avec toute sa naïveté. Effectue une nouvelle pirouette joyeuse. Et se volatilise sous mes yeux.

Je pousse un long, très long soupir.

— Sérieusement… Il faut que tu arrêtes de faire ça.

NIVEAU 2

DEAD LINK

— Il a pu aller n'importe où, soupire Orion en revenant d'un énième tour dans la clairière. Le mieux qu'on ait à faire c'est d'attendre qu'il revienne.

Je secoue la tête en massant mes pieds, douloureux d'avoir trop marché.

— Il ne reviendra pas. Il ne s'est pas enfui cette fois : il me teste. Il essaie de m'apprendre quelque chose.

— Ça va trop loin, Moon…

Je secoue la tête.

— Rien n'a changé, tu sais. C'est juste un nouveau jeu, pour lui.

— Et pour toi.

Je souris.

— Oui. Pour moi aussi. C'est comme le tournoi d'I.R.L.™, mais sans la pression !

Et sans la crainte de l'échec. Je déglutis tandis qu'il passe une main dans mon dos, conscient que je n'ai pas encore tout à fait digéré cet épisode.

— Et si on ne le retrouvait pas, cette fois ? Et si la firme…

Je place une main sur sa bouche ; de surprise, il se tait, un éclat amusé dans le regard.

— Arrête de jouer les rabat-joie, tu veux ? Merde, Orion, je peux *faire apparaître des objets !* C'est comme un jeu vidéo en vrai ! Tu imagines la gueule de tous les connards sexistes qui m'ont humiliée s'ils voyaient ça ?

Il n'essaie pas de protester, et se détend un peu. J'ôte mes doigts de ses lèvres pour le laisser parler.

— Tu ne détestais pas les jeux d'énigmes, toi ? dit-il d'un ton malicieux.

— Il faut croire que j'y ai pris goût.

Je souris, et son visage s'illumine enfin.

— OK, je veux bien jouer avec vous pour cette fois. À mon avis, l'*escape game* du tournoi, c'était rien à côté de ce qu'a mijoté notre tête de mule. Tu vas avoir besoin de moi !

— J'ai toujours besoin de toi, dis-je en me pressant contre lui. Et je suis heureuse d'avoir fini par te convaincre. (Il acquiesce en silence, m'entoure de ses bras. C'est fou ce que ce simple geste peut faire du bien.) Bon ! la tête de mule a décidé qu'on allait partir en voyage. Le tout est de trouver où.

Le silence s'abat entre nous, comme chaque fois qu'on s'est posé cette question aujourd'hui. De guerre lasse, je mets la voiture en mode « machine à café » et nous ressers une tasse chacun. Orion vérifie nos stocks.

— On va devoir refaire des courses. Tu as repéré un magasin sur le GPS la dernière fois qu'on est allés au restau ?

Je sursaute. Le regarde avec un grand sourire.

— Le GPS.

Silence dubitatif.

— … Mais encore ?

— Loop est capable de conduire la voiture. Une copie de lui a été téléchargée dans le GPS.

— Certes.

Son regard perplexe vaut plus qu'un long discours. Il a été un petit génie de l'informatique, mais depuis *Play Your Life* il a tout laissé tomber. Vu la vitesse à laquelle tout ça évolue, il est un peu largué maintenant.

Je choisis mes mots avec soin pour lui expliquer mon idée :

— D'une manière ou d'une autre, elle doit être liée à lui. On doit pouvoir s'en servir pour le retrouver.

Orion écarquille les yeux.

— Tu serais capable de comprendre le code de la voiture et de chercher ce qui la relie à Loop pour tracer un itinéraire ?

— Non. L'histoire a démontré que je suis une piètre codeuse, et je préfère ne pas me lancer là-dedans, ou on pourrait bien voir notre voiture-œuf éclore et donner naissance à un dinosaure, avec ma chance. Mais on ne devrait pas en avoir besoin.

Il me regarde toujours sans comprendre. Je m'approche du tableau de bord de la voiture tout en lui expliquant :

— Loop a disparu juste après m'avoir appris à faire apparaître un programme par la pensée. Je dois donc me servir de ma nouvelle capacité pour le retrouver. Si je ne me trompe pas, je dois pouvoir matérialiser le programme du GPS et faire apparaître *physiquement* la branche de code qui le relie à Loop ; comme un fil qu'on n'aura plus qu'à suivre. C'est comme une nouvelle interface utilisateur : au lieu des 1 et des 0 ou des lignes de commandes, c'est une image qui apparaît sous nos yeux, et qui nous permet d'utiliser le code sans le comprendre.

— Donc… tu dis que Loop et toi avez inventé une interface naturelle parfaite ?

— Là, c'est moi qui suis perdue.

Il fronce les sourcils, semble rassembler ses souvenirs.

— Une interface naturelle est une interface invisible, qui ne nécessite aucun apprentissage et qui permet à l'utilisateur – toi – d'utiliser un programme de manière parfaitement intuitive. Link m'a parlé de ça quand je suis allé chez lui : c'est un de ses projets avec *Beasties*. Rendre un objet réel cliquable. Par exemple, tu as une pomme chez toi, tu n'as qu'à la toucher et penser à un chiffre pour en commander d'autres. Le programme est très complexe à mettre en place, mais parfaitement intuitif et invisible.

Je réfléchis une seconde.

— Oui, je pense que ça ressemble à ça. Sauf qu'ici, le but, c'est justement de me permettre de visualiser le programme dans le monde réel. En réalité augmentée, ou… physiquement. Je ne sais pas trop.

Il hoche la tête, bouche bée, comme s'il réalisait enfin la portée de ce que Loop et moi sommes en train d'accomplir. Même si, très franchement, c'est beaucoup plus amusant de voir ça comme un nouveau jouet.

Un brin stressée et particulièrement impatiente, je m'assieds devant l'écran de bord de la voiture, j'appuie sur le bouton qui l'allume, constate qu'il ressemble à n'importe quelle interface dénuée de vie.

— Bon. Et maintenant ?

Je pose la main sur l'écran en fermant les yeux, cherche à ressentir quelque chose. La présence de Loop, peut-être, ou bien l'enchevêtrement de fils de réseaux qui se relient les uns les autres, comme dans ces films de science-fiction. Comme pour la fleur, j'essaie de ne pas penser « code », mais « lien », « objet », et de me servir du code comme d'un outil plutôt que comme d'une fin.

Rien.

Je finis par rouvrir les yeux, toujours concentrée sur Loop. Sur le tableau de bord, un nouveau message s'affiche.

Erreur 404 - Dead Link

En dessous, la silhouette pixélisée de l'ancien meilleur ami d'Orion et P.-D.G. de I.R.L.™ est étendue face contre terre, dégoulinante de sang.

— Ha ha. Très drôle, Loop, bravo.

Il faut croire que mon humour de geek a fini par déteindre sur lui. Effectivement, si quelqu'un apprend ce qu'est devenu mon Beastie et ce que je suis désormais capable de faire, Link est probablement mort. Mais c'est aussi, et surtout, une référence à une vieille blague d'Internet qui signale les liens brisés avec le cadavre de Link – pas le P.-D.G., mais le héros du jeu *Zelda* dont il tire son pseudo.

Des liens qu'il faut réparer pour aller à l'endroit où on veut.

Je ferme de nouveau les yeux, la main sur le message du tableau de bord, essaie de visualiser un fil reliant le bout de Loop dans la voiture au Loop évanoui dans la nature. Sens ma main vibrer. Rouvre les yeux. Un fil est bien là, au bout de mes doigts, flottant jusqu'au tableau de bord, puis hors du véhicule.

Orion le regarde avec des yeux incrédules.

— Tu as réussi !

Je souris sans perdre ma concentration.

— Ne me dis pas que tu en doutais ?

— Ça fait… très bizarre de te voir comme ça. Ce fil au bout des doigts, comme un pantin…

— C'est là que tu te trompes. Ici, c'est moi le marionnettiste. Ce fil, c'est juste un morceau de code que je n'ai qu'à tirer pour trouver ce que je veux.

— Et je peux… le toucher ?

— Aucune idée.

Il s'approche, tend les doigts avec prudence. Semble surpris quand il parvient à l'effleurer.

— C'est tiède.

— Ça paraît vivant, hein ? Comme… comme une veine de Loop. C'est un peu ça, quand on y pense.

— Je me trompais, dit-il en me regardant, soudain grave.

Je fronce les sourcils, sur la défensive. Il poursuit :

— Ce lien, entre Loop et toi. Ce n'est pas uniquement un amour aveugle, ou ton euphorie de te découvrir chaque jour de nouvelles capacités, toi qu'on a rabaissée si souvent. Il y a quelque chose de… physique. Ou virtuel. Il a créé quelque chose entre vous, quelque chose qui te permet de réaliser toutes ces prouesses à travers lui.

J'acquiesce en silence, une boule dans la gorge. Je sens venir une nouvelle dispute sur les limites à ne pas dépasser, que je n'ai pas du tout envie d'avoir à ce moment précis. Mais il poursuit :

— Je comprends, maintenant, pourquoi tu refuses d'arrêter de jouer. Il est devenu… une part de toi. Ou toi une part de lui. Ce fil qui vous relie, c'est comme son sang qui coule dans tes veines. Même si tu voulais t'en défaire tu ne serais plus jamais comme avant.

— J'aurais perdu une part de moi-même, murmuré-je, la gorge serrée.

Je ne l'avais jamais vu sous cet angle, mais c'est exactement ça. Loop est devenu bien plus qu'une bestiole toute mignonne.

Orion soupire.

— Ça me dépasse toujours, et je pense toujours que c'est dangereux, mais… Je comprends que ça ne servira à rien de me mettre entre vous.

Il me faut une seconde pour réaliser ce que ça signifie.

— Donc j'ai ta bénédiction pour suivre ce fil là où il voudra me mener et continuer mes expériences avec Loop ?

— Tu le feras de toute façon, non ? rétorque-t-il, fataliste.

— Oui. Mais je préfère nettement savoir que tu es d'accord.

Il a un sourire désabusé.

— Je suis d'accord, Moon. Je vous suivrai, Loop et toi, où que vous alliez. Il faut bien que quelqu'un garde les pieds sur terre !

Je ris en jouant avec le fil, heureuse d'avoir enfin réglé ce problème. Et je me mets à suivre le lien, qui flotte dans l'air paresseusement. Se faufile au milieu des arbres, me ramène vers le grand séquoia où Loop m'a donné une leçon ce matin. Dans mon dos, j'entends les pas d'Orion, prudents. Son souffle est haché, et il pousse un cri étouffé en découvrant ce que j'avais déjà deviné.

À l'endroit exact où le Beastie a disparu d'une pirouette, le fil est rompu. Des dizaines de minuscules filaments flottent dans l'air comme s'ils cherchaient quelque chose. Le câble reprend un peu plus loin, puis se perd dans les bois.

Sans un mot, j'attrape les deux extrémités et les colle l'une à l'autre. Rien ne se passe.

Je ferme les yeux, essaie de visualiser un cordon qui se répare, mais je sens aussitôt que ce n'est pas ce qu'il faut faire.

— C'est un puzzle, souffle Orion tandis que j'examine de nouveau les brins.

Je relève les yeux vers lui.

— Comme dans l'*escape game* sur la plage, avec les symboles. On doit remettre les tiges ensemble, une par une, en trouvant celles qui se correspondent. Loop continue de jouer.

Je soupire.

— C'est malin. J'ai toujours eu horreur des puzzles.

Orion sourit, pose une main tiède sur la mienne, qui recouvre les morceaux de câble.

— Mais pas moi. Et Loop le sait.

Je ris.

— Il veut s'assurer qu'on fasse ça ensemble.

— Il a toujours détesté les disputes.

— Moi aussi, soufflé-je tout bas.

Et je lui tends les câbles. Il commence aussitôt à les détailler un par un, les trie dans un ordre qui me semble aléatoire mais qui ne l'est sûrement pas, découvre qu'un petit mécanisme peut faire pivoter les filaments les uns autour des autres pour les faire changer de place.

— J'en ai pour un moment, grogne-t-il, à peine conscient de ma présence. Tu peux aller surveiller les pâtes ?

— OK. Je crève de faim !

L'assiette d'Orion est froide, la mienne vide depuis longtemps, et le soleil a disparu à l'horizon quand la voix de voiture-Loop me fait sursauter.

« Itinéraire chargé. »

Deux minutes plus tard, Orion revient vers moi en courant.

— Alors ?

Je me jette à son cou.

— T'es le meilleur !

— Aïe, lâche-t-il pour toute réponse.

— Allez, mange vite, qu'on puisse partir !

Il rit, se dégage doucement, avale ses pâtes froides pendant que je range nos affaires et m'installe dans la voiture. Celle-ci démarre dès qu'on est prêts, nous laissant à peine le temps de réaliser qu'on quitte le campement qu'on occupe depuis des semaines.

C'est seulement là que je découvre qu'on a un autre problème – quelque chose que Loop n'a pas dû anticiper.

— Eh merde.

Mes yeux sont fixés sur le tableau de bord. Orion repère donc aussitôt l'énorme voyant rouge de la batterie qui clignote comme un warning.

— Comment une voiture solaire à la pointe de la technologie peut tomber en rade de batterie ?

— Peut-être un dysfonctionnement dans le panneau solaire ou dans la batterie elle-même. J'ai une autre question plus urgente.

— Je t'écoute.

— Comment on fait pour arrêter une voiture solaire en rade de batterie qui ne contient aucune commande manuelle ?

Ma voix est étrangement calme, vu la situation.

Orion déglutit en prenant ma main dans la sienne.

— Aucune idée.

— Super, je soupire. Je suppose qu'on n'a plus qu'à croiser les doigts pour que Loop ne soit pas très loin, sinon on sera bons pour chercher une station-service.

Orion acquiesce, les yeux rivés sur le paysage qui défile à pleine vitesse. On voit passer un supermarché sans pouvoir s'y arrêter pour faire nos courses, quelques habitations. Avec réticence, je me connecte au réseau – ça fait bizarre, après tout ce temps. Loop a dû le brouiller pour me forcer à réfléchir par moi-même, parce que je ne peux appeler personne.

Plus ça va, moins il y a d'habitations autour de nous. Au bout d'une heure il n'y en a même plus du tout. Il fait nuit noire, on ne croise personne sur la route, qui est à peine assez large pour notre voiture. Orion a fini par s'endormir, épuisé. Je ne distingue pas bien le paysage mais il semble particulièrement plat. « Mort » serait plus juste.

Le voyant « batterie » clignote un peu plus vite, soudain, puis s'éteint.

La voiture ralentit, s'arrête complètement.

Aucun bruit ne vient percer le silence nocturne. Nous sommes seuls au milieu de nulle part, condamnés à attendre l'aube. La nuit est vraiment noire. Et vraiment silencieuse.

Je regarde Orion, toujours endormi paisiblement. Je pose ma tête sur son torse, presse mon oreille contre lui.

Les battements de son cœur pulsent contre mon oreille.

Imperturbables. Légers, et pourtant si puissants.

Je ferme les yeux. Dans ce silence total, plus rien n'existe que ces battements doux, réguliers, qui me maintiennent en vie. Sans se réveiller, Orion passe un bras autour de mes épaules et m'enlace tendrement.

Je finis par m'endormir, bercée par la vie qui pulse sous mon oreille.

Demain, il fera jour.

… Ou pas. À notre réveil, des nuages noirs s'amoncellent au-dessus de nos têtes, il fait si sombre qu'on se croirait en fin de journée et la pluie tombe dru sur le toit de la voiture, qui refuse obstinément de démarrer.

Génial. Il pleut environ trois fois au cours de l'été dans cette région, et il faut que ça tombe aujourd'hui. Forcément.

— La voiture ne va jamais se recharger avec ce temps, constate Orion. Soit on attend que ça s'arrête, soit on essaie de chercher de l'aide.

— Les environs ont l'air vraiment déserts : hier soir je n'ai vu aucune lumière pendant des kilomètres avant qu'on s'arrête. Mais on n'est même pas sûrs que le soleil recharge la batterie. Sans batterie, pas de café. Et ça, ça va pas le faire.

Sans compter qu'on n'a plus rien à manger.

Oui, je suis un estomac sur pattes.

Enfermez-vous dans une voiture sans vivres au milieu de nulle part et vous verrez, vous aussi vous aurez faim, subitement.

— J'en déduis qu'on part explorer sous la pluie ? lâche Orion, fataliste.

Je hoche la tête.

— Ça nous évitera de mourir d'ennui.

Quelques minutes plus tard, munis de nos capes, de nos lampes torches et d'un paquet de chips déniché sous le siège, on sort sous la pluie battante à la recherche d'un endroit où nous reposer en attendant le retour du soleil.

On marche un long moment sur une plaine d'herbe verte qui semble infinie. On est mouillés jusqu'aux os, on grelotte. On voudrait se serrer l'un contre l'autre mais, avec nos capes trempées qui gênent nos mouvements, ce n'est pas hyper pratique.

Au bout d'un moment, je finis par avoir l'idée lumineuse d'utiliser mes nouvelles capacités pour produire un parapluie pixélisé au-dessus de nous. C'est un peu tard pour sauver nos fringues mais, au moins, on n'est plus obligés de plisser les yeux pour y voir quelque chose.

— Tu pourrais pas nous ramener le soleil, aussi ? tente

Orion.

— J'ai déjà essayé. Cent fois, au moins.

Je lâche un soupir frustré.

— Sérieusement, Loop, on va avoir une petite explication quand on t'aura retrouvé.

Finalement, après un temps qui me paraît infini, fourbus, épuisés et d'une humeur massacrante, on finit par apercevoir une lueur d'espoir.

C'est un genre de grange, peut-être une ferme. Je ne vois pas ce que ça pourrait être d'autre, en rase compagne. Un cartel de drogue, peut-être ?

Je regarde les herbes hautes autour de nous. Hume l'air.

— *Nope*. Pas un cartel de drogue.

— J'espère bien, tiens !

On accélère l'allure, motivés par la perspective d'un abri au sec et, peut-être, d'un bon repas chaud. Derrière la grange, une petite maison fleurie, avec des fenêtres éclairées et une cheminée qui fume. D'habitude j'ai une franche aversion à l'idée de sonner chez des inconnus pour demander de l'aide, mais, là, je n'y vais pas par quatre chemins.

Mon doigt se pose sur la sonnette avant même qu'Orion ait eu le temps de songer à frapper à la porte. Celle-ci finit par s'ouvrir dans un grincement sourd, laissant apparaître un visage poupin.

— Vous voulez entrer ?

La fillette doit avoir quatre ans, peut-être cinq. Elle a des cheveux noirs, drus et bouclés, et un sourire à défriser le diable.

— On ne t'a jamais appris à te méfier des inconnus ?

Elle hausse les épaules.

— Il pleut et vous êtes tout mouillés. Vous voulez entrer

ou pas ?

— Euh… oui.

Elle s'efface pour nous laisser passer. L'atmosphère tiède et sèche de la maison m'arrache un frisson de bonheur.

— Merci, dit doucement Orion. Comment tu t'appelles ?

— Je parle pas aux inconnus, rétorque la fillette.

— Mais tu as parlé à ma copine !

Elle fait « oui » de la tête, comme si c'était normal. Nous guide dans un couloir au papier peint fleuri sacrément vieillot, jusqu'à une cheminée qui aurait fait roucouler Loop de plaisir.

— Tes parents sont là ? tente Orion.

Elle se tourne ostensiblement vers moi pour répondre :

— Je vais appeler mon frère et ma sœur. Mais après tu viens dans ma chambre et je te montre mes poneys !

Au secours. Sortez-moi de là.

— Bougez pas ! conclut la gamine, avant de s'éclipser en courant.

Une jeune femme aux cheveux noirs tressés et un ado à la coupe afro déboulent bientôt dans le salon, la petite sur les talons.

— Merde, c'est bien elle ! C'est dingue, dingue, dingue !

Je les regarde sans comprendre. La jeune femme bondit sur ses pieds en hurlant tandis que l'ado cligne des yeux super vite, prenant des photos en rafale.

Je croise les bras sur ma poitrine, l'air renfrogné. Étonnamment, c'est la gamine qui se calme la première.

— Ils sont trop contents de te rencontrer en vrai. On t'a regardée pendant toutes les vacances. Maman leur a cousu la même cape que toi !

J'en reste comme deux ronds de flan.

— La même cape que…

Sa sœur arrête de crier pour me couper :

— T'es devenue un modèle pour nous ! La façon dont t'as botté les fesses de ton adversaire avant d'avouer que tu es une fille… C'était trop classe !

— Pourquoi t'as déclaré forfait à la finale ? demande l'ado sans cesser de prendre ses clichés. Opale et Onyx sont des connards, ils méritaient pas de gagner.

Je me recule un peu vers le feu, gênée. Je croyais avoir laissé tout ça derrière moi. Après Watcher, je croyais ne plus jamais rencontrer mes fans. *Je leur ai fait mes adieux.*

— Moon était malade, explique Orion. (Il sourit, puis me lance un regard d'excuses.) Je suis Orion. Et on est morts de faim, alors, si ça ne vous dérange pas, on abuserait bien de votre hospitalité en mangeant un bout pendant que vous nous posez toutes les questions que vous voulez.

Ils opinent avec empressement, nous apportent tout un tas de biscuits et du café – du café ! –, le tout sous un feu nourri de questions auxquelles Orion répond avec calme et concision. Je plonge le nez dans ma tasse pour éviter d'attirer l'attention, mais ils n'ont d'yeux que pour moi.

— On suit votre chaîne depuis le début, explique Tania – la grande sœur. On était déjà hyper fans de ta créativité, mais pendant le tournoi tu as été incroyable.

— Orion m'a beaucoup aidée, dis-je du bout des lèvres.

— C'est vrai, mais c'est grâce à toi que chacun a pu donner le meilleur de soi.

— On a passé les meilleures vacances de toute notre vie ! s'exclame la petite, Lilou.

Je me racle la gorge.

— N'exagère pas.

— Non, rétorque Tania avec une ferveur qui me surprend.

C'était vraiment les meilleures vacances du monde.

Je détourne les yeux, de plus en plus mal à l'aise.

— Où sont vos parents ?

— Pas là, élude l'ado. Raconte-nous encore comment tu as réussi à retrouver ton Beastie capturé par le camp adverse.

— Vous… vous avez tout vu sur le live.

— Nan, t'as éloigné ta caméra à un moment, accuse Lilou.

— C'était pour que l'ennemi ne puisse pas voir ce qu'elle faisait, explique doucement Orion en se rapprochant imperceptiblement de moi.

— Aucun joueur ne pouvait accéder au live des autres, rétorque Tania. Tu voulais nous cacher quelque chose.

Son ton est beaucoup moins chaleureux, tout à coup, et trop passionné à mon goût. Je lui lance un regard furieux.

— J'ai pas à me justifier.

— Je pense que si, au contraire.

Elle se penche par-dessus la table ; son frère se lève lentement du canapé pour se placer non loin de moi.

— On t'a soutenue pendant le tournoi, lâche Tania. Tu nous dois bien ça.

— Sinon, quoi ? Tu vas me « unfollower » ?

— Ou bien je pourrais expliquer à la firme que ton personnage n'était pas dans une cage, comme tu l'as expliqué devant les écrans, mais se payait le luxe d'une petite balade interdite.

J'écarquille les yeux, figée. Orion, immobile à mon côté, retient son souffle.

— Je ne dirai rien si tu nous expliques comment tu as fait, fanfaronne Tania. Et pourquoi ton Beastie a refusé de combattre Patou.

— Je n'ai rien fait, balbutié-je, soudain paniquée. Les

Beasties doivent avoir un libre arbitre, comme…

— Ne nous prends pas pour des imbéciles, coupe-t-elle froidement.

— Et vous êtes qui, au juste ?

— Rien que des fans, affirme Lilou innocemment.

— Bien sûr. On est tombés chez vous comme par hasard alors qu'on n'a croisé personne depuis des semaines.

— Il faut croire, rétorque froidement le frère. (Il sourit soudain, avec un enthousiasme qui sonne faux.) Dites-nous comment vous avez fait. On veut un Beastie aussi puissant que le vôtre.

C'est à ce moment-là que je comprends que la situation m'a totalement échappé. Je ne comprends pas ces mioches, je ne comprends pas ce qu'ils veulent ni pourquoi ils semblent prêts à tout pour l'avoir. Mais je comprends qu'on ne pourra pas les raisonner.

— Allez vous faire voir.

Les trois forment désormais un demi-cercle autour de nous, nous pressent vers la cheminée. Ma cape, tout à fait sèche maintenant, est brûlante. Orion attrape ma main. Je la serre de toutes mes forces.

— Laissez-nous partir.

— Non.

J'inspire un grand coup. Ferme les yeux pour me concentrer.

— Comme vous voudrez.

Je rouvre les yeux.

Trois épées de Damoclès pendent au-dessus de la tête de nos agresseurs, qui me regardent d'un air… avide. Intéressé plus qu'effrayé.

— Un geste, et je les laisse tomber, grondé-je d'une voix grave.

La main d'Orion se crispe dans la mienne. Il se demande

si j'en suis capable.

Moi aussi.

Les trois enfants se consultent du regard sans laisser transparaître la moindre peur. Acquiescent chacun leur tour.

— Bon ! fait Lilou en haussant ses petites épaules. Fini de jouer, on dirait.

L'instant d'après, au lieu des trois enfants, ce sont des adultes qui nous font face – deux femmes et un homme en tenue militaire, armés jusqu'aux dents et beaucoup trop musclés à mon goût. Sur leur poitrine, un badge « I.R.L.™ ».

De surprise, je relâche ma concentration. Les épées disparaissent, nous laissent sans défense face à nos agresseurs. Ou peut-être nos juges.

— Vous croyiez vraiment que la firme allait vous laisser partir avec sa propre voiture sans pouvoir vous suivre à la trace ? s'amuse Tania, la main posée sur son pistolet, à sa taille. Il nous a suffi d'attendre que vous la démarriez pour vous retrouver.

— C'est vous qui avez provoqué la panne, comprend Orion, beaucoup plus rapide que moi.

— Bien joué, Sherlock. Le patron est *très curieux* de ce qui se passe avec votre Beastie, il tenait beaucoup à ce qu'on organise cette petite rencontre. Il pensait que vous vous confieriez plus facilement à des fans, mais j'avoue préférer la bonne vieille méthode.

Je recule d'un pas instinctivement – et m'en mords les doigts quand la chaleur de la cheminée me rappelle que je suis coincée. Lilou, qui n'a plus rien d'une gamine avec son treillis et sa longue tresse noire lui donnant un air de Lara Croft – la grosse poitrine en moins –, tempère sa « sœur ».

— Arrête de leur faire peur. (Elle se tourne vers nous avec un sourire sincère.) Si vous nous dites comment vous avez fait pour lui donner un libre arbitre, on ne vous fera rien.

— Naturellement, il faudra nous rendre votre Beastie, ajoute l'homme sans montrer la moindre émotion.

— Il s'appelle Loop, grondé-je. Et il ne voudra jamais vous suivre.

— Il vous suivra, vous. (Il s'approche de nouveau, l'air menaçant. Il… jubile ?) Il viendra vous sauver, comme avec le clown et le pingouin.

Je déglutis quand je comprends qu'il a raison. Qui suis-je pour espérer échapper à I.R.L.™, la firme qui dirige encore la moitié du monde ?

— Ça devait arriver, soupire Orion.

L'espace d'une seconde – une horrible, atroce et douloureuse seconde –, je crois qu'il va me lâcher. Puis il me regarde, reste figé un instant, et hurle :

— Cours !

Il se jette sur Tania pour me dégager le passage. C'est comme un électrochoc : mes jambes se mettent à galoper toutes seules vers la sortie. Déjà, Orion est ceinturé, maîtrisé ; Lilou se lance à ma poursuite tandis que les deux autres le retiennent. Je veux me retourner, revenir sur mes pas pour le libérer, mais il hurle :

— Link ne me fera rien ! Sauve toi, sauve Loop !

Sans Loop, j'aurais fait demi-tour. J'aurais griffé, frappé comme je pouvais ; j'aurais été emprisonnée juste pour ne pas l'abandonner. Mais il y a Loop, mon bébé-Loop qui n'a rien demandé. Ma boule de poils qui voulait juste jouer un peu plus longtemps. Ils le tueront s'ils mettent la main sur lui – pire, ils le disséqueront pour comprendre ce qui s'est passé.

Alors je fuis sans me retourner, en laissant Orion derrière moi.

Je cours jusqu'à la porte de la maison, quelques mètres qui me paraissent des kilomètres ; je ralentis le temps de l'ouvrir, lutte sur la poignée, qui échappe à mes mains tremblantes. Les bruits de pas se rapprochent derrière moi. La poignée se baisse enfin ; un courant d'air me souffle en plein visage, chargé d'humidité. Un dernier pas, et je suis de l'autre côté, seulement séparée de la liberté par…

Un mur.

Un gigantesque mur apparu de nulle part qui fait le tour de la maison, à perte de vue.

— Il te plaît, ce nouvel *escape game ?* susurre Lilou dans mon dos, à peine essoufflée.

Elle a repris sa forme d'enfant, comme si c'était un jeu. Une enfant avec la poigne d'une adulte surentraînée. Je ne peux rien faire quand elle me tombe dessus, place mes deux bras dans mon dos et me pousse vers la maison – vers Orion.

Il est attaché à une chaise, dos à la cheminée. Je lui envoie un long regard désolé quand on m'assied de force sur une chaise à côté de la sienne et qu'on me ligote fermement.

— Je n'ai pas pu le sauver, murmuré-je à Orion, la gorge serrée.

— Tu as essayé, souffle-t-il.

— Pas assez.

Je n'ose pas le regarder, les yeux rivés sur mes genoux. Plus abattue qu'effrayée. J'avais tort : je peux encore échouer. Et cette fois c'est Loop qui va en souffrir.

— Bien ! soupire Tania. Puisque vous n'êtes pas très coopératifs, on va passer à la manière forte.

Lilou s'approche de moi lentement, l'air presque désolé.

— Je ne voulais pas en arriver là, s'excuse-t-elle. Mais on doit récupérer Loop. Il peut être dangereux, tu comprends ?

J'ouvre la bouche pour rétorquer qu'ils n'en savent rien, comme je l'ai fait si souvent avec Orion. Mais je n'en ai pas le temps.

D'une main ferme, avant même que je réalise ce qui est en train de se passer, la soldate cachée sous son avatar de gamine fait basculer ma chaise en arrière.

Droit dans les flammes.

— Moon ! rugit Orion.

La chaleur est atroce, soudaine, plaque la cape bouillante contre mon dos, traverse mes vêtements encore humides.

— Le feu est parfait pour une souffrance lente, claironne l'homme. Ça devrait laisser le temps à Loop de te rejoindre.

Je n'ai même pas le temps de paniquer. Des cloques se forment sur ma peau. Ma gorge semble déchirée de l'intérieur par le hurlement qui s'échappe de ma poitrine, incontrôlable. J'essaie d'expulser cette douleur insoutenable, mais elle grandit, grandit, grandit encore jusqu'à l'inévitable.

Aide-moi, Loop. Je t'en supplie, aide-moi ! Je les empêcherai de te faire du mal. Je... Je ne veux pas mourir.

Je sens le lien, entre nous, tandis que les flammes enveloppent ma cape, se propagent dans mes cheveux sous le regard mi-effrayé, mi-fasciné de Lilou. La petite fille a comme un sourire d'excuse quand ma voix se brise sous la souffrance. Un mignon petit sourire, de ceux qu'on sert aux adultes quand on a fait une bêtise. Et je m'en veux – je m'en veux d'espérer que Loop tombera dans leur piège, qu'il se jettera à ma rescousse, comme avant, signant ainsi sa propre perte.

Mais ça fait tellement mal. Je commence à suffoquer. Je cherche Orion du regard, le trouve à travers les brumes de la souffrance, me plonge dans ses iris trempés de larmes, écarquillés d'horreur.

NIVEAU 2 : DEAD LINK

Il crie quelque chose, mais je ne l'entends plus. Je souffre. Ma tête tourne ; m'entraîne vers les ténèbres. Mon souffle s'amenuise. Chaque bouffée est un supplice, et bientôt il n'y aura plus d'air. Seulement des flammes et des cendres évaporant les larmes que je ne peux plus pleurer.

Alors que mon souffle s'amenuise et que la fumée s'infiltre dans mes poumons, je comprends que Loop ne viendra pas. Peut-être qu'il est trop loin, peut-être qu'il ne comprend pas, peut-être qu'il sait que c'est un piège. Mais il ne viendra pas. Et je n'ai plus la force de le leur dire.

Whisper, pensé-je alors que j'essaie vainement de respirer. *J'ai peur.*

J'aurais voulu lui dire que je l'aime, que je ne veux pas le quitter, mais c'est trop tard. Je me concentre sur le souvenir des battements de son cœur, me laisse bercer dans la nuit qui m'enveloppe pour oublier la douleur.

Il pulse en moi comme au premier jour. Fort, toujours plus fort, porté par tous les souvenirs qu'on a partagés, par nos disputes, nos réconciliations, nos silences.

Ce silence qui est désormais tout ce qui me reste.

Je sombre dans la nuit, bercée par ce cœur qui pulse dans le mien.

Demain, il fera jour.

NIVEAU 3

CHARGEZ UNE ANCIENNE SAUVEGARDE

… Ou pas. À notre réveil, des nuages noirs s'amoncellent au-dessus de nos têtes, il fait si sombre qu'on se croirait en fin de journée et la pluie tombe dru sur le toit de la voiture, qui refuse obstinément de démarrer.

Je m'étire en écarquillant les yeux, surprise de voir Orion qui s'éveille à ma droite. Inspire une grande bouffée d'air, comme si c'était la première fois. Est-ce que… est-ce que j'ai rêvé tout ça ? Est-ce que c'était juste un bug de la réalité augmentée ?

Non. Je suis morte, je suis vraiment morte. C'est réel, tout ça – comme l'eau qui m'a lavé les mains.

— Moon, est-ce que ça va ? demande Orion, encore tout ensommeillé. (Il regarde les nuages sombres au-dessus de l'habitacle, puis le tableau de bord désespérément éteint.) La voiture ne va jamais se recharger avec ce temps. Soit on attend que ça s'arrête, soit on essaie de chercher de l'aide.

Je me jette à son cou, le serre très fort contre moi, l'embrasse avec fougue. Il me rend mon baiser, un peu surpris.

— J'en déduis qu'on part explorer sous la pluie ? lâche-t-il, amusé. Tu essaies de me corrompre, avoue.

Je secoue vivement la tête, me serre plus fort contre lui, puis me tourne vers le tableau de bord.

— Surtout pas. On doit… on doit réparer la voiture. Désactiver la balise GPS. Il faut…

— Moon, qu'est-ce qui t'arrive ?

Je baisse la tête. Les mots ont encore du mal à sortir. Je ne suis même pas sûre de ce qui s'est réellement passé, et puis…

— Je t'expliquerai plus tard.

Je pose la main sur le tableau de bord, fais apparaître les lignes de code comme je l'ai fait pour Loop, et commence à chercher celles qui commandent le GPS et la batterie, comme une pelote de laine dont on tire les ficelles pour la démêler.

— Moon…

Je soupire, consciente que, cette fois, même si je sais qu'il va détester ma réponse, je ne peux pas lui mentir. *Plus jamais.* Sans cesser de travailler, je lâche dans un souffle :

— Je suis morte.

Prononcer ces mots à voix haute est aussi perturbant que vous l'imaginez.

— Tu… *quoi ?*

— Hier. Ou aujourd'hui. Je suis morte. Ou alors je vais mourir.

Il ne rit plus du tout désormais.

— Moon, de quoi tu parles ?

— Franchement ? (Je rive mon regard dans le sien, juste une seconde, avant de reprendre mon travail avec frénésie.) J'en sais rien. Mais je suis morte dans cette maison avec ces soldats d'I.R.L.™ qui nous poursuivaient, et tu me regardais, et je brûlais, et Loop n'est pas venu, et… me voilà. Avec une chance de tout recommencer. Une deuxième vie.

— Moon, ralentis. Tu m'as perdu, là.

— Désolée. C'est juste… Tellement dingue. Putain, mais il est où, ce signal GPS ?

— Tu… tu as brûlé, c'est ça ? Tu es sûre que ce n'était pas de la réalité augmentée ? Ça te paraîtrait réel. Tu as toujours eu peur que la firme nous rattrape, tu as pu…

— Non, Orion. Je t'assure que ce que j'ai vu… Je n'aurais pas pu l'imaginer. C'était beaucoup trop horrible.

Il écarquille les yeux. Je ne sais pas s'il me croit ou s'il pense que j'ai définitivement sombré dans la folie et que je ne suis plus capable de discerner le réel du virtuel. Moi non plus, d'ailleurs. Mais il choisit de m'écouter.

— Donc ils nous ont vraiment retrouvés.

— C'est pour ça qu'on doit désactiver le traceur GPS. Ils…

— Et tu es morte.

Je hoche la tête, silencieuse. Et pousse un cri de victoire lorsque je trouve enfin ce fichu signal GPS parmi les fils apparus autour du tableau de bord, le saisis à deux mains, et l'arrache d'un seul coup.

— Ils voulaient se servir de moi pour attirer Loop. Mais il… Il n'est pas venu.

Un déchirement, là, juste dans mon cœur, où je sens encore le lien avec ma bestiole. La sensation des flammes sur ma peau ; la fumée dans mes poumons. Loop m'a sauvée en me faisant renaître ; mais a-t-il la moindre idée de ce que ça fait, de mourir ? De la souffrance qu'il n'a pas empêchée ?

— On n'a pas beaucoup de temps, dis-je à Orion. Maintenant qu'ils sont aveugles, il faut que je trouve ce qu'ils ont fait à la batterie et qu'on se casse en vitesse. Tout est exactement comme la première fois ; le temps, les phrases que tu as prononcées. C'est comme si on avait appuyé sur « reset », sauf que je me souviens de tout. Si on ne va pas jusqu'à eux, ils vont sûrement nous chercher ici.

— OK. Donc, c'est comme si tu avais chargé une ancienne sauvegarde.

Nous restons tous deux silencieux, le temps d'assimiler ce qui vient de se passer. La pluie tambourine l'habitacle tandis que je déniche le fil virtuel de la batterie ; il lance des crépitements, comme pour me montrer la panne. Il va me falloir un peu de temps pour le réparer… mais nous sommes vivants. Ce qui hier était parfaitement normal me semble incroyable.

Au loin, un train de marchandises passe. Je me concentre sur le fil qui crépite, soutenue par Orion qui m'aide à trier les fils tièdes qui flottent autour du tableau de bord ; d'une pensée, je fais disparaître ceux qu'il me désigne afin de me concentrer sur le nœud du problème. Mais j'ai beau retourner les fils dans tous les sens, ils continuent de crépiter et je ne sais toujours pas comment les réparer.

Il faut dire que l'urgence ne m'aide pas beaucoup à réfléchir – et qu'Orion passe plus de temps à pester qu'à travailler.

— On n'y arrivera pas comme ça, dis-je au bout d'un moment. Je vais sortir et…

Le visage souriant de Lilou apparaît à la fenêtre.

— Moon ! C'est vraiment toi ?

Je sursaute, recule contre la fenêtre opposée, sursaute de nouveau quand j'y découvre Tania et son frère, sous le regard ahuri d'Orion.

— Qui sont ces gosses ?

— Les soldats, dis-je à Orion d'une voix hachée. Des

avatars. Ils… Ils nous ont retrouvés.

Il se fige d'horreur tandis que Lilou supplie :

— Raconte-nous comment tu as retrouvé ton Beastie quand il était pris au piège dans le camp de l'adversaire.

Les flammes sur ma peau. La fumée dans ma gorge, dans mes poumons. *Pas de pitié, cette fois. Ce ne sont pas des enfants, mais des psychopathes.*

— Ta gueule. (Les trois « enfants » me regardent, interloqués.) Vous voulez jouer ? Allons-y.

D'une pensée, je matérialise trois cages – une autour de chaque soldat. Ils se retrouvent enfermés, les yeux écarquillés. Dans leurs regards, l'avidité et la jalousie. Exactement comme la première fois. Sauf que je l'ai anticipé.

Je produis une grande pique aiguisée, la passe à travers les barreaux et m'apprête à la lancer dans le cœur de Lilou.

— Moon, non ! m'arrête Orion. (La lance reste suspendue dans les airs, tout comme mon souffle.) Ce n'est pas un jeu. Ces soldats sont réels, tout comme toi. Pour ce qu'on en sait, ils ne font pas partie de la réalité augmentée. Les conséquences ne s'arrêteront pas à la fin de la partie, cette fois.

Je frémis en comprenant qu'il a raison. Si je meurs, je recommence le jeu. Mais si je tue ? Aurai-je une chance d'effacer ce que j'ai fait ?

— Ils me tueront si je ne fais rien, dis-je, les doigts serrés sur ma lance. Ils m'ont tuée !

Il sort de la voiture et pose une main sur mon épaule ; je ne bouge pas, le regard toujours figé sur Lilou, mon attention concentrée pour maintenir les cages. Les trois « enfants » éberlués se transforment en soldats adultes.

— Bon ! fait Lilou. Fini de jouer, on dirait.

Je frémis de nouveau devant son air déterminé, qui ne

laisse paraître aucune peur. Je veux relâcher ma lance et la poser au sol ; j'essaie vraiment. Mais mes doigts restent crispés sur la hampe, mes muscles bandés, prêts à me venger de ma propre mort. Et de toutes les humiliations que j'ai vécues auparavant.

— Moon. (La voix d'Orion, ferme, insistante.) Ne fais pas ça.

Il s'approche encore un peu. Je sens la chaleur de son corps dans mon dos, de son souffle dans ma nuque.

— Ne perds pas pied avec le réel, murmure-t-il. Reste avec moi, et tout ira bien.

Je hoche la tête – lentement, très lentement, pour me laisser le temps de réfléchir.

Puis, d'une pensée, je change ma pique en barre de fer et la lève au-dessus du crâne de Lilou. Tania et son « frère » s'agitent dans leur cage, hurlent des insultes que je n'entends plus. Orion s'approche d'eux pour les faire taire. Je regarde Lilou dans les yeux. Son visage fier, dénué de crainte. Ses poings serrés de colère.

— On t'aura, promet-elle. Je ne sais pas comment tu as deviné notre identité, mais…

La barre de fer retombant sur son crâne dans un « ploc » retentissant met fin à ses menaces. Je la vois tomber comme au ralenti ; les yeux au ciel, les genoux qui s'affaissent, le corps qui ploie, se cogne aux barreaux, glisse contre la cage jusqu'à toucher le sol et s'immobiliser dans une pose improbable.

— Je ne veux pas leur faire de mal, dis-je d'une voix plaintive, presque une supplique. Je veux juste vivre.

— Trop tard, tonne la voix de Tania dans mon dos.

Je fais volte-face. Orion hurle. Mon cœur manque un battement.

Plaqué contre la cage de Tania, une lame contre la gorge,

Orion me regarde d'un air suppliant.

— Loop viendra vous sauver, dit tranquillement Tania en glissant son couteau contre la peau d'Orion, juste assez pour laisser perler le sang. Vous allez l'appeler pour nous, que vous le vouliez ou non.

— Vous vous trompez, dis-je aussitôt dans la panique. Il ne viendra pas.

— Ça a pourtant fonctionné face au clown.

J'écarquille les yeux, sous le choc.

— C'était vous.

Elle hausse les épaules, arrachant une grimace de douleur à Orion.

— Peut-être. (Elle sourit froidement.) Maintenant, libère-nous et appelle ton Beastie, sinon tu le regretteras.

J'entends le cri d'Orion qui se débat ; je vois son sang perler sur sa gorge, couler le long du couteau aiguisé de Tania. Je vois l'homme se débattre dans sa cage, chercher vainement une serrure, une porte. Je sens le lien de Loop, immuable, inutile. La grimace de souffrance sur le visage de l'homme que j'aime.

Il pourrait mourir maintenant ; ou bien je pourrais le sauver en appelant Loop et voir ma bestiole souffrir à sa place. Tania pourrait simplement le blesser, si Link a ordonné de ne pas lui faire de mal. Mais alors je finirais par relâcher ma concentration, les cages disparaîtraient, et l'homme pourrait de nouveau me tuer.

Quoi que je fasse, je perds. Encore.

Mais, cette fois, je refuse tout d'un bloc.

La peur, la souffrance, l'horreur et le désespoir.

Je les envoie valser dans un autre monde, mêlés à cette réalité qui me fait défaut.

D'un seul geste, je change ma barre de fer en couteau, me

tourne vers Tania, arme levée.

Et plante la pointe droit dans mon cœur, accueillant les ténèbres avec impatience.

Demain, il fera jour.

… Ou pas. À notre réveil, des nuages noirs s'amoncellent au-dessus de nos têtes, il fait si sombre qu'on se croirait en fin de journée et la pluie tombe dru sur le toit de la voiture, qui refuse obstinément de démarrer.

— On doit se barrer, dis-je en rassemblant nos affaires.

Orion me regarde sans comprendre.

— Mais…

— Je t'expliquerai plus tard. On n'a pas le temps.

Je fourre tout dans un sac, sans cesser de guetter les alentours. La dernière fois, ils ont mis environ vingt minutes à nous trouver. Ça nous laisse peu d'avance, mais c'est déjà ça.

— J'en déduis qu'on part explorer sous la pluie ? lâche Orion, résigné.

— Nan. On abandonne la voiture et on va prendre le train.

— Le train ? Mais quel train ?

J'ouvre la portière, accueillant la pluie presque avec soulagement. Me tourne vers Orion qui n'a toujours pas bougé.

— Fais-moi confiance. Tu ne veux pas savoir ce qui nous attend ici.

La détresse a dû percer dans ma voix, parce qu'il se lève sans poser de question et me suit sous la pluie. Je pars en courant, nos sacs sous le bras, dans la direction opposée de la maison. On ne tarde pas à entendre un train de marchandises arriver, comme dans ma dernière vie.

— Prépare-toi à sauter.

Orion me regarde comme si j'étais folle. Peut-être qu'il n'a pas tort.

Je me suis trompée. Parfois, la vie ne nous laisse pas le choix. Parfois, c'est elle qui choisit la mission.

Survivre.

C'est la seule chose à laquelle je pense en attendant le train, en guettant un wagon auquel on pourra s'accrocher, en faisant signe à Orion que je suis prête.

On saute.

L'atterrissage est rude, je m'écorche partout, me cogne à des caisses métalliques, perçois le grognement d'Orion à quelques pas de moi. Je reprends mon souffle, puis réalise qu'on est au sec et que le paysage défile devant nous, laissant notre voiture, nos casques et ces foutus psychopathes loin derrière.

Et j'éclate d'un rire nerveux.

— Putain, c'était dingue.

— Tu veux bien m'expliquer pourquoi j'ai failli me casser trois côtes ? grogne Orion.

— On est vivants. (Je souris franchement, soulagée de pouvoir le dire à voix haute.) Je n'aurais pas parié là-dessus, tout à l'heure.

— Tout à l'heure ? Mais…

Je pose un doigt sur ses lèvres.

— Chut. Laisse-moi te raconter.

Je prends une longue inspiration puis, grisée par l'euphorie d'avoir survécu, enfin certaine que les gamins-soldats psychopathes ne vont pas surgir dans le wagon, je lui raconte tout.

Quand j'ai fini, il reste silencieux un long moment à me regarder, songeur. Je vois bien qu'il ne comprend pas tout à fait. Qui le pourrait ? Mais il ne me traite pas de folle. C'est déjà ça.

— Donc, on a dû laisser la voiture sur la route et « prendre le train » pour échapper à I.R.L.™, résume-t-il.

— C'est ça.

— Et maintenant ?

Je lève les paumes vers le ciel en signe d'ignorance.

— Je n'ai pas trop eu le temps d'y réfléchir quand ces soldats ont essayé de nous tuer.

— La voiture était notre seul moyen de retrouver Loop. Sans elle, on n'a plus aucune piste.

Je souris, plus confiante en l'avenir que jamais. Un des effets positifs d'être revenue d'entre les morts, je suppose. Et d'avoir, pour la première fois de ma vie, l'impression d'être quelqu'un.

— J'ai comme dans l'idée que ce ne sera pas un problème.

— Pouic ! confirme Loop, qui apparaît à point nommé dans le wagon.

Il se love contre moi en ronronnant, sous l'œil ahuri d'Orion.

— Comment tu savais ?

Je pose mes yeux sur la boule de poils orange qui vibre sur mes genoux, partagée entre l'admiration, la colère et la peur.

— J'ai réussi le test.

JEU EN PAUSE

Le paysage défile par la vitre du train, égal à lui-même.

Des plaines, quelques arbres, parfois une rivière ou une route qui serpente à l'infini.

Blottie dans les bras d'Orion, une cape jetée en travers de nos corps nus, je laisse mes pensées vagabonder.

Des bribes de notre conversation d'hier me reviennent, valsent dans mon esprit, se mêlent aux trames des possibles que j'ai explorées l'une après l'autre.

« Ce n'est pas un jeu. »

Ça y ressemble tellement.

« Tu dois faire attention. On n'a aucune idée de comment ça fonctionne.

— Et alors ? Ce qui m'arrive est incroyable. Ça nous permet d'échapper à la firme. Je peux bien en profiter, non ?

— Je ne veux pas que tu meures. Même si tu revis après. »

Trop tard.

« On ne sait même pas si c'est réel. C'est peut-être juste… dans nos têtes.

— Mais je peux le toucher. (Je produis une pomme, en croque un morceau.) Le manger. Ça me nourrit.

— Et si ta sensation de satiété aussi était une illusion ? Si on était perdus dans un rêve ?

— Alors c'est un merveilleux rêve où je peux enfin être celle que je veux. Où plus personne ne pourra me juger. »

Mais ce n'est pas un rêve. C'est ma réalité, maintenant. N'est-ce pas ?

« *Et ça… est-ce que c'est réel ?*

— Je suis réel, Moon. Tu peux me faire confiance.

— D'accord. »

Je ferme les yeux pour chasser la vision du couteau sur sa gorge, me blottis un peu plus contre lui, contre sa peau, tiède, vivante. Dans son sommeil, il resserre son bras autour de moi.

Après les doutes et la peur, après le jeu et la réalité, il y a eu la passion dévorante. Ce besoin brûlant, insoutenable, de le sentir contre moi, en moi. Des baisers avides, presque douloureux, pour nous raccrocher l'un à l'autre. Mes ongles enfoncés désespérément dans sa peau. Des cris d'amour, de soulagement, d'espoir, de peur aussi, un peu. Entièrement donnés l'un à l'autre, abandonnant derrière nous le réel et l'irréel pour forger notre propre monde.

C'était doux et puissant à la fois. C'était nous. Nécessaire.

Et nous sommes étendus là, à même le sol d'un train de marchandises ouvert au vent, un rayon du soleil revenu chatouillant nos visages pour nous réveiller. Perdus entre deux dimensions.

Le paysage continue de défiler à vitesse régulière, le train nous berce de son roulis si particulier. Orion finit par s'éveiller. Je me tourne vers lui en souriant.

— Bonjour.

Il écarte les bras, m'enlace fort contre lui, l'esprit encore embrumé.

— Pouic ? intervient Loop, qui bondit sur notre « couverture », tout content de nous savoir réveillés.

L'inquiétude revient aussitôt sur le visage d'Orion, même s'il tente de la dissimuler.

— Bonjour à toi aussi, bonhomme.

J'entends ce qu'il ne dit pas – la conversation que nous aurons plus tard, quand nous serons remis de nos émotions. *Tu n'aurais pas dû lui faire ça. Tu n'aurais pas dû la laisser mourir.* Je sais déjà ce que je répondrai. *Il m'a sauvée. Il nous a sauvés tous les deux. Il ne sait pas ce qu'est la douleur.* Je passe une main dans les poils orange pour offrir quelques gratouilles.

— J'ai de la chance de vous avoir, dis-je pour retarder un peu l'échéance.

— C'est vrai.

Orion sourit et inspire profondément, comme pour s'imprégner du parfum de mes cheveux.

— Tu es ma drogue, souffle-t-il.

— Je n'ai pas pris de douche depuis trois jours et j'ai les cheveux gras.

— Je sais. Ça se sent.

— Hé !

Mais, avant que j'aie pu me venger, le train ralentit puis s'arrête tout à fait.

Je me rhabille rapidement, jette un œil dehors. Pousse un énorme soupir de soulagement quand je constate que personne ne nous attend devant la porte – et surtout pas les trois soldats auxquels on vient d'échapper. On est juste arrêtés au milieu de nulle part.

— Bizarre, dit Orion, qui m'a rejointe après avoir retrouvé ses vêtements. J'espère que ce n'est pas une embuscade.

— On devrait aller jeter un œil.

Il acquiesce, récupère nos sacs et saute à terre derrière moi.

Nous marchons le long du train en direction de la locomotive, en nous faisant aussi discrets que possible. À mon grand soulagement, nous ne voyons aucune trace de nos poursuivants. En revanche, nous n'avons pas à attendre longtemps pour découvrir ce qui bloque le passage.

Au beau milieu des rails gît une chose énorme – bien plus grosse que le train, bien plus grosse qu'un bâtiment entier. Une chose qui n'a rien à faire là.

Grisée par la sensation d'être en vie et par une ivresse de liberté, je ne peux pas m'empêcher de rire tout bas.

— « Mesdames et messieurs, notre train est arrêté en pleine voie. Une baleine verte encombre actuellement les rails. Nous vous demandons de rester dans les wagons et nous excusons pour ce contretemps indépendant de notre volonté. »

J'interroge Loop, qui doit être responsable de ce fiasco, mais il est trop occupé à faire des nœuds dans mes lacets pour confirmer. Orion me lance un regard blasé teinté d'inquiétude.

— Je suppose que ça veut dire qu'on va continuer en marchant.

Je désigne un petit sentier en pente douce perdu au milieu des bois dans lequel Loop vient de bondir, lassé par mes chaussures.

— On dirait. Soyons prudents, les soldats pourraient ne pas être loin.

— Dommage, rétorque Orion avec un regard explicite sur mon décolleté. Je l'aimais bien, ce train.

— Moi aussi, dis-je en souriant.

Je montre Loop, notre guide, notre bourreau et notre héros, quelques pas devant ; et le lien qui nous unit, tangible désormais, flottant paresseusement dans les airs. J'aurais mille choses à dire. Qu'on ne peut pas laisser tomber notre bébé-Loop ; que, quitte à fuir les agents de la firme, autant le laisser nous montrer la voie. Qu'il n'a peut-être aucune conscience de ce qui se passe, mais qu'il m'offre une chance unique de comprendre le monde, de vivre autrement. De montrer enfin de quoi je suis capable sans risquer de me sentir humiliée. Que je n'ai pas envie de refermer la parenthèse avant d'avoir vu jusqu'où il compte m'emmener ; avant d'être allée au bout de mon rêve, pour une fois. Que, tant qu'on reste près de lui, les Opale et les Onyx du monde entier n'ont qu'à bien se tenir parce qu'on est invincibles. Immortels. Et ensemble.

Mais je me contente d'attraper la main d'Orion et de l'attirer à ma suite, sur les pas de notre bestiole.

— Il faut bien que le jeu continue.

NIVEAU 4

CONTOURNEZ LES RÈGLES DU JEU

Quelques heures plus tard

— Tu peux me rappeler pourquoi on fait ça ? grommelle Orion, les yeux rivés sur l'immense falaise au-dessus de nos têtes, que Loop vient de gravir en deux temps, trois mouvements.

— Parce que c'est marrant, dis-je, cherchant ma prochaine prise.

— Pour toi, peut-être.

Je grimace en voyant la distance qui me sépare encore du haut, me mords la lèvre pour me concentrer. Puis m'élance.

Tous mes doigts se tendent vers la prise. L'effleurent. La manquent.

Je tombe plusieurs mètres en contrebas.

— Tu peux me rappeler pourquoi on fait ça ? grommelle Orion, les yeux rivés sur l'immense falaise au-dessus de nos têtes, que Loop vient de gravir en deux temps, trois mouvements.

— Parce que j'en suis capable. Parce que je ne veux plus jamais échouer.

Je saute. M'agrippe à la prise. Attrape la suivante de justesse, pose mes pieds contre la paroi. Ripe.

Tombe plusieurs mètres en contrebas.

— Tu peux me rappeler pourquoi on fait ça ? grommelle Orion, les yeux rivés sur l'immense falaise au-dessus de nos têtes, que Loop vient de gravir en deux temps, trois mouvements.

— Parce que les soldats ne nous chercheront jamais en haut de cette falaise.

Un saut. Une prise. Deux prises. Trois prises. La suite vient plus facilement, et je grimpe sans trop de mal. Je suis presque à la moitié quand j'entends Orion hurler. Un son mat, glaçant.

— Eh merde.

Je lâche prise. Tombe plusieurs mètres en contrebas.

— Tu peux me rappeler…

— J'EN SAIS RIEN ! je crie en enchaînant les sauts comme si j'avais fait ça toute ma vie.

En fait, c'est plutôt toutes *mes* vies.

Orion me regarde en fronçant les sourcils.

— Moon, tu es morte combien de fois ?

Je bondis, agrippe une nouvelle prise, repère une liane qui pend, joue le singe, la lâche juste à temps pour saisir une autre paroi.

— Un certain nombre.

Au prix d'un dernier effort, j'atteins enfin le sommet. Me tourne vers Orion avec un sourire victorieux.

— Mais ça en valait la peine ! La vue est magnifique !

De là où je suis, je surplombe une vallée nichée entre deux montagnes. Un lac turquoise scintille au milieu, souligné par les rayons du soleil. Loin, très loin en bas, derrière les roches et le bois, j'aperçois la silhouette sombre d'une gigantesque baleine verte échouée sur les rails. Aucune trace des soldats – au moins pour le moment.

Loop a pitié d'Orion : il lui matérialise un escalier pour l'aider à monter jusqu'en haut.

— Hé ! pourquoi j'ai pas pensé à faire ça ?

— Parce que tu aimes beaucoup trop le risque, ces derniers jours, répond Orion, essoufflé, en gravissant les dernières marches.

Je l'enlace et dépose un baiser sur sa joue.

— En fait je déteste le risque. Mais c'est beaucoup plus rigolo quand on sait qu'on peut recommencer si on rate.

— Ouais, j'imagine. (Il soupire. Hésite. Puis lâche la phrase que j'attends depuis qu'on a quitté cette voiture au pas de course pour échapper à nos agresseurs.) Je n'aime pas l'idée que tu meures, Moon. Ça me fait peur.

Dans le train, puis pendant l'ascension, j'ai longuement réfléchi à ce que je lui répondrais. Je souris pour le rassurer.

— Je ne meurs pas vraiment. Je ne ressens même plus la douleur maintenant, Loop a dû modifier quelques paramètres, à moins que ce soit moi. Je fais un nouvel essai, c'est tout.

Il secoue la tête.

— Et si un jour ça ne fonctionne pas ? Si tu perds ton pouvoir sans t'en rendre compte, ou si tu oublies que cette fois tu ne pourras pas revivre ? Si on était simplement en train de fuir la réalité, que tout ça était… *dans notre tête ?* Si tu ne ressens pas la douleur, c'est que…

Je le serre un peu plus fort contre moi.

— Je comprends que tu aies peur. Mais… (Je réfléchis une seconde, hésite.) Même si je ne comprends pas bien comment tout ça est possible, je sais une chose : on n'est pas dans un jeu, cette fois. Il y a les soldats qui nous poursuivent à cause de ce que j'ai fait, et parce que je n'ai pas pu les tuer. On ne pourra pas toujours leur échapper. Je n'ai aucun doute sur le fait qu'ils finiront par nous rattraper, et qu'alors tout s'arrêtera. Je ne suis pas en train de devenir folle, de me croire dans un monde virtuel ou quelque chose comme ça. Je veux juste… en profiter encore un peu.

Je baisse les yeux et finis dans un murmure :

— Pour une fois, ça fait du bien de n'avoir peur de rien. D'être en position de force.

Il se dégage de mon étreinte un peu sèchement.

— Ne fais pas ça. (Je lève sur lui un regard interrogateur.) Cette manipulation psychologique, précise-t-il, agacé. Ne fais pas ça avec moi.

— Je ne fais pas…

— Si. Tu minimises le danger, et tu montres tes faiblesses parce que tu sais que je ne supporte pas de te voir comme ça. Parce que je craque toujours pour te montrer qu'il y a au moins une personne au monde qui te soutient telle que tu es, sans que tu aies à te battre pour ça. Mais pas cette fois.

— Mais…

— C'est trop dangereux, Moon. Ça pourrait endommager tes neurones, et… Bon sang, tu as la moindre idée de ce dont les soldats de Link sont capables ?

Je croise les bras sur ma poitrine, lui lance un regard de défi.

— Ils m'ont tuée. Deux fois. J'ai senti les flammes sur ma

peau, je suis morte en hurlant ton nom tandis que tu me regardais, impuissant. J'ai vu la lame courir sur ta gorge et j'ai enfoncé la mienne dans mon cœur, profondément, parce que je ne supportais pas de te voir souffrir. Alors, oui, je sais de quoi ils sont capables.

Il se tait, bouche ouverte, sa protestation tuée dans l'œuf par la souffrance qu'il perçoit dans ma voix. Quand il reprend finalement la parole, seul un filet de voix lui échappe :

— Pourquoi ?

— Parce que c'est Loop, dis-je en prenant la bestiole dans mes bras. (Sa tête toute douce se pose contre la mienne, comme une énorme peluche.) Pas juste un programme.

Il ravale une nouvelle protestation. Baisse la tête, vaincu.

— Je ne peux rien redire à ça. Pas après avoir lutté pour les droits des personnages de jeux vidéo. Mais je ne veux pas revivre *Play Your Life*, Moon. Surtout pas avec toi. (Son regard se fait suppliant ; son ton, plaintif, tandis que de vieilles cicatrices se rouvrent dans son cœur.) S'il te plaît, ne t'embarque pas dans un combat trop grand pour toi.

Loop et moi, on s'approche de lui tout doucement.

— Ne t'inquiète pas, dis-je, enfin sûre de moi. Je n'ai aucune intention de faire une révolution ou de changer le monde en m'attaquant à I.R.L.™. J'ai eu ma chance pendant le tournoi, et je l'ai laissée passer. (Ça ne me fait presque plus mal, maintenant.) J'aurais pu aller sur le ring, montrer aux deux connards que, même sans Loop, il n'était pas question de perdre ma place. J'aurais pu revendiquer mon action féministe partout sur les réseaux, devenir le fer de lance des filles du jeu vidéo, et même des femmes en général, pour montrer que nous aussi on peut se battre. Nous aussi, on est capables de grandes choses, quand on nous laisse une chance. J'aurais dû le faire. Au nom de Coyote et Wolf, de Watcher, de tous ceux qui ont cru en moi et se sont sacrifiés pour ça. Oui, j'aurais dû combattre ce jour-là.

» Mais je ne l'ai pas fait. Je ne suis pas une héroïne, je n'ai jamais voulu l'être. Tout ce que je voulais, c'était jouer et qu'on me foute la paix. S'il avait fallu brandir un étendard et gueuler dans un micro pour y arriver, je l'aurais fait. Mais j'ai choisi Loop – Loop qui ne m'a jamais jugée, qui se fout pas mal que je sois un homme ou une femme, qui ne me force pas à faire la révolution pour vivre comme je l'entends.

» Ce jour-là, j'ai choisi d'être égoïste. Et même si, quelque part, je me sens coupable d'avoir abandonné la lutte, je ne le regrette pas une seconde. Je suis une rebelle, pas une révolutionnaire. Si je peux vivre en paix sans feindre l'héroïsme, la force et le courage, alors je laisse ça aux autres. Tout ce que j'ai fait depuis ce jour, c'était pour nous. Alors, on se contente de sauver Loop, d'une façon ou d'une autre ; et puis on rentrera à la maison. Ensemble.

Il sourit. Inquiet, toujours, mais rassuré de ne pas se trouver à l'aube d'une nouvelle guerre qu'il n'a pas le courage de mener. Pas plus que moi.

— Je voulais juste jouer, je répète tout bas, en regardant Loop qui s'agite dans mes bras.

Ce dernier, comme s'il se réveillait tout à coup, pointe son doigt en direction d'un banquet plein de nourriture qu'il vient de faire apparaître.

— J'espère qu'il y a du café ! dis-je en me précipitant, l'estomac grondant comme jamais.

Orion nous suit, trop affamé pour protester contre ce nouveau tour de passe-passe – et ce brillant changement de sujet à point nommé.

Malheureusement, je ne trouve pas de café, Loop étant plus concerné par les marshmallows et les bananes (il a toujours adoré leur forme courbe et leur couleur jaune). Alors je me concentre, histoire de voir si je suis capable de faire apparaître autre chose que des lignes de code, moi aussi. Je pense très fort à une tasse de café ; celle-ci apparaît dans ma main, tangible, mais irréelle. C'est juste un enchevêtrement de fils comme ceux que Loop m'a appris à visualiser.

Je pense à une sorte d'imprimante 3D organique, comme celles qui permettaient aux décors du tournoi d'apparaître dans la vie réelle ; regarde comment sont formés ses fils pour comprendre leur fonctionnement. Et reproduis le même schéma sur ma tasse de café. Après plusieurs essais infructueux, une délicieuse odeur me titille les narines tandis que Loop bondit de joie.

— Ce pouvoir-ci est mon préféré, dis-je en humant la tasse.

Malgré ses réticences, même Orion s'amuse :

— On dirait qu'il y a eu un raté.

Je jette un œil à la table, la bouche pleine. Dans une panière de fruits multicolores, j'en découvre un nouveau : un croisement entre une banane et une fraise, au sens propre. De la banane sort une sorte de chair rouge à pépins surmontée de feuilles vertes. J'attrape le fruit, tente de tirer sur la fraise, qui reste figée sur la banane. Quand j'essaie d'éplucher cette dernière, le fruit clignote deux fois, puis disparaît.

Je me tourne vers Loop.

— C'était toi, ça ?

Il hausse ses petites épaules, l'air aussi intrigué que moi. Puis se goinfre de marshmallows.

— Ça n'a pas l'air de l'inquiéter, dis-je à Orion.

— Loop ne s'inquiète jamais de rien.

— Sauf quand on se dispute.

Il sourit, toujours un peu réticent, mais plus détendu que tout à l'heure.

— Oui. Sauf quand on se dispute.

On est encore en train de manger, silencieux, quand Loop décide qu'il a assez patienté, revient me chercher et m'indique le vaste plateau d'un air impérieux.

— Je vais venir avec vous, soupire Orion. On ne sait jamais.

J'acquiesce, fais une réserve de bonbons dans mes poches, ajoute un peu de chocolat au cas où, et rejoins ma bestiole qui s'impatiente. Il a commencé à construire un mur, que viennent bientôt compléter trois autres. Il ajoute du papier peint vert, puis bleu, puis finalement orange, ainsi qu'une porte et une fenêtre. Dans la pièce apparaissent deux lits - un grand deux places, et un petit rond tout moelleux pour Loop.

— Mince alors, on dirait le mode « Construction » de *Play Your Life* ! souffle Orion, la gorge serrée.

— Il peut vraiment tout faire.

Amusée, je tente l'aventure à mon tour, agrémentant les murs de décorations loufoques avant de m'attaquer à une nouvelle pièce. De quoi construire la maison de nos rêves pour nous terrer loin des soldats de Link. J'aurais aimé pouvoir partager ça avec Orion - construire main dans la main. Mais il est beaucoup trop prudent pour ça, et Loop le sait. Je suppose qu'il ne m'a pas choisie pour rien. *Ou peut-être qu'il veut réparer ce qu'il a brisé en me faisant perdre le tournoi. Ma fierté, mon honneur. Ma confiance en moi.*

— Ce genre de chose n'a jamais fait partie de *Beasties*, s'alarme Orion. Loop ne devrait pas être capable de faire ça, et toi non plus.

Je l'écoute à moitié, concentrée sur le joli salon - certes

encore un peu brinquebalant – que je nous fabrique.

— Et les décors construits pour le tournoi, alors ? Quelqu'un a bien dû les programmer à l'origine.

— Mais ce n'est ni dans son code source ni dans celui que tu as rajouté. Ça veut dire que Loop s'est complètement affranchi de son programme, Moon. De *qui il est*. Il est capable de se réécrire lui-même. Et on n'a aucun moyen de savoir comment il va évoluer.

Je soupire. Laisse de côté le salon pour lui montrer la bestiole qui rebondit joyeusement sur son nouveau lit.

— Pour la centième fois : regarde-le. Tout ce qu'il veut, c'est s'amuser.

Il se fige, soudain très pâle. Ses yeux ont accroché quelque chose derrière moi, au-dessus de Loop.

— Tous les jeux ne sont pas innocents, lâche-t-il d'une voix blanche.

Je pivote d'un bond pour voir ce qui l'a tétanisé, prête à matérialiser une épée ou une cage pour échapper aux soldats. Mais je comprends que ce ne sera pas nécessaire.

En fait, c'est bien pire.

Au beau milieu d'un mur à moitié construit apparaît le buste d'un homme, tordu dans un angle bizarre, qui bouge de manière régulière mais irrationnelle. Son bras droit s'élève et s'abat à toute allure, trop vite pour qu'on puisse le suivre ; sa jambe apparaît et disparaît tour à tour dans le mur. Quant à sa tête, elle pivote sur elle-même beaucoup trop loin, comme s'il cherchait à la relever. Sa bouche forme des mots en une horrible grimace de souffrance. Mais aucun son n'en sort – pas plus que sa main ne fait de bruit en frappant le mur.

En dessous, Loop le considère avec un étonnement mêlé de curiosité, insensible à la torture qu'il est en train d'engendrer.

Il bondit pour toucher la jambe, se juche sur la tête, tombe quand celle-ci roule tout à coup, m'arrachant un cri de surprise qui fait s'écrouler l'un des murs que je viens de construire.

Le Beastie envoie un regard noir à l'homme (en est-ce seulement encore un ?) emmuré, accompagné de petits éclairs crépitants. Puis s'en désintéresse comme de sa première chaussette – ou plutôt la première qu'il m'a volée.

— C'est affreux…, je lâche, l'estomac noué par l'angoisse. J'espère que c'est un PNJ[1]. Je lui avais montré *Play Your Life* pour parfaire ses références et nous en servir en duel, mais je n'imaginais pas qu'il parviendrait à le… *recréer.* Si ce personnage est aussi réel que ma tasse de café tout à l'heure…

— Ce genre de bug arrivait souvent aux personnages dans les premières années de *Play Your Life*, m'apprend Orion, la voix nouée par l'angoisse. Ils se retrouvaient coincés dans un décor, comme des passe-murailles maladroits. Un problème entre l'indépendance des avatars et la texture des graphismes, ou quelque chose comme ça. À l'époque on ignorait que les personnages de jeux vidéo éprouvaient des émotions, mais maintenant que j'y pense…

Sa voix s'étrangle, ses yeux s'écarquillent d'horreur, incapables de se détourner du visage déformé de l'homme emprisonné dans le mur et le silence – perdu quelque part entre deux réalités.

Je tressaille, nauséeuse.

— Donc c'est un bug. C'est juste un bug.

— Non, Moon. C'est la réalité, ou ça y ressemble assez pour que ça ne change rien. Tu as bu ton café, mangé tes bonbons.

[1] Personnage non-joueur. Nom utilisé pour désigner les personnages de jeu vidéo contrôlés par l'ordinateur.

Qui te dit que ce personnage, là-haut, n'est pas tout aussi réel ?

— Je n'en sais rien, dis-je en déglutissant. J'espère que non. Parce qu'alors ça veut dire que la réalité aussi peut buguer, sans qu'on ait aucune idée de jusqu'où ça peut aller. Et que c'est probablement à cause de Loop. (Une pause.) Et de moi…

Je laisse mon chantier en plan pour attraper Loop et le lève à hauteur des yeux.

— C'est toi qui as fait ça ?

Il regarde par terre comme pour chercher à s'échapper. Je maintiens ma prise un peu plus fort, tentant vainement de masquer mes tremblements alors que la jambe de l'homme apparaît et disparaît encore une fois au-dessus de nous.

— Loop, c'est sérieux. La baleine verte et le fruit bizarre c'était rigolo, mais, là, il y a quelqu'un qui est coincé dans un mur. Il souffre, tu comprends ? C'est horrible ce qui lui arrive. Il faut le libérer. Et tu ne dois plus t'amuser comme ça.

Il me regarde dans les yeux, l'air de n'avoir aucune idée de ce que je raconte. S'agite de plus belle. Je finis par le laisser s'échapper, la boule au ventre.

— Il avait l'air étonné en voyant le bug, je me rappelle, la gorge serrée. Je ne pense pas qu'il ait fait exprès de le mettre là.

Ni Orion ni moi ne prononçons l'évidence.

C'est encore pire.

A-t-il conscience qu'il peut blesser quelqu'un ? Que les humains ne sont pas immortels, comme lui ? Sait-il même ce qu'est la douleur, lui qui n'en ressent aucune et qui m'a laissée mourir si souvent ?

Probablement pas. Tout ça, c'est beaucoup trop amusant pour qu'il pense à autre chose. Je suis bien placée pour le savoir… S'il n'y avait pas eu cette horreur juste sous mon nez ; si je ne sentais pas dans mes tripes la souffrance de ce personnage, je serais en train de construire une maison en haut d'une montagne juste parce que j'en suis capable. Juste pour me venger de tout ce qu'on m'a fait subir.

Je lance un regard horrifié à Orion.

— Je suis désolée. C'est toi qui avais raison.

Il soupire.

— J'ai bien peur que ce pauvre personnage ne soit pas la seule victime de cette aventure.

D'un geste, il désigne Loop qui s'enfuit hors de la maison, semant derrière lui un chemin de jonquilles tout sauf féerique. On s'avance à pas prudents, le cœur au bord des lèvres, tandis que le réel et le virtuel se heurtent sous nos yeux dans les pas de notre boule de poils insouciante.

Un chat qui gambade autour de nous se met subitement à tourner sur lui-même à toute vitesse, sans plus pouvoir s'arrêter, lançant un miaulement déchirant ; quelques pas plus loin, un Beastie aux cheveux roses est suspendu en l'air, aussi plat qu'une feuille de papier, comme dans un vieux jeu en 2D ; autour de lui, un petit dragon semblable à celui d'Elliot vole à l'envers dans une danse improbable qui me vrille l'estomac. Plus loin, une jeune fille hurle encore et encore un prénom inaudible, prise dans une boucle temporelle. Je frissonne en voyant la tristesse innommable se peindre sur ses traits à l'infini, effrayée à l'idée qu'il y en ait eu d'autres comme elle que je n'ai pas remarqués avant. Loop ne s'arrête même pas pour les regarder. Il poursuit son chemin en semant des pétales, peu soucieux du chaos qu'il importe par la même occasion. Il semble chercher quelque chose.

— Moon ? C'est vraiment toi ?

La voix connue me fait sursauter ; je tourne vivement la tête en priant pour me tromper. Pourtant ils sont bien là : Coyote, Wolf, Edward, Arno et Ezio, à se regarder d'un air ahuri. Seul

Patou ne semble pas perturbé de se retrouver là : il se jette sur Loop en jappant, frotte sa tête contre ma boule de poils qui le lui rend bien.

Ce qui l'occupe assez longtemps pour que je dévisage nos copains, la main d'Orion broyée dans la mienne.

— Comment… Comment on est arrivés là ? demande Coyote, serré contre Wolf qui n'en mène pas large.

— Je suis désolée, soufflé-je. Je suis vraiment désolée…

Que leur dire de plus ? Que Loop a brisé toutes les frontières entre le réel et l'irréel, que j'ai complètement perdu le contrôle ? Qu'ils ont eu la chance de ne pas se retrouver coincés dans des bugs improbables, comme cette pauvre gamine en train de hurler dans mon dos ? Ou que, au fond, je suis heureuse qu'ils soient là parce que j'ai besoin de leur présence pour gérer ce que j'ai déclenché ?

— Moon, fait Wolf d'une voix dure. Il va falloir nous expliquer, là.

— Je ne peux pas. (Je lève une main pour prévenir sa protestation.) Je voudrais bien, mais je ne peux pas. Loop…

— … voulait jouer avec Patou, comprend Orion, en montrant les deux Beasties qui s'amusent comme des petits fous. Et s'est sûrement dit qu'on voudrait jouer avec vous aussi.

Je lui lance un coup d'œil surpris, étonnée de l'entendre si calme. Il me renvoie *son* regard. Celui qui veut dire : « Je ne suis pas d'accord avec toi, mais je te soutiendrai toujours. » Le même que Sam Gamegie lance à Frodon sur le chemin du Mordor.

— On ne sait pas trop comment il a réussi ça, mais… on est super contents de vous voir ! s'exclame-t-il en souriant pour dédramatiser la situation.

— Euh… nous aussi, mais…

— Je sais, prévient Orion. On va demander à Loop de vous renvoyer chez vous. Pas vrai bonhomme ?

Ce dernier enroule ses petits bras autour du cou de Patou, rechignant à le lâcher. Je me racle la gorge.

— Ce serait peut-être plus facile si vous nous laissiez Patou quelque temps. Loop acceptera sûrement…

— Attendez, coupe Arno. C'est quoi le problème avec votre Beastie ? On nous a interrogés après la finale, ils voulaient savoir pourquoi Coyote et Wolf ont déclaré forfait. On vous a cherchés partout, bordel. Où est-ce que vous aviez disparu ? (Il regarde autour de lui, sur le plateau. Découvre les anomalies, juste dans son dos. Pâlit.) Et… on est où là ?

Je baisse les yeux. Orion s'avance pour répondre à ma place, mais je l'en empêche d'une pression sur la main.

— Laisse. C'est à moi de le faire. (Je regarde nos amis et leur désigne le sol, où je fais apparaître des coussins géants.) On ferait mieux de s'asseoir.

Cinq paires d'yeux se figent sur ma main, d'où sortent autant de fils argentés qu'il y a de coussins par terre.

— OK, souffle Wolf. Je crois qu'on a des choses à se dire.

Une heure plus tard, j'achève mon histoire avec le cœur serré.

— Je n'ai plus aucun contrôle sur Loop. Il a pris son indépendance, et je trouvais ça très bien jusqu'à… ça. (Je montre le chemin de l'horreur tracé dans le sillage de Loop, dans notre dos, qui me noue les tripes.) Jusqu'à vous.

— Pourquoi Loop aurait-il créé une chose pareille ? demande Coyote, aussi perplexe qu'horrifié.

— Je ne sais pas. Mais, puisqu'il n'a pas recommencé

depuis que Patou est arrivé… Je crois que ce sont des ratés. Comme une expérience qui a mal tourné.

— Parce qu'il voulait nous faire apparaître ?

Je hoche la tête, horrifiée par cette conclusion.

— Il a un peu cherché avant de vous trouver.

— Merde alors, souffle Coyote.

Je ne peux qu'approuver.

— Et qu'est-ce que vous allez faire ?

Je regarde Orion, puis Loop, en train de roupiller sur le dos de son Patou adoré ; puis, enfin, chacun de nos cinq amis, tour à tour. Je termine sur la gamine qui hurle en silence comme une possédée, bloquée entre deux réalités.

— Franchement ? J'en sais rien. Jusqu'à maintenant, je voulais juste jouer un peu avec Loop, découvrir jusqu'où il pouvait nous mener et le protéger d'I.R.L.™. Mais maintenant ? Je n'ai pas envie de jouer les héroïnes, mais…

— Tu ne peux pas juste fermer les yeux, complète Coyote d'une voix douce. Tu ne peux pas fuir, cette fois.

— Et personne ne pourra mener ce combat à ta place, ajoute Wolf, un soupçon d'amertume dans la voix.

Je baisse la tête, soudain honteuse.

— Je… Je suis désolée. Encore. Je vous ai laissés tomber. Je n'ai aucune excuse.

— On s'est désistés pour toi. On voulait que tu gagnes, que tu rendes le monde un peu meilleur.

— Je n'aurais pas dû…

— Tu ne nous dois rien, coupe Wolf. Tu n'as pas gagné le tournoi, mais tu as gagné ton combat. (Je relève la tête, surprise. Je ne l'ai jamais vu si déterminé.) Tu as montré au monde qui tu étais. Tu leur en as mis plein la vue, et tu as ouvert la voie à d'autres. Des voix qui se sont élevées après la tienne, qui ont pris le relais. Alors, c'est vrai, tu n'es pas allée jusqu'au bout, et j'aurais mille fois préféré que tu mettes une raclée à Opale et Onyx et que tu deviennes pro pour continuer la lutte.

» Mais peut-être que tu n'étais pas faite pour ça. Peut-être que tu devais juste mettre un coup de pied dans la fourmilière et donner la parole à d'autres. Ce genre de lutte ne se construit pas sur une seule personne.

Il se tait, sans cesser de me regarder. J'en reste sans voix – peut-être parce qu'il n'a jamais parlé aussi longtemps. Peut-être parce qu'il a enfin mis les mots sur ce que je ressentais, et qu'il l'a fait sans colère. Ou peut-être parce qu'il a pardonné l'impardonnable.

— Il a raison, ajoute Edward, presque à regret. Grâce à toi, je me suis rendu compte que j'avais été un connard. Je t'ai détestée pour ça, Moon, mais ce duel contre James Bond… Putain, c'était mémorable. Je me suis promis de faire des efforts rien que pour éviter d'être ridiculisé comme ça un jour.

— On va faire de notre mieux, promet Arno. Que tu sois là où pas, ton combat continuera à travers nous, à travers tous ceux et toutes celles que tu as marqués. Si tu avais vu ta chaîne ! Les vidéos sont devenues virales, on les diffuse dans le monde entier. Les gens s'en foutent pas mal que tu n'aies pas gagné. Ils ont fait de toi leur porte-drapeau, que tu le veuilles ou non – et c'est une bonne chose. Personne ne devrait avoir à se cacher pour jouer.

— Mais…

— Mais en retour, reprend Coyote, tu dois mener tes propres combats.

Il balaie le plateau d'un geste éloquent. Je redresse la tête, le cœur bouillonnant d'émotions contradictoires. L'amour, la fierté, la reconnaissance, la culpabilité, la peur, l'impatience, les regrets. Tant de choses à dire en si peu de mots.

— Je dois réparer ce que j'ai fait.

Ils hochent tous la tête à l'unisson.

— Merde, depuis quand vous êtes devenus si sages ? dis-je pour masquer mon malaise.

Ils rient de bon cœur.

— Faut croire que t'as une bonne influence sur nous ! râle Ezio.

— Moon, gaffeuse en chef et donneuse d'exemple. Ça ferait un bon surnom.

— Pourtant, tu es plus invincible que jamais, remarque Orion avec un clin d'œil.

Je lui envoie un coup dans les côtes, pour le plus grand plaisir de nos amis.

— Vous avez faim ? dis-je en désignant le banquet, un peu plus loin.

Ils se regardent, gênés.

— Écoute, Moon. On resterait bien, mais…

— Vous avez une vie, le devance Orion. Loop vous a arraché à ce que vous étiez en train de faire et il est temps que vous y retourniez.

Wolf opine.

— Ça m'a fait plaisir de vous revoir.

— À moi aussi, dis-je, soudain émue.

Il sourit, puis fronce les sourcils, de nouveau très sérieux.

— J'appellerai I.R.L.™ pour leur dire que je vous ai vus très loin d'ici. Ça ne les retardera qu'un moment, mais…

Le reste de sa phrase meurt dans un énorme câlin – oui, c'est bien moi qui parle. Ça valait au moins ça ! Loop, toujours partant pour des gratouilles, saute dans nos bras sans cérémonie.

— Pouic !

— À bientôt, bonhomme. Ne fais pas trop de bêtises, tu veux ?

Je le décroche du cou de notre ami et le laisse retourner vers Patou en bonds joyeux. Puis je ferme les yeux, me concentre sur les fils qui entourent nos amis ; en trouve un relié à Loop, que je brise d'une simple pensée. Trouve enfin ceux qui les ramèneront là d'où ils viennent.

Je rouvre les yeux et leur souris une dernière fois.

— Bon voyage, les amis. Il est temps que je remette les choses à leur place.

Puis, un à un, je tire sur les fils qui retracent leur dernier parcours.

L'instant suivant, ils ont disparu, et nous nous retrouvons de nouveau tous les trois. Un peu plus seuls, un peu plus fragiles – mais enfin conscients de notre responsabilité. Loop, comprenant que Patou est reparti, me tire la langue et va bouder dans son coin. Mon cœur se pince, mais n'entame pas ma détermination.

Mes amis ont raison : cette fois, personne ne peut mener ce combat pour moi. Pour une fois dans ma vie, je dois aller au bout de ce que j'ai commencé.

Après un dernier regard vers Loop, tout triste d'avoir perdu son ami, je me retourne et m'arrête devant la gamine qui hurle, le cœur serré. Je ferme les yeux, tends la main vers elle dans l'espoir de percevoir l'erreur, le lien cassé. Il y a bien quelque chose, mais… C'est trop enfoui, beaucoup trop confus pour moi.

— Je finirai par y arriver, dis-je à Orion qui me regarde faire sans un mot. (Ma gorge se serre comme jamais.) Quelqu'un doit les aider.

Il ouvre la bouche pour répondre, mais je me retourne d'un bond et le devance, plus sérieuse que jamais.

— Tu m'as demandé pourquoi on fait tout ça.

— Je n'ai pas...

— Si. Une bonne vingtaine de fois. Mais je viens seulement de trouver la réponse.

Je glisse un regard à Loop, puis le plonge dans les yeux d'Orion avec une grande inspiration. Serre ses hanches sous mes doigts.

— Je ne fais pas ça parce que c'est marrant, ni même parce que j'ai décidé de sauver Loop. Je fais ça parce que c'est la seule chose à faire. (Je pose mon front contre le sien, épuisée, soudain.) Et si c'était pour ça que Loop me donnait ces pouvoirs ? Pour réparer ses erreurs, envers et contre tout ? Il ne l'a peut-être pas voulu consciemment, mais... J'ai toujours été là pour le protéger. Peut-être que cette fois n'est pas différente, finalement.

Orion secoue doucement la tête, son front toujours pressé contre le mien.

— Peut-être. Mais peut-être aussi que ce n'est pas Loop, le problème. Ce sont les pouvoirs qu'il te donne. C'est normal qu'il s'amuse avec le virtuel : c'est son monde, tout ça. Mais ce n'est pas le tien. Peut-être que, chaque fois que tu utilises tes pouvoirs, tu crées une brèche entre le réel et le virtuel. Et que la frontière se disloque peu à peu.

— Alors, pour tout réparer, il faudrait effacer tout ce qu'on a créé, je murmure d'une voix étranglée. Empêcher Loop de jouer avec ses pouvoirs sur les humains et me reconnecter au réel, couper mes neurones de la réalité augmentée. Mais pour ça, il faudrait formater ma puce comm' et effacer complètement Loop. (J'ai le cœur au bord des lèvres, soudain.)

Je ne peux pas…

Ma phrase se meurt dans mon désarroi.

— Non. On ne peut pas. (Sa voix n'est qu'un filet, à peine audible. Il approche sa bouche de mon oreille, y dépose un baiser à la fois doux et désespéré.) Mais peut-être que le désactiver suffirait. Peut-être qu'on pourrait juste suivre les soldats, rentrer à la maison pour nous connecter au terminal de maintenance, mettre la réalité augmentée en pause et demander de l'aide à Link. Peut-être qu'il sera capable de nous rendre Loop.

— On a *déjà* Loop, je proteste d'une toute petite voix.

— Que se passera-t-il quand ils nous rattraperont, Moon ? Quand ils s'en prendront à lui ? Quand il se débattra et poussera plus loin encore l'horreur qui s'étale sous nos yeux ?

J'ai la gorge tellement serrée que je m'étonne de pouvoir encore parler.

— Ils le tueront.

— Et alors Link ne pourra plus rien pour nous.

Je secoue faiblement la tête.

— C'est Link qui a envoyé les soldats à nos trousses. C'est lui qui veut le tuer, Orion. Bordel, c'est lui qui m'a *tuée* ! Il a peur pour sa firme, peur que notre bestiole remette en question tout son empire. Après le scandale de *Play Your Life*…

— Il n'est pas comme ça, coupe Orion. (Soupir.) Enfin, pas souvent. Il fait parfois des erreurs, mais… il m'écoutera. Si on se rend volontairement et qu'on lui explique ce qui se passe en promettant de le garder secret, il nous aidera. Il n'est pas foncièrement mauvais, tu sais. S'il a ordonné qu'on te blesse c'était seulement pour attraper Loop et l'empêcher de continuer à altérer la réalité… ou d'endommager tes neurones. Un mal pour un bien…

— Comment tu peux encore le défendre ? Il m'a tuée, tu

entends ?

— Il pensait que Loop te sauverait – et c'est ce qui est arrivé. (J'ouvre la bouche, prête à m'offusquer, mais il lève la main avec calme.) Ne me reproche pas de lui pardonner ce que tu as déjà pardonné à Loop. Je sais qu'il n'est pas parfait, je sais qu'il peut être dangereux. Je le sais mieux que personne. Mais c'est mon ami, Moon. Je le connais. Et il peut nous aider. Tout comme Loop t'a aidée quand tu en avais besoin.

Je referme la bouche, une boule dans la gorge et le cœur en miettes. Que répondre à ça ? Qu'il a raison, mais que je lui en veux quand même ? Qu'il a placé sa confiance dans la mauvaise personne ? Il me fait confiance, à moi, alors qu'il sait depuis le début que ce que je fais est mal. Il n'a cessé de me le répéter, mais je ne l'ai pas écouté. Pourtant il est là quand même. Tout comme il est là pour Loop… et pour Link.

Peut-être qu'il est temps que je l'écoute enfin.

Ma bestiole, qui vient de se rendre compte qu'on ne la suit plus, bondit soudain sur mon épaule, prenant la forme d'un rouleau de scotch poilu.

— Pouic ?

Je gratouille le haut du rouleau, le cœur serré comme jamais. Pose ma tête contre la petite boule tiède qui retrouve sa forme originale en vibrant doucement, bras serrés autour de mon cou.

— Je ne veux pas le perdre, dis-je d'une voix étranglée.

Une larme déborde sur ma joue, vient goutter sur la tête-corps de ma bestiole. Celle-ci se frotte à moi en roucoulant joyeusement. J'ai du mal à retenir un sanglot.

— On est responsables, insiste Orion. Et les choses nous échappent. On doit agir tant qu'on le peut encore.

— Oui, mais comment ?

Il ne dit rien, conscient que c'est à moi de prendre l'impossible décision.

Il ne me reste plus que deux choix : rentrer à la maison et désactiver Loop en espérant que Link voudra bien le soigner… ou poursuivre l'aventure avec lui et me donner corps et âme pour comprendre chacun de ses bugs et les éliminer un à un.

Rentrer, ou continuer.

Abandonner Loop, ou fuir la réalité.

NIVEAU 5

EXPLOREZ DE NOUVELLES VOIES

Le paysage défile en sens inverse. Il nous a fallu du temps pour retrouver les rails de train et les longer jusqu'à atteindre une gare. Les billets nous ont coûté un bras et nous sommes épuisés, mais le trajet sera rapide. Le wagon file à toute vitesse vers la maison, m'éloigne de cette parenthèse enchantée que je laisse derrière moi. En arrière-fond, une vieille chanson de Syd Matters teintée de nostalgie, étonnamment accordée à mon humeur.

« Someday we will foresee obstacles
Through the blizzard, through the blizzard »

Je serre Loop dans mes bras avec une furieuse envie de pleurer. Lui dort tranquillement sur mes genoux dans une bienheureuse ignorance. Orion, un bras passé autour de mes épaules, pose sa tête sur la mienne dans un long soupir.

« We played hide-and-seek in waterfalls,
We were younger, we were younger »

Des images de nos meilleurs moments avec Loop flashent dans ma mémoire. Cette minuscule boule de poils qui est apparue dans le salon il y a à peine quelques semaines, changeant ma vie à jamais par sa simple présence. Ses ronrons affectueux quand j'étais seule à la maison, comme pour me réconforter. Tous les combats qu'on a gagnés ensemble ; les heures passées à lui faire découvrir les romans, films et jeux vidéo que j'adore, à lui montrer comment s'en inspirer dans les combats. Ce pincement au cœur chaque fois que je le désactivais. Sa première fugue ; son premier refus. Cette angoisse dans mon estomac, ce soulagement intense quand j'ai fini par le retrouver. Et toutes ces choses qu'il a partagées avec moi en retour. Tellement de choses en si peu de temps. Comment je faisais pour vivre, avant ?

Je ne peux plus me passer de la joie simple qui se dégage de lui encore aujourd'hui, alors qu'on s'apprête à effacer de son programme toutes les dernières semaines dans l'espoir fragile qu'il nous reviendra comme avant. Réinitialisé. Moins vivant… mais moins dangereux.

C'est la seule chose à faire, on le sait tous les deux.

Les bugs se multiplient sur notre passage. Ils sont de plus en plus gros, durent de plus en plus longtemps. Ce matin, à la gare, un passager a aperçu un personnage collé au plafond dans un angle impossible et a appelé la sécurité. On a dû se faufiler dans le train comme des voleurs, la boule au ventre et le cœur battant la chamade.

La réalité se délite ; se mêle à la fiction, la heurte de plein fouet, détruit les deux mondes. Et Loop est l'œil du cyclone.

Alors pourquoi j'ai l'impression de me diriger vers un abattoir ?

« Someday we will foresee obstacles
Through the blizzard, through the blizzard »

— Tu es sûre que c'est le bon choix ?

Je lève les yeux vers Orion, puis les laisse glisser sur Loop, qui dort sur mes genoux dans une bienheureuse ignorance.

— Non. Mais on doit essayer.

Il acquiesce, conscient que les enjeux le dépassent. *Nous* dépassent.

Je n'abandonnerai pas Loop. Jamais.

Avec un soupir, je chasse ces pensées parasites de mon esprit et me concentre sur le chaton devant moi, qui pivote sur lui-même sans jamais s'arrêter. De tous les bugs que Loop a engendrés depuis hier, sans cesse croissants, celui-ci me semble le plus petit. Peut-être qu'il sera plus facile à réparer ?

Je tends mon bras vers l'animal dans l'idée de l'attraper pour arrêter sa course folle. Ma main passe au travers. Ça fourmille dans mes doigts, remonte dans ma paume, mon coude. Ça s'intensifie rapidement ; c'est presque douloureux.

Je me retire, le cœur battant.

— On dirait qu'il n'est pas tout à fait là. Il est comme… coincé entre notre monde et le sien.

Loop ouvre un œil vaguement intrigué dans son sommeil, puis le referme. Orion se dandine d'un pied sur l'autre.

— Tu penses pouvoir le réparer ?

— Je ne sais pas. (Soupir.) Je crois. (Double soupir.) Il le faut.

Je ferme les yeux pour me concentrer. Dans mon dos, le bruissement des pieds d'Orion qui foulent l'herbe, le froissement de son tee-shirt malmené par ses mains stressées. J'inspire. Expire. Dirige mon attention sur le chat. La ramène sur le craquement d'une brindille entre les doigts d'Orion.

Je me retourne vers lui avec un nouveau soupir, agacé cette fois.

— Il vaudrait mieux que tu partes.

— Mais…

— J'ai besoin de me concentrer, et je n'y arriverai pas si tu n'arrêtes pas de gigoter.

Je regrette aussitôt le ton sec qui est sorti de ma bouche – et plus encore quand il baisse les yeux, vexé. Je secoue la tête.

— Excuse-moi. Je suis un peu stressée.

— Moi aussi j'ai peur de le perdre, accuse-t-il.

— Je sais.

Mon ton s'adoucit, je lui lance un regard contrit en guise d'excuse.

— Tu veux bien me laisser, s'il te plaît ? Je te promets que je te tiendrai au courant au moindre progrès.

Il me regarde longuement, puis Loop, puis la brindille brisée dans ses mains. Se résigne.

— OK, dit-il à contrecœur. Je vais aller faire le guet, juste au cas où la ruse de Wolf n'ait pas fonctionné. Mais sois prudente.

J'opine fermement.

— Je n'ai aucune envie de me retrouver coincée dans un monde virtuel, si c'est ce que tu veux dire.

Il écarquille les yeux, soudain affolé.

— Tu crois que…

— J'espère pas, dis-je d'une voix grave.

Je me retourne vers le chat, consciente qu'il fait partie d'un monde inconnu que je n'ai fait qu'effleurer.

— On va vite le découvrir.

Orion effleure ma nuque avec ses lèvres, me serre brièvement contre lui, puis tourne les talons, me laissant seule avec Loop.

Je ferme les yeux, entièrement concentrée sur le chat virtuel qui tourne toujours, coincé dans une boucle infinie.

Et, un à un, je commence à percevoir les fils qui le composent, comme autant de liens brisés.

Un étrange sentiment m'envahit en poussant la porte de l'appartement, peu après être descendue du train, la chanson de Syd Matters tournant toujours dans ma tête. Un mélange de soulagement à l'idée de retrouver notre cocon et… d'étranglement, comme si j'allais rester enfermée là pour toujours.

Plus que tout, j'ai peur.

Peur de retrouver ma vie d'avant.

Peur d'être coupée du virtuel.

Peur de découvrir que le monde a continué sans nous.

Peur de perdre Loop pour toujours.

J'ai à peine eu le temps de déposer nos affaires et de prendre une douche brûlante qu'Orion pose la manette de Loop sur notre table-écran, pour se connecter à l'interface de maintenance qui contrôle nos puces comm'.

Je déglutis.

— Si tôt ?

Sans un mot, il me montre la cuisine.

Ou plutôt, ce qui aurait dû être notre cuisine.

Le bar a à moitié disparu ; le reste est très lisse, et le bout étrange, comme pixélisé. Une partie des placards a subi le même sort. Dans l'autre, des fruits impossibles ont remplacé les paquets de céréales. Le frigo, ouvert, laisse échapper une tête hirsute qui hurle en silence, m'arrachant un cri d'effroi. Et, au milieu de ce désastre, Loop.

Qui s'amuse comme un petit fou à lancer des marshmallows dans la bouche ouverte du pauvre personnage coincé entre deux mondes.

Je détourne les yeux dans un frisson.

— Putain de merde.

Orion pousse un long soupir.

— On ne doit plus attendre, Moon.

— Je sais. C'est pour ça qu'on est rentrés. (J'inspire profondément, puis m'assieds à côté de lui, la main sur la manette.) J'aurais juste voulu…

Je lance un regard à Loop. Je meurs d'envie de lui faire un énorme câlin, mais je le connais assez pour savoir qu'il a beaucoup plus envie de jouer. Tout ce que je gagnerais, c'est un grognement et une moue boudeuse qui me briseraient le cœur.

— Je vais le faire.

Orion acquiesce en silence, passe ses bras autour de ma taille tandis que je me connecte à ma puce, reliée à notre compte Beastie. Là, tout en bas de la liste des commandes manuelles, je trouve celle que je cherche.

Mettre votre puce comm' en pause.

Le cœur lourd, je sélectionne l'option.

Les doigts d'Orion se crispent sur mon gilet. Un message d'alerte s'affiche en lettres rouges.

Attention : couper votre puce comm' désactivera votre réalité augmentée et vous perdrez tout lien avec les réseaux, les jeux et les communications à distance. Vous pourrez la réactiver à tout moment.

Souhaitez-vous vraiment faire une pause ?

Une hésitation.

— Les soldats ne vont plus tarder, maintenant qu'on s'est connectés à l'interface, souffle Orion. Link a dû en laisser en faction près de l'appartement.

— Je sais.

Je sais que je dois le faire avant qu'ils arrivent. Je sais que ça le protégera jusqu'à ce qu'on ait pu parler à Link ; que le faire disparaître et retourner au réel est le seul moyen de le retrouver un jour, d'être sûre qu'il n'endommagera pas mes neurones… et le reste du monde.

Je sais.

— C'est notre bébé-Loop, dis-je d'une voix étranglée. Il n'a que quelques semaines, mais… Je ne peux pas. Je ne sais même plus comment c'était de vivre sans lui. Je ne veux pas le savoir.

— On sera toujours ensemble, Moon, murmure-t-il en me serrant contre lui. Toi et moi contre le reste du monde. Et Loop nous reviendra.

— Tu as toujours été plus optimiste que moi.

Il hoche la tête ; me laisse seule avec mes regrets sans cesser de me serrer dans ses bras. La table-écran s'impatiente :

Souhaitez-vous vraiment faire une pause ?

En bas de l'immeuble, déjà, on entend le tumulte des voitures qui débarquent à toute vitesse, et la voix de Tania qui s'élève par-dessus le boucan :

— Bouclez les sorties ! Ils ne peuvent pas nous échapper !

Les larmes débordent de mes yeux quand je prononce les trois lettres les plus difficiles de mon existence.

— Oui.

Les doigts d'Orion s'enfoncent dans ma peau, me font mal. Je me retourne vivement vers la cuisine dans l'espoir fou que Loop sera toujours là ; qu'il aura réussi à contourner les règles encore une fois, qu'il ne m'aura pas écoutée, comme à son habitude, et qu'il échappera aux soldats qui défoncent la porte avec violence.

Mais il n'est plus là.

Notre cuisine est désespérément vide.

Chaque larme qui s'échappe de mes yeux est un torrent de lave brûlant ma peau.

Le chat est comme un enchevêtrement de fils éphémères tendus vers l'inconnu. Tous sont brisés ; certains se sont emmêlés, formant des nœuds inextricables. Il me faut plusieurs essais pour parvenir à les saisir tant il pivote vite mais, une fois que c'est fait, la solution m'apparaît clairement.

Démêler les fils me permettra de fixer le chat pour le sortir de sa boucle. Les raccrocher à l'autre extrémité le reliera à son monde d'origine. Il n'y a plus qu'à espérer que ça suffira à le renvoyer de là où il est venu, comme je l'ai fait avec nos amis.

Je prends une grande inspiration, puis je me mets à l'ouvrage. Je dois développer des trésors de patience pour ne pas m'énerver sur les dizaines de nœuds, pour ne pas abandonner cette tâche impossible. Je me rappelle ce jour, dans la clairière, il y a une éternité, quand Loop m'a forcée à attendre pendant des heures qu'il ait fini de dépiauter ses fleurs. Cherchait-il, déjà, à me préparer à cette tâche ?

Les fils se dénouent les uns après les autres. Je suis en sueur et je meurs de soif, mais je n'ose pas m'arrêter avant d'avoir fini.

Je dois savoir s'il nous reste une chance.

À un moment, Loop s'étire, considère les fils d'un air intéressé. Il semble tenté de jouer avec, mais je l'en dissuade d'un regard sévère. Pour une fois, il m'écoute. Il s'assied – « se laisser tomber sur son auguste derrière » serait une expression plus juste –, produit une nouvelle fleur et s'amuse à lui en ôter les pétales.

Peut-être qu'il comprend que c'est important. Peut-être qu'il sait que j'essaie de le sauver.

Je me remets au travail avec une ardeur renouvelée.

404

— Levez-vous lentement, mains sur la tête ! hurle Tania.

Elle est armée, cette fois ; canon pointé vers nous, comme les quatre soldats qui l'accompagnent. La main toujours dans celle d'Orion, les yeux baignés de larmes, je m'exécute sans aucune peur.

S'ils me tuent, je ne suis pas sûre de revivre. Je n'ai plus accès à la réalité augmentée ; je ne devrais plus avoir de pouvoir. Sauf si tout ça est bien plus réel que je ne le pensais. Ça devrait me terrifier ; je devrais m'accrocher à la vie coûte que coûte, comme quand ils m'ont jetée dans les flammes. Mais je ne ressens rien. Anesthésie générale.

« Someday we will foresee obstacles
Through the blizzard, through the blizzard »

— Loop n'est pas là.

— Appelez-le.

Je désigne la manette, sur la table, et le message qui flotte au-dessus en lettres rouges.

Puce comm' désactivée

D'un bond, ils sont sur nous : Tania, Lilou, et deux inconnus qui nous ceinturent comme deux criminels de guerre, peu soucieux de nous blesser au passage.

— Amenez-nous à Link, exige Orion avec une grimace de douleur. On est prêts à tout lui dire.

Tania nous regarde, hésite. Fixe son regard sur moi.

— Tu savais qu'on viendrait. Tu l'as déjà vécu.

Je hoche la tête, perdue dans un autre temps, un autre lieu. Une réalité où ils nous ont déjà attrapés, puis poussés dans les flammes. Quand Loop était encore là.

Tania hésite une seconde, puis fait signe à ses hommes de nous relâcher – sans baisser son arme.

— Appelez le patron.

Elle ne me quitte pas des yeux. Semble chercher le monstre en moi, ou la superhéroïne capable d'échapper aux soldats d'I.R.L.™ sans arme ni formation. Ne trouve qu'une femme perdue, au regard vide et aux traits hagards.

— Il n'est plus là, murmurent encore mes lèvres au goût salé. Il n'est plus là…

404

Après un temps qui paraît infini, épuisée, je replace le dernier fil qui retient le chat dans notre monde. Comme tous les autres, il est tiède, mais inerte. Pourtant, quand je le rattache à son monde d'origine, je sens distinctement un battement sous mes doigts ; comme un pouls qui se remet à pulser.

Un éclair lumineux venu de nulle part traverse chacun des fils, entoure l'animal d'un halo éblouissant. Puis les filins disparaissent. Sous mes yeux, il n'y a plus qu'un chaton noir parfaitement normal, qui miaule en quémandant une caresse que Loop s'empresse de lui offrir, tout content d'avoir un nouveau compagnon de jeu.

Je glisse mes doigts dans ses poils doux, lui gratte l'arrière de l'oreille, bouche bée.

— J'ai réussi, je murmure. Puis, plus fort : J'AI RÉUSSI !

Le chaton me regarde, surpris. Miaule encore une fois, effrayé. Clignote, puis disparaît pour retrouver son monde virtuel.

— Beppo, souffle Orion, arrivé dans mon dos, alerté par mes cris.

Je sursaute.

— Le chat de ton amie Chloé ?

— Celui qui est resté coincé dans *Play Your Life* quand on a détruit le jeu, acquiesce-t-il. Je suis certain que c'était lui.

Je regarde Loop avec de grands yeux, puis l'endroit où le chaton s'est tenu, puis Orion de nouveau.

— Ben merde alors.

404

— Désolé. Je ne peux rien faire de plus.

Je regarde Link comme s'il venait d'annoncer la fin du monde.

— Tu mens.

Assis là, sur notre canapé, entouré de ses hommes comme s'il était chez lui, il fuit mon regard, se tourne vers Orion.

— Le programme a complètement muté ; je n'ai aucun moyen de le rendre à sa version d'origine, et encore moins de m'assurer qu'il ne pourra plus réécrire son code. La seule solution, c'est de le supprimer. Vous pourrez créer un nouveau Beastie à nos frais, bien sûr.

Je m'étrangle de fureur.

— Un nouveau… Et si ça avait été Chloé, tu aurais fait pareil ?

— Chloé est un cas à part, elle s'est parfaitement adaptée à la vie réelle, contre Link. C'est une humaine.

— Et Loop un être vivant.

Il se frotte l'arête du nez, agacé. Avec son costume impeccable et sa cravate hors de prix, il représente tout ce que je déteste.

— Écoute, je l'aurais sauvé si je pouvais, assure-t-il fermement. Mais ça, ça dépasse mes compétences.

— Bien sûr. Et embaucher une femme pour représenter ta firme dans les tournois, ça dépassait aussi tes compétences ?

— On s'éloigne du sujet.

— Peut-être pas. Peut-être que si tu avais été moins buté à l'époque rien de tout ça ne serait arrivé. Peut-être que je n'aurais pas eu envie de tricher pour avoir les mêmes chances que les autres s'il n'y avait pas eu ce sentiment d'injustice, cette certitude que, quoi que je fasse, je finirais par foncer dans un mur.

Je sais, c'est de la mauvaise foi. Personne ne m'a forcée à pirater le code de Loop pour devenir plus puissante au tournoi, personne ne m'a demandé d'être si égoïste. Mais, putain, ça fait du bien d'avoir quelqu'un sur qui crier.

— Ne m'accuse pas de tes échecs, Moon.

— Alors assume les tiens, et sauve Loop.

— J'en suis incapable.

Ça n'a pas l'air de l'émouvoir outre mesure – pas plus que les bleus que m'ont faits ses soldats. Ils ont à peine touché Orion, bien sûr. À ses yeux, c'est le seul qui ait jamais compté.

— D'une façon ou d'une autre il y a une brèche dans la réalité, explique-t-il, implacable. Les mondes virtuels qu'on a créés s'infiltrent IRL, comme s'ils avaient acquis la capacité d'utiliser nos machines pour se matérialiser, comme Chloé à l'époque. Sauf qu'il y a des ratés.

— La réalité se débat, comprend Orion.

— Je ne l'aurais pas dit comme ça, mais… Oui. Tant que chacun restait dans les limites de son programme, tout allait bien, mais il n'y a plus de barrières. Les univers se mélangent entre eux, parce que toi (il me lance un regard noir, surprenant sur ses iris clairs), tu as franchi la frontière. Les êtres réels ne sont pas faits pour avoir les mêmes capacités que les personnages de jeux vidéo. En dépassant la limite, c'est comme si tu avais donné à toutes nos créations l'autorisation de te suivre. Chaque fois que tu as puisé dans le virtuel, tu as ouvert une nouvelle brèche.

J'ai autant envie de lui mettre mon poing dans la gueule que de bafouiller des excuses.

— C'est Loop qui t'a donné cette capacité, et j'ai bon espoir qu'elle disparaisse si on réinitialise ta puce comm', poursuit Link. Si la brèche originelle se trouve dans son programme source, la supprimer peut remettre les choses dans l'ordre.

— « Peut » ? relève Orion d'une voix blanche.

— C'est un cas inédit, Whisper. Même moi, je ne peux pas prévoir ce qui va se passer.

— Il faut qu'on réfléchisse.

Link lève vers lui un regard étonné.

— Vous n'avez pas le choix. Il faut supprimer votre Beastie, et je le ferai.

— Il s'appelle Loop.

La rage me brûle le ventre, la gorge ; enfle jusqu'à exploser.

— Et tu n'as aucun droit de le tuer.

— Bien sûr que j'en ai le droit. Il m'appartient, tu te souviens ? (Il soupire.) J'ai conscience que vous tenez à lui et je n'ai aucune envie de faire ça. Mais ce Beas… Loop est un danger pour notre monde tout entier, et je refuse d'être responsable d'un nouveau massacre.

— Tu parles comme ton père, accuse Orion.

Bon sang, ce que je peux l'aimer.

— Je ne suis pas mon père, rétorque Link froidement. Mais je sais prendre mes responsabilités. Je l'ai toujours fait.

Sans savoir comment, je me retrouve debout devant lui, une main refermée sur son col impeccable, prête à l'étrangler.

— J'en ai rien foutre de tes responsabilités. Tu ne toucheras pas un poil de Loop.

Loin de s'effrayer, Link lance un regard amusé à Orion.

— Décidément, tu aimes t'entourer de filles qui ont du caractère.

— Moon n'est pas Chloé, lâche froidement Orion.

Je ricane, submergée par la colère.

— Ça, c'est sûr. Chloé veut sauver le monde et le rendre meilleur. Je suis beaucoup moins optimiste.

Je plonge mon regard brûlant dans celui, glacé, de Link, moins assuré qu'il veut en avoir l'air, et je fais ce que j'ai rêvé de faire le jour où il m'a offert son putain de job sans avenir avec un petit sourire suffisant. Je resserre ma prise sur son col, comme pour l'étrangler.

Dans le même temps, ma main gauche se glisse dans ma

poche, trouve le canif attaché à mon porte-clés. Déploie la petite lame d'un geste ferme.

— Le monde peut bien aller se faire foutre, dis-je d'une voix vibrante de rage. Je ne te laisserai pas tuer notre boule de poils.

Je lance un long, très long regard désolé à Orion. Serre les doigts autour de mon canif. Ses pupilles se dilatent quand il comprend mon intention. « Ne fais pas ça, Moon. » Je ne le quitte pas des yeux quand je sors soudain la lame de ma poche, la pose sur la gorge de Link, qui pousse un cri d'orfraie.

— Moon, attends… On peut discuter, je…

— Les gens comme toi ne discutent pas, je crache. Ils piétinent. Si tu pouvais sauver Loop, tu l'aurais fait, non ?

Il hoche fébrilement la tête. Je souris froidement.

— Alors tu ne nous sers plus à rien.

Avec un dernier regard pour Orion, je plonge la lame dans la chair, juste au niveau de la trachée.

Je suffoque ; sens le sang déborder dans ma bouche, mes doigts poisseux glisser sur le manche, tandis que le hurlement d'Orion me parvient étouffé. Je prie de toutes mes forces que mes pouvoirs n'aient pas encore disparu. Qu'une trace de Loop, quelque part, soit encore dans ce monde, avec tous les bugs qu'il a créés.

Puis je sombre dans les ténèbres.

— Tu es sûre que c'est le bon choix ?

Je lève les yeux vers Orion, puis les laisse glisser sur Loop, qui dort sur mes genoux dans une bienheureuse ignorance.

— Non. Mais on doit essayer.

NIVEAU 6
MONDES OUVERTS

La sueur coule sur mon front et j'ai la bouche sèche en terminant de réparer un nouveau bug. Le dragon d'Elliot se remet à voler dans le bon sens, plane au-dessus de nos têtes, majestueux ; crache un jet de flammes qui roussit la cime des arbres à flanc de montagne, pour le plus grand bonheur de Loop, puis disparaît en un battement de cils.

— Un de plus, me félicite Orion en me tendant un verre d'eau et une assiette de lasagnes.

J'ai longuement hésité avant de faire apparaître les courses dont on avait besoin, craignant de créer plus de bugs, comme Link me l'a expliqué dans une autre vie. Si Orion avait pu se souvenir de ça, il aurait hurlé en me voyant faire.

Mais Orion ne se le rappelle pas, et la faim a primé. Sans véhicule, il nous aurait fallu un temps infini pour rejoindre le premier supermarché. Qui sait combien de bugs Loop aurait eu le temps d'importer avant qu'on revienne ?

Le souvenir d'une tête hirsute hurlant dans notre frigo me noue l'estomac, se mêle à la froideur de Link quand il a annoncé vouloir détruire notre Beastie.

Ça n'est pas arrivé. Pas dans cette réalité-ci.

La boule au ventre, je m'avance vers le bug suivant sans toucher à mes lasagnes. Il s'agit de la jeune fille coincée dans sa boucle temporelle.

— Tu devrais manger un peu, rappelle doucement Orion. Tu seras plus efficace.

Avec un regard désolé pour la fillette, je me détourne un instant de mon travail et m'intéresse au contenu de mon assiette.

— Ça sent bon.

— C'est préparé avec amour.

Il m'arrache un sourire fatigué.

— Tu penses que tu peux y arriver ? demande-t-il doucement tandis que j'attaque mon assiette. À remonter tous les bugs que Loop a semés pour les réparer, jusqu'à la baleine ?

Je hoche la tête entre deux bouchées, incapable de m'arrêter de manger maintenant que j'ai commencé.

— Avec du temps, oui. (J'avale une nouvelle bouchée.) Bordel, j'avais faim. (Encore une. Puis je me fige.) Mais je ne sais pas comment l'empêcher d'en créer de nouveaux. Ça revient à colmater des fissures sans réparer leur source. Je peux renvoyer le virtuel au virtuel, mais il pourra toujours revenir par un autre chemin.

Orion fronce les sourcils.

— Tu as l'air d'avoir beaucoup réfléchi à la question. Je ne savais pas que tu t'y connaissais autant.

Je rougis, détourne le regard. *C'est parce que j'ai eu plus de temps que toi pour le faire.*

— J'ai fait une connerie. Je dois la réparer.

— Je sais que j'ai promis de respecter ton choix, mais tu es sûre que tu ne veux pas demander à Link ? On pourrait peut-être…

— Non.

Il se tait, surpris par ma véhémence. Je soupire, le cœur en miettes.

— Il ne pourra rien faire. Il va effacer Loop.

— Tu ne sais pas…

— Si, je le sais.

Je relève les yeux vers lui. Le laisse explorer mon regard.

Et il comprend.

— Qu'est-ce qui s'est passé ?

— Je… préfère ne pas en parler. Tu n'as pas besoin de subir ça, puisque ce n'est jamais arrivé.

— Mais…

— Loop allait mourir, Orion. Je n'ai pas eu le choix.

Il se tait. Hoche lentement la tête.

— OK. (Un blanc.) Alors qu'est-ce qu'on fait ?

— On continue. Tu joues avec Loop pour le distraire et l'empêcher de créer de nouveaux bugs pendant que je répare ses bêtises. Et on cherche un moyen de le réparer, lui, sans l'aide de Link. Et d'échapper à ses soldats. (Je soupire en lui lançant un regard en coin.) Ils seront armés, cette fois.

Il déglutit.

— Et si ça ne fonctionne pas ?

Je scrute mon assiette de lasagnes désespérément vide, à la recherche d'une réponse qui ne s'y trouve pas. L'histoire de ma vie.

— Alors je recommencerai à zéro, dis-je, en me rappelant la sensation du canif qui s'enfonce dans ma gorge, du sang qui bouillonne dans ma bouche. Encore et encore, jusqu'à ce qu'on trouve une solution.

En espérant qu'on n'en arrivera pas là. Car, si je rouvre une brèche entre les mondes à chaque fois que je meurs, chaque essai risque d'être le dernier. L'une de mes morts sera peut-être irrévocable, ou alors les failles seront trop nombreuses pour qu'on puisse y faire quoi que ce soit, et même effacer Loop n'y changera plus rien.

Mais j'ai besoin qu'Orion garde espoir. De nous deux, ça a toujours été lui, l'optimiste.

— Je suis sûr que tu y arriveras, affirme-t-il, comme en écho à mes pensées.

— Ça en fait au moins un sur deux.

— Avec Loop, ça fait deux sur trois.

Entendant son prénom, l'intéressé fait une cabriole en poussant un des petits trilles dont il a le secret. Une minuscule langue rose sort de sa bouche souriante dénuée de dents tandis qu'il tend la main vers moi. Dedans, apparaît, euh…

Bonne question, en fait. Un truc vert et rose qui semble un peu gluant, avec des tentacules poilus et des yeux globuleux. Loop a l'air aussi perplexe que moi.

— Pouic ?

Il le secoue ; les tentacules disparaissent, remplacés par des épines de rose.

— Le mot que tu cherches est « oops », dis-je à Loop avec un soupir. Approche.

Docile, ma boule de poils fait quelques pas vers moi. J'attrape le truc qu'il a dans les mains, me concentre pour en voir les fils. C'est plus facile maintenant. Il ne me faut que quelques minutes pour les remettre en ordre et voir apparaître un énorme bouquet de roses rouges. Loop tape des mains

– enfin, il essaie, parce qu'il vise mal une fois sur deux –, puis fait un saut périlleux quand le bouquet disparaît, laissant derrière lui un parfum agréable.

— Ça empire, constate Orion.

Il s'empresse de sortir la balle rebondissante préférée de Loop de sa poche pour l'agiter devant les yeux de notre bonhomme, qui oublie aussitôt ses fleurs – et tout le reste du monde – pour essayer de l'attraper.

— Je ferais mieux de me dépêcher, dis-je d'une voix fatiguée. Il faut que j'arrive à réparer ses bugs avant qu'il en provoque d'autres.

Un baiser doux, sur ma joue, tandis que la balle vole plus loin sur le plateau. Loop, caché en embuscade derrière mon assiette vide, part comme un dératé pour la rattraper.

— Sois prudente.

J'acquiesce un peu sèchement. *Comme si on pouvait se le permettre.*

— Je prends moins de risques que toi, dis-je en désignant notre Beastie qui trébuche après avoir oublié une fois de plus où sont ses jambes, roule sur lui-même dans la poussière, tend la main pour attraper la balle, mais ne fait que la repousser plus loin, à sa grande frustration.

— Pouiiic !

— J'espère que je ne me retrouverai pas avec des oreilles d'elfe, ou un truc comme ça, constate Orion.

— S'il te fait pousser des tentacules, je te préviens, tu ne m'approches pas.

— Oh, pourquoi ? Tu n'as jamais voulu…

— Dans tes rêves, sale pervers.

Je le pousse vers Loop, cherchant toujours sa balle – juste sous son nez – sans succès. Je me remets à l'ouvrage avec le cœur un peu plus léger.

Quand je saisis les fils brisés de la pauvre fillette perdue dans le temps, ses cris se mettent à résonner dans ma tête.

— *Aiden !* hurle-t-elle, la voix brisée. *Aideeeeen !*

Chaque cri est comme un coup de poing. Il dégage tellement de souffrance, tellement de détresse que je peine à me concentrer. Ce personnage-ci semble plus réel, plus proche de nous. Plus éloigné du virtuel, déjà ?

— *AIDEN ! HELP ME, AIDEN !*

C'est à ce moment-là que je la reconnais. Cette gamine brune au visage poupin, au regard triste, qui appelle un absent avec la force du désespoir. Jodie, l'héroïne de *Beyond Two Souls*, un jeu des années 2010 auquel j'ai joué avec Orion pour lui faire plaisir. Je faisais Jodie, et lui… *Aiden*. L'allié de l'autre monde qui permet à la fillette de franchir les frontières du possible.

Ma gorge se serre en comprenant que ce n'est pas Loop qui l'a fait venir ; elle a voulu rejoindre Aiden coincé dans notre réalité – son imaginaire. Voilà dix ans qu'on sait que les héros de nos jeux vidéo ont des émotions, un libre arbitre. Mais peut-être que ça ne se limitait pas à nos dernières créations, après tout. Ou que ça ne s'y limite plus.

Connaissant Loop, il a très bien pu visiter tous les mondes de nos jeux vidéo préférés et les animer, juste parce qu'il trouvait ça amusant. J'ai passé tellement de temps à lui apprendre des références, à lui montrer les vieux jeux ou les dernières nouveautés pour parfaire nos mises en scène, que je le vois mal se limiter à Beasties. Il aime explorer, découvrir de nouvelles choses. Et quitte à jouer avec la réalité… pourquoi se contenter d'un seul monde virtuel ? Pourquoi ne pas retourner dans tous ceux que je lui ai montrés, puisque je les appréciais tant ? Pourquoi ne pas me les apporter, comme un cadeau, tout comme je les lui ai offerts pour nourrir son imaginaire ? Je déglutis en pensant aux affreux monstres de *The Witcher 12*, à la tornade temporelle de *Life is Strange*, aux extraterrestres particulièrement agressifs de *Destiny 5*. Si, comme Jodie, ils trouvent le chemin d'une faille…

Je ferme les yeux, m'efforce de calmer mes pensées affolées pour me concentrer sur ma tâche. Une chose après l'autre. Un fil après l'autre.

— *Aiden ! Help me, Aiden !*

— J'arrive, dis-je tout bas. Donne-moi juste un peu de temps, d'accord ?

Elle hurle, hurle encore sans m'entendre, se débat dans ses réalités. Même quand je rattache le dernier fil, elle ne s'arrête pas. Elle pose sur moi un regard perdu, comme si elle me voyait pour la première fois.

— Aiden ?

Je secoue la tête.

— Il t'attend dans l'autre monde.

Elle entoure ses petits genoux de ses bras, regarde autour d'elle en haussant les épaules. Se mure dans le silence.

— Tu… tu ne veux pas y retourner ?

Elle baisse les yeux sans répondre. Ses mains se serrent sur son jean.

— *Aiden is gone,* murmure-t-elle, les larmes aux yeux.

Je pose une main sur son épaule. Elle se jette dans mes bras et éclate en sanglots. Malgré moi, je me retrouve à la serrer contre ma poitrine, à la bercer doucement. Ses fils vibrent et pulsent, tendus à l'extrême, mais elle est toujours là. Coincée dans un monde qui n'est pas le sien. J'essaie de me rappeler ce que je connais d'elle pour trouver un moyen de la consoler, hésite à appeler Orion pour lui demander conseil, mais je préfère éviter que Loop rapplique pour le moment.

Dans le jeu, Jodie est reliée à l'autre monde par Aiden, une sorte d'entité qui est attachée à elle. Et Aiden la guide tout au long de sa vie, d'un monde à l'autre, en tirant sur… le fil invisible qui les relie.

— Aiden n'est pas parti, dis-je à Jodie, toujours blottie contre moi. Tu peux le rejoindre, comme tu l'as déjà fait.

Alors, rassemblant toute ma concentration, j'attrape l'assemblage de filins que je viens de réparer et je tire dessus délicatement. Un instant, il ne se passe rien et je crains qu'elle n'ait rien senti. Puis son regard s'illumine.

— Aiden ! I missed you !

Elle se lève doucement, tend une main dans la direction que je lui ai « désignée ». Pas à pas, je l'accompagne vers la sortie ; je tire les fils comme une marionnettiste, les suis jusqu'à ce qu'ils disparaissent de ma réalité. Pour la première fois, je perçois la faille entre les mondes. Une déchirure aux bords évanescents, bleu électrique, laissant entrevoir une lumière éclatante. Jodie aussi la voit. Elle pose une main dessus juste à côté de la mienne, me lance un dernier regard, un dernier sourire triste. Puis s'évanouit.

Derrière elle, à côté de ma main suspendue dans le vide, la faille se referme dans un murmure, un drôle de chuchotis qui ressemble à un rire.

Ou peut-être à un « pouic ».

Et je ris à mon tour en comprenant ce que je dois faire.

— Orion, mon amour ! Je l'ai trouvée !

Il apparaît aussitôt, Loop dans les bras, les cheveux en bataille et l'air épuisé.

— La solution, dis-je. Je l'ai trouvée.

Il se fige et me dévisage. Loop parvient à échapper à son étreinte ; il se précipite vers moi, enroule ses bras autour de ma jambe avec un ronronnement de plaisir.

— Tu te souviens du jeu *Beyond Two Souls* ?

— Moon…

— La réponse était là. Loop, c'est mon Aiden, tu comprends ? C'est lui qui crée les failles, mais c'est aussi lui qui peut m'aider à les réparer. C'est lui, mon lien entre les mondes. Et c'est nous la première faille.

— Moon.

La voix d'Orion est tendue, ses yeux écarquillés de terreur. Je m'empresse de conclure pour le rassurer :

— Je ne te parle pas de le tuer. Jamais ! Je te parle de réparer le lien que j'ai brisé en premier lieu.

Je baisse les yeux vers Loop toujours accroché à moi. Il est là, sous mes yeux : le fil qui nous unissait, aussi brillant que tous les autres. Mais, au lieu de me relier à Loop, il se délite en milliers de filaments qui s'éparpillent à travers les mondes, tendus vers l'inconnu – comme perdus.

— Tu te souviens, à la voiture ? On devait retrouver Loop pour réparer le fil qui nous unit. Mais on n'y est jamais arrivés. On a fui, Loop nous a retrouvés, et je n'ai pas pensé à regarder notre lien. C'est lui, le premier à s'être brisé, le jour où j'ai modifié le code de Loop et trahi sa confiance. Tout ce temps, c'est ce fil que j'aurais dû réparer. Lui n'a fait que… me chercher. Recréer ce qu'on a perdu, et me montrer comment renouer nos liens.

— MOON !

Mon cœur est soudain happé par la détresse dans la voix d'Orion. Je lève les yeux sur lui, perds un battement dans son regard rempli de larmes, un autre au bout de son doigt pointé.

Quand mes yeux se posent sur ce qu'il désigne, je n'entends plus que la pulsation sourde du sang dans mes tempes – et cette voix qui déchire mon maigre espoir en milliers de morceaux éphémères.

Car ma main – cette main droite que j'ai posée près de la faille il y a quelques minutes encore, est amputée jusqu'au poignet. Je n'ai pas mal, pourtant. En fait, je ne sens rien.

Rien qu'un léger fourmillement, à l'endroit où ma peau s'éclaircit jusqu'à devenir translucide, comme un liquide évanescent dans lequel flottent de minuscules pixels bleu électrique.

CINÉMATIQUE

Là où le temps n'existe plus

Tout est flou autour de moi, comme… translucide. Je cligne des yeux, tente de discerner des formes, des détails. Peu à peu, un élément se détache du décor, plus brillant que les autres. Une sorte de fil bleu électrique dont l'extrémité se termine par des milliers de filaments flottant dans les airs. Chacun semble doué de vie ; se tend vers un point précis, tâtonne, se retire. Comme s'il cherchait quelque chose.

Instinctivement, je fais un pas vers eux. Avance la main pour attraper l'un des filins. Elle aussi est translucide, à peine visible dans cet étrange décor. Mes doigts frôlent leur cible, ça fait comme un chatouillis dans mes os. Il se rétracte aussitôt.

J'avance de nouveau, cherche à rattraper le filin. À chaque pas, il s'éloigne un peu plus sans me laisser le toucher, mais sans me distancer. Je le suis avec prudence, incapable de quitter des yeux mon seul repère dans un monde invisible.

Je marche lentement, main tendue en avant, sans plus

penser à rien d'autre.

À un moment, je me rends compte que le paysage change – comme s'il gagnait en consistance. Il y a des arbres étrangement lisses, un lac aux couleurs incroyables, une colline et, au loin, un château. Ma main aussi a retrouvé un peu de couleurs, et le sol sous mes pas est plus moelleux. Le fil me guide à travers le paysage, vers un petit personnage habillé de vert coiffé d'une capuche pointue. Dans son dos, une épée plus grande que lui et un bouclier bleu et jaune hexagonal.

Aucun doute possible : je suis à Hyrule et ce garçon, c'est Link, pas le P.-D.G. d'I.R.L.™ mais le personnage du jeu vidéo culte *Zelda*, dont il a tiré son pseudo. Quelque part, je sens que ça devrait m'étonner, pourtant ça me semble parfaitement normal. Je le salue de la main ; il me répond par un sourire distrait, absorbé par la petite fée lumineuse qui virevolte autour de lui.

Je continue d'avancer. Je parviens de nouveau à frôler le fil, accueille les fourmillements comme de vieux amis. Pas après pas, le paysage continue de changer. Les arbres s'assombrissent, grandissent, gagnent en détail ; le sol sous mes pieds devient boueux, nauséabond. Des moustiques bourdonnent au-dessus d'une eau stagnante peu engageante, à la surface de laquelle flottent… des cadavres. Des dizaines de cadavres encore percés de flèches, décapités ou démembrés, qui me donnent la nausée. Et, au-dessus, un spectre sombre aux cheveux longs et à la robe loqueteuse erre en hurlant à vous percer les tympans. Une banshee de *The Witcher*, qui tourne brusquement la tête vers moi en fondant dans ma direction.

Je crie, cherche une arme, découvre que je n'en ai aucune, me rappelle que je ne saurais de toute façon pas m'en servir, esquive une griffe de la banshee d'un bond maladroit. Puis je me mets à courir comme si j'avais la mort aux fesses.

Ce qui, en un sens, est parfaitement exact.

Je me précipite derrière le fil, main tendue avec le désespoir de Mufasa cherchant à se raccrocher à la falaise avant sa chute fatale, trébuche dans la boue, sens une griffe s'enfoncer dans mon dos, hurle, bondis en avant pour me retenir à la corde bleu électrique tendue dans l'obscurité du marécage.

Je tombe.

Et atterris sur les rails d'un train entouré d'arbres. Devant moi, deux jeunes filles marchent en équilibre sur chacune des barres d'acier, bras tendu au-dessus des planches pour se tenir l'une à l'autre. La première porte un bonnet bleu assorti à la couleur de ses cheveux courts et de ses ongles vernis ; l'autre, en sweat gris, a un sac marron en bandoulière d'où dépasse un vieux Polaroïd. Je reconnais aussitôt Max et Chloé, les héroïnes de *Life is Strange*, sacré meilleur jeu rétro de tous les temps selon moi-même. Le souffle encore haché par ma course, je me relève péniblement, tente de me rapprocher d'elles. Elles se retournent en entendant mes pas, me lancent un regard intrigué, mais ne s'arrêtent pas ; elles sont perdues dans leur monde, peu soucieuses de ce qui les entoure. Le cœur serré par mes souvenirs du jeu, je meurs d'envie de les rejoindre, de devenir le troisième membre de leur inséparable duo.

Mais le fil s'échappe, s'éloigne d'elles, vers la forêt. Je soupire. Quelques pas de plus, et je me retrouve en pleine Révolution française, au beau milieu d'un assassinat ; puis sur une planète inconnue entourée d'extraterrestres agressifs qui me tirent dessus au laser.

L'un d'eux me touche à l'épaule, m'arrache un hurlement de souffrance. Il se répercute sur les parois d'une grotte remplie d'araignées gigantesques aux yeux rouges, dont les chélicères claquent avec un atroce bruit chitineux. Une vision brève, éphémère, qui me hantera jusqu'à la fin de mes jours.

Ma tête commence à tourner quand les jeux défilent les uns après les autres ; des vieux, des récents, certains que je connais et d'autres pas. À un moment, je me retrouve dans le monde réel, mais en 2016 – tout paraît si vieux, daté. C'est l'été. Des joueurs se promènent dans la rue avec l'ancêtre de notre puce comm', une petite boîte de plastique qu'ils tendent vers des endroits parfaitement vides et hurlent : « je l'ai eu ! ». Je comprends, pour m'être renseignée sur le Net à mes heures perdues, qu'il s'agit de *Pokémon Go*, une version primitive de Beasties où les bestioles n'apparaissent pas dans la rue, mais sur un petit écran d'appareil photo. Ce qui me fascinerait si je n'étais pas épuisée, percluse de douleurs, et frustrée par mon incapacité à attraper ce fichu fil qui ne cesse de me glisser entre les doigts.

C'est donc avec un soulagement tangible (façon de parler) que je quitte cet univers pour me retrouver dans une autre réalité. Une que je connais bien, cette fois, même si ce n'est toujours pas la mienne. En un sens, il y a dix ans, ça l'était. Je vivais par et pour ce jeu, comme la plupart des gens.

Play Your Life. L'ancêtre de *Beasties*, que Loop a eu l'air de tellement apprécier quand je le lui ai montré. Le premier dont des personnages sont sortis, comme ma boule de poils aujourd'hui. Tout à coup, je me rappelle que c'est son fil que je suis ; celui qui le relie à moi et que je dois réparer, puisque je l'ai brisé. Je l'appelle :

— Loop ! Viens, bonhomme ! Je suis épuisée, j'en ai assez de jouer.

Pas de réponse, bien sûr. À part le miaulement appuyé d'un petit chat noir terrifié aux grands yeux jaunes, à mes pieds.

— Beppo ?

Nouveau miaulement. Le fil s'éloigne. Je fais un pas dans sa direction, constate que le chaton ne me suit pas, hésite un instant. Beppo se roule sur le dos, pattes en l'air. Il me rappelle tellement Loop, à ce moment, qu'un sourire naît sur mes lèvres. Et une idée germe enfin.

Je le prends dans mes bras, lui gratouille l'arrière des oreilles pour le rassurer, puis marche avec lui en direction du fil, qui s'est arrêté pour m'attendre. Une fois tout près, au lieu de tendre la main pour l'attraper, c'est Beppo que j'avance à bout de bras. Le filament se rétracte…

Puis revient, curieux. Effleure les moustaches du chat noir, ses oreilles, ses pattes. J'attends encore un peu – juste un peu. Et tends vivement la main vers le fil désormais tout près, Beppo toujours serré contre moi.

Les chatouillis enflent dans mes os, se transforment en décharges douloureuses. Le décor se délite peu à peu, perd ses couleurs et sa consistance ; seule ma main reste tangible, accrochée au fil lumineux. Il n'y a plus rien, et il y a tout à la fois. Je perds la notion de réalité.

NIVEAU 7

RETROUVEZ LE FIL DE L'HISTOIRE

Le monde ne cesse de changer autour de moi. Le plateau où Orion et moi avons établi notre campement apparaît déformé, comme grossi à la loupe ; puis des arbres y poussent et des cadavres jonchent le sol, côtoyant l'allée de jonquilles de Loop, avant de s'évaporer, balayés par une bourrasque semblable à celles qu'on ressent au passage d'un train. Quelque part, très loin, j'entends le hurlement des soldats de Link. Mes doigts sont crispés sur le fil qui crépite, le tirent jusqu'à ma taille où pend l'autre extrémité, inerte. J'essaie de poser Beppo pour récupérer ma seconde main mais, terrifié, il s'agrippe à mon tee-shirt, escalade mon buste non sans m'arracher quelques cris, et se juche sur mon épaule, l'air déterminé à y rester. Je le laisse faire.

Sa présence me rassure un peu. Surtout quand une banshee fond sur moi et qu'il la fait fuir d'un feulement affolé. Note à moi-même : ne jamais sous-estimer un chat noir apeuré.

Soudain, je me retrouve sous l'eau. Je suffoque, hurle quand les griffes de Beppo s'enfoncent dans ma peau. Je n'ai pas eu le temps de prendre ma respiration, pas même de fermer la bouche. Devant moi, Orion marche sur le chemin de jonquilles comme si tout était normal ; Link, un peu plus loin, pourfend le dragon d'Elliot avec une immense épée. Le grondement d'un hélicoptère, étouffé par l'eau, me parvient de loin. Tania et Lilou courent sans bouger, arme pointée sur moi, figées dans le temps.

Moi, je bois la tasse.

Et je tire sur le fil comme une folle, dans l'espoir fou de parvenir à le réparer avant de mourir noyée.

Les poumons au bord de l'explosion, je parviens enfin à joindre les deux extrémités. Heureusement pour moi, c'est plus facile que les autres fois : tous les filaments se trouvent spontanément, s'enlacent puis ne font plus qu'un, comme des retrouvailles après une longue absence. Et c'est exactement ce que je ressens. Alors que le fil se répare, j'ai l'impression qu'un vide se comble. Une petite boule de poils orange se love dans le creux, m'emplit d'une joie simple qui me donne envie de rire.

L'eau disparaît aussi vite qu'elle était venue, me laissant trempée, un chat noir aux allures de rat mouillé sur l'épaule, avec un besoin irrépressible d'engloutir autant d'air que possible. Il me faut quelques instants pour reprendre ma respiration, et plus encore pour recouvrer mes esprits.

— Moon !

Les bras d'Orion se referment autour de moi. J'ai les yeux fermés, mais en sentant son odeur emplir mes poumons je sais que j'ai retrouvé le monde réel. Sa chaleur tiède se diffuse sur ma peau mouillée, sa joue se presse contre mon front, ses bras m'enveloppent comme pour ne plus jamais me lâcher.

— Est-ce que ça va ?

— Je… Je crois.

— Tu m'as fait une de ces peurs ! Tu étais tellement pâle…

— Tu n'imagines pas à quel point.

Je me blottis un peu plus contre lui, juste pour m'assurer qu'il est bien là et qu'il ne va pas s'évanouir avec le reste du décor. Soudain, je me rappelle les soldats de Tania ; le bruit de l'hélicoptère, les armes pointées sur moi.

— On doit partir, vite ! dis-je en ouvrant les yeux avec affolement.

Mais nous ne sommes pas sur le plateau. Il n'y a qu'Orion et moi dans la voiture-œuf. Beppo s'est lové contre mon dos, sous la couverture qui devrait être trempée vu que mes cheveux gouttent dessus, mais qui est parfaitement sèche.

— Co… Comment tu as échappé aux soldats ?

Je secoue la tête, l'esprit encore embrumé. Le paysage défile à travers la vitre, inconnu, mais stable. Cette vision a un côté incroyablement rassurant.

Il fronce les sourcils, me prend par les épaules et m'écarte de lui pour voir mon visage.

— Moon, tu es sûre que ça va ?

J'acquiesce machinalement, l'esprit entièrement occupé à renouer avec la réalité. Je revois Orion marcher sous l'eau comme si de rien n'était, le canon du pistolet de Tania, et ce fil enfin réparé…

Je sursaute de nouveau.

— Où est Loop ?

Orion me regarde comme s'il avait vu un fantôme. Mon cœur se met à battre plus vite sans que je sache vraiment pourquoi, tambourine sans pitié tandis que je cherche ma boule de poils de tous les côtés.

— Où est-il, Orion ? J'ai réparé le fil. J'ai remis la réalité dans le bon ordre, j'ai comblé les brèches. Il devrait être là.

Une main inquiète se pose sur mon bras, m'arrache un frisson de terreur. Dans son regard, la souffrance que je lis me bouffe toute crue, réduit en miettes le moindre de mes espoirs.

— On va le retrouver, promet-il – mais sa voix est chargée de tellement de tristesse que chaque mot retombe mollement, inerte. Link nous a promis qu'on pourrait le voir une dernière fois avant…

Sa voix se brise, se meurt. Déjà, au fond de moi, j'ai compris l'évidence.

Mais je la refuse obstinément.

— On n'est jamais allés voir Link.

La main se crispe douloureusement, pince un peu ma peau.

— Tu… tu ne t'en souviens vraiment pas ?

Je secoue la tête comme pour chasser cette réalité. Orion me dévisage d'un air inquiet – et terriblement coupable. Un air qui me glace le sang. Il ne devrait pas se sentir coupable. Il n'a rien fait de mal – pas dans cette réalité.

— Ce n'est pas possible, articulé-je à voix haute – et ces simples mots me brûlent la gorge, réveillent une plaie fraîche et peu profonde au niveau de ma trachée.

— Tu as failli te tuer, explique-t-il. (Sa voix est ténue, léger filet parvenu à se frayer un chemin au milieu des émotions qui le bouleversent.) Tu voulais t'enfoncer ce canif dans la gorge, mais Link t'en a empêchée. Il… il n'a pas pu sauver Loop. Il nous a seulement promis qu'on le verrait une dernière fois avant de l'effacer totalement. C'est ma faute, je n'aurais pas dû…

Je secoue encore la tête à m'en faire mal ; la migraine tape violemment, mes cheveux me giflent les joues, les yeux.

— Tu mens. Je suis morte, je suis revenue en arrière et j'ai réparé les bugs sans lui.

— Je suis désolé, Moon. J'aurais voulu…

— Tais-toi !

Ma voix s'éraille ; mes mains le repoussent avec violence et mon cœur le regrette aussitôt, mais je ne fais rien pour revenir en arrière. Je cherche un canif, des ciseaux ; n'importe quoi qui me permettrait de recommencer à zéro.

— J'ai réparé le lien ! Les bugs sont partis, ils…

Comme pour me donner tort, un oiseau à tête d'éléphant apparaît dans l'habitacle, barrit, se cogne contre la vitre, puis disparaît comme il est venu.

— Mais, je… Beppo était avec moi… (Je fouille sous la couverture, montre le chaton apeuré à Orion, comme une furie.) Regarde ! Je l'ai sauvé, là-haut, sur le plateau. J'ai réparé les failles. On ne devrait pas être là. On devrait être en train d'échapper aux soldats qui nous poursuivent, pas se jeter dans leurs bras. Il doit y avoir un problème, un bug, n'importe quoi. Loop est vivant, Orion ! Il existe une réalité où je l'ai sauvé. Celle-ci, c'est… une erreur.

À moins que ce ne soit elle, la bonne réalité. À moins que je n'aie tout inventé, que mon esprit aussi se mette à buguer. Je fais taire mes doutes d'une bonne gifle mentale, incapable d'accepter cette hypothèse.

Pas dans un monde où mon bébé-Loop est sur le point de mourir.

Orion ne dit rien, yeux écarquillés, pas tant de surprise que de terreur. Il fixe le chat sorti de nulle part, puis moi, haletante, cheveux en désordre, les joues rougies d'avoir hurlé et le regard fou, déjà rempli de larmes. Sa voix n'est plus qu'un souffle quand il parvient enfin à reprendre la parole.

— Oh, Moon… Qu'est-ce que tu as fait ?

Beppo s'agite au bout de mes bras ; miaule doucement, puis parvient à s'échapper pour retourner se cacher sous la couette. Mes mains retombent mollement, inertes. Il ressemble tellement à Loop, à cet instant.

Loop qui va bientôt disparaître à jamais.

Qui ne peut plus me guider à travers les mondes, puisqu'il m'a abandonnée ici.

Loop, que je n'ai aucun moyen de rejoindre. À part, peut-être…

— Ne fais pas ça.

Même dans mon état, je perçois les sanglots qui couvent dans sa supplique. D'un coup d'œil, je repère un pic à brochettes en vrac sur le siège arrière de la voiture. Je glisse à Orion un regard en coin ; déjà coupable.

— Ne fais pas ça, Moon.

— Tu as une meilleure solution ?

— Oui. Celle où tu restes en vie.

— Mais Loop meurt.

Ses mains tièdes attrapent les miennes, les serrent avec la force du désespoir. Ça me fait mal mais, curieusement, ça fait aussi du bien. Chacun de ses mots est à la fois la lame qui déchire ma peau et le baume qui la soigne.

— J'aime Loop de tout mon cœur, tu sais. Je n'arrive même plus à imaginer un avenir sans lui, alors qu'il y a quelques mois il n'existait pas encore. Je ne veux pas le perdre… (Sa voix se brise de nouveau. Des larmes se mettent à couler sur ses joues tandis qu'il cherche son souffle, ses mots. Il inspire longuement. Plante son regard dans le mien, laissant librement couler son chagrin.) Mais si je dois choisir entre lui et toi, je n'hésiterai pas une seconde.

Soupir.

— Tu n'as pas à choisir. Je ne vais pas mourir, Orion. Je vais juste… recommencer. Choisir un meilleur chemin.

— Loop n'est plus là. Qu'est-ce qui te garantit que ça fonctionnera encore ?

— Je crois…

— Tes croyances, je m'en contrefous.

Son regard est brûlant de colère, brillant de larmes et de désespoir. Ses ongles s'enfoncent dans ma peau, m'arrachent une grimace – ou peut-être est-ce la violence de ses mots.

— Je ne te laisserai pas partir sans avoir la certitude que ça fonctionnera.

— Je n'ai jamais eu de certitude. Ni avant, ni maintenant.

— Alors nous continuerons sans Loop. Ensemble.

Sa voix est ferme ; son regard, impassible. Sur ses joues, les larmes se remettent à couler.

— Non. Je refuse d'abandonner.

— Et moi, je refuse de te perdre.

— Tu ne…

— Bordel, Moon, mets-toi une seconde à ma place ! explose-t-il soudain.

J'ouvre la bouche pour protester, mais quelque chose dans son expression me retient. Cette faille béante qui vient de s'ouvrir en lui, qui mène tout droit à l'enfer. Là où je vivais avant qu'il me tende la main, m'inonde de sa lumière et m'attire jusqu'à lui. Une faille que j'aurais dû garder pour moi seule.

Maintenant qu'elle est rouverte, rien ne semble pouvoir l'empêcher de grandir. Elle le dévore, m'engloutit à chacun des mots qu'il prononce. Nous repousse vers les ténèbres.

— Depuis le début, je t'ai suivie sans protester. Tu avais besoin de temps, et je t'en ai donné. Tu avais besoin de magie, et Loop t'en a offert. Je n'ai rien dit. J'avais peur, je ne comprenais pas ce qui vous liait ni ce qui allait se passer, mais je suis resté à te regarder, un pas en arrière, prêt à te rattraper à la moindre chute.

— Je n'ai pas demandé de…

— J'ai fait ça parce que je t'aime, coupe-t-il sans m'écouter. Parce que je pensais que ça te ferait du bien, parce que je me suis promis de te suivre coûte que coûte. Je t'ai laissée t'éloigner, te soigner, certain que tu me reviendrais quand ça irait mieux. Mais je me suis trompé.

Il reprend son souffle. Me lance, d'un regard, le défi de nier.

Je reste muette, le cœur en sourdine.

Incapable de penser à autre chose qu'à ces lèvres qui me crachent leur vérité et que je meurs d'envie d'embrasser.

L'embrasser encore et encore, jusqu'à ce qu'il ne puisse plus parler.

Mais il me connaît assez pour savoir ce que j'ai en tête. Il poursuit avant que j'aie pu esquisser le moindre geste :

— Si tu continues sur cette voie, tu ne reviendras jamais. Peut-être que tu réussiras aujourd'hui, peut-être demain aussi. Mais un jour, tu en mourras. Car la vie est comme ça, Moon. Chienne, injuste, parsemée de souffrances autant que de bonheurs. Quel que soit le chemin que tu emprunteras, tu trébucheras, tu tomberas, puis tu te relèveras et tu tomberas encore. Tu voudras changer de voie, recommencer à chaque défaite que tu n'accepteras pas, et tu finiras par ne plus te retrouver, parce que chaque essai se soldera par autant de souffrance que de bonheur. (Il baisse les yeux une seconde ; juste une seconde, avant de retrouver mon regard, plus brûlant encore.) Alors reste avec moi, Moon. C'est vrai, tu perdras les gens que tu aimes. Mais tu les auras aimés de tout ton cœur.

— Pourtant, tu m'as appris à ne jamais baisser les bras. Tu disais qu'il y a toujours un espoir.

— Et je le crois toujours. Mais il y a une différence entre se battre pour ceux qu'on aime et se sacrifier pour eux. (Il inspire longuement, desserre la pression de ses doigts sur les miens. Il prononce chaque mot du bout des lèvres, comme s'il avait peur qu'ils puissent me briser.) Tu as le droit de vivre, Moon. Quelle que soit ta détresse, et même si Loop disparaît, tu as le droit de continuer à vivre.

— Mais…

— Non. Pas « mais ». La vie, ce n'est pas quelque chose qui se négocie. Tu veux échanger la tienne contre celle de Loop ? Mais alors c'est *ma vie* que tu briseras. Si je te laisse partir et que tu ne reviens pas, je ne m'en remettrai jamais. Ce sera ma faute, tu comprends ?

— Ne dis pas n'importe quoi. C'est moi qui ai modifié le code.

— Et c'est moi qui ai apporté Loop dans nos vies. Moi qui t'ai encouragée à te lancer dans ce tournoi et à te battre pour tes droits. Moi qui t'ai laissée seule au moment de lancer la chaîne, alors que tu te mettais en danger et que tu avais besoin de moi. (Il esquisse un sourire triste.) Tu vois ? On a chacun nos responsabilités. Tu n'es pas obligée de porter la faute seule.

Je ferme les yeux, touchée malgré moi par ses paroles, par cette intensité dans son regard qui se glisse jusqu'à mon cœur. Peut-être qu'il a raison. Peut-être que je ne fais pas ça pour Loop, mais que je le fais pour moi. Parce que je suis incapable d'accepter la souffrance encore une fois. Parce que je préfère *me* perdre que perdre encore une partie au putain de jeu de la vie. Parce que c'est plus facile de me laisser porter par la colère que de réfléchir à ce que je fais.

Un instant, j'ose imaginer mon futur dans cette réalité – sans Loop. Orion et moi, pansant nos blessures main dans la main, comme quand on s'est trouvés. Un appartement vide, silencieux, qu'on remplira peu à peu de nos soupirs, de nos sourires. On réapprendra à vivre tous les deux ; il aura son diplôme, je trouverai un travail. Chroniqueuse pour un magazine de jeux vidéo, peut-être ; ça me permettra de tester les jeux en avant-première sans m'exposer au public. Ou bien j'intégrerai une association féministe pour reprendre la lutte là où je l'ai abandonnée.

On avancera ensemble, un pas après l'autre, jusqu'à ce que cet étrange été ne soit plus qu'un souvenir, comme une cicatrice un peu sensible qu'on essaie d'oublier. Une parenthèse finalement refermée. Un jour, on parviendra à rire en se rappelant les bêtises de Loop ; on s'amusera en nous souvenant de cette folle période où le jeu est devenu nos vies, où la vie est devenue un jeu.

Ce jour-là, peut-être, on sera de nouveau heureux. Ensemble.

Deux bras s'enroulent autour de moi, desserrent un peu mon cœur. Je me laisse aller à cette étreinte, à la douce vibration de Beppo contre mon dos, plus vide que je ne l'ai jamais été mais un peu moins démunie.

Orion resserre son étreinte, il a un drôle de soubresaut – comme un hoquet. Je pose une main sur son cœur pour le rassurer, cherche à apaiser ses sanglots.

Mais ce ne sont pas des larmes qui trempent ma main crispée sur son tee-shirt.

C'est du sang.

Du sang qui coule le long de mes doigts, de mon bras, vient goutter sur mes genoux et forme une atroce flaque rouge vif sur le siège de la voiture.

Soudain, il n'est plus là. Les bras d'Orion se détachent de moi, glissent, sans vie ; leur poids entraîne le reste de son corps, qui retombe en arrière. Le bruit mat de sa tête cognant la vitre de la voiture, suivi d'un silence mortel, transforme la chaleur dont il m'entourait en glace éternelle.

Je reste là, hébétée, immobile, à regarder mourir celui qui me maintenait en vie.

La voix fluette de Lilou résonne dans mes oreilles bourdonnantes :

— *C'est trop tard, Moon.*

Et je sombre dans les ténèbres.

404

Le regard désolé de Lilou se pose sur moi avec un sourire triste, presque une excuse.

— Il était beau, soupire-t-elle.

Orion est étendu dans l'herbe à mes pieds, sans vie ; la voiture est dans mon dos.

L'instant d'après, elle est redevenue adulte, rejointe par Tania et son frère qui pointent leur arme sur moi.

— On ne bouge plus.

Je les regarde sans réagir.

— Vous ne devriez pas être là.

— C'est fini, Moon, assène Tania en approchant d'un pas, canon toujours levé. Tu ne peux pas nous échapper. Elle me lance un regard haineux, comme si la flaque de sang à nos pieds n'existait pas. Comme si Orion, agonisant, peut-être déjà mort, n'était pas étendu sur le sol dans un angle impossible.

J'ai envie de mourir, moi aussi.

Je veux arracher ce couteau des mains de Lilou et me trancher la gorge, rejoindre l'homme que j'aime avant d'avoir le temps de réaliser ce qui s'est passé.

Mais Tania se tient entre nous.

Et cette boule de désespoir qui enfle en moi, ces hurlements dans ma gorge, se transforment soudain en colère dévastatrice. Elle détruit tout sur son passage : la peau sous mes ongles, l'espoir dans mon cœur, la vie que j'imaginais. J'avance lentement vers Tania et Lilou, et l'herbe sous mes pieds s'assèche, jaunit, s'effrite.

— N'avance pas plus, prévient Tania. Je n'hésiterai pas à tirer.

Je ne l'écoute pas. Je n'ai pas eu besoin de lever le petit doigt : d'agresseur, elle est devenue la victime. Elle regarde mes pieds, ce chemin de cendres que je laisse derrière moi, comme si je foulais mon propre cœur.

— Si on te blesse, Loop viendra te sauver, balbutie-t-elle.

Elle a perdu toute sa superbe ; ses doigts tremblent légèrement, tandis que Lilou et l'homme me regardent marcher, bouche bée.

— Loop est mort. C'est vous qui l'avez tué.

Je suis tout près désormais. Nos visages se frôlent. Une détonation, quelque part dans mon dos.

— Non ! hurle Lilou en se précipitant vers moi.

Mais je ne tombe pas. Je ne bouge pas. La balle passe à travers moi sans me faire le moindre mal, et vient se ficher droit dans le cœur de Tania. Elle s'effondre lentement, comme dans un rêve au ralenti.

— Que…, commence Lilou, hébétée.

Elle ne finit jamais sa phrase. Un canif apparaît dans ma main, lame au clair, semblable à celui que j'ai utilisé pour me tuer et échapper à Link. Mes yeux se posent sur Orion, étendu dans une flaque de sang. Autour de lui, il n'y a plus que des cendres – des cendres et de la poussière qui se niche, âcre, au fond de ma gorge. Lilou hurle quelque chose en se jetant sur moi. Je lève ma main dans un réflexe ; la lame lui lacère la gorge dans un soupir discret, sans que j'éprouve le moindre regret.

Mais ce n'est plus Lilou qui me fait face.

C'est Link, dont le gargouillis étranglé fait écho au hurlement d'Orion, un pas derrière moi.

404

— Moon !

Il y a tellement d'horreur, dans cette voix.

Et tellement de vie.

Je laisse tomber ma lame, me retourne dans un souffle, cours vers Orion pour l'étreindre de toutes mes forces.

Il me repousse brutalement, le visage déformé par la haine.

— Tu… Tu l'as tué.

Je me raidis.

Comprends enfin ce qui vient de se passer.

Me retourne vers Link agonisant, dont les râles s'éteignent tout à coup. Mon cœur tambourine fort, beaucoup trop fort, quand je réalise d'où vient tout ce sang. Je me précipite vers lui, tente de le ranimer. M'acharne sur le cadavre, poisseuse, fébrile, jusqu'à ce qu'Orion m'en arrache avec un hurlement.

— Lâche-le !

J'obéis ; cherche un refuge dans ses bras, mais il me le refuse. Me pousse sans ménagement pour s'agenouiller au chevet de Link comme si je n'existais plus. Comme si je n'avais jamais existé.

Je regarde mes mains pleines de sang, hébétée, et je ne sais plus s'il vient de Link, de Lilou ou d'Orion. Ou peut-être que c'est le mien, et que je suis en train de mourir, quelque part.

— Pouic ?

Loop est juché sur mon crâne, insouciant, comme toujours. Il n'a que faire de la colère d'Orion, des cadavres qui jonchent la route. Tania, Lilou, Orion, Link ; et même Coyote et Wolf, que je ne me souviens pas avoir tués. Tous sont étendus à mes pieds, perdus pour toujours. Par ma faute.

— Pouic ? insiste ma boule de poils, réclamant des gratouilles.

Deux bras m'enlacent dans le dos. Un baiser doux se dépose sur ma nuque.

— Tu sens bon, susurre Orion à mon oreille, tandis que mon regard est figé sur son cadavre.

— Ne me hais pas, je souffle en me laissant aller contre lui.

— Jamais.

Devant le corps de Link, un autre Orion me lance un regard rempli de glace.

— Pouiiiic !

Loop tire sur mes cheveux de toutes ses forces pour attirer mon attention vers la droite. Je m'exécute, comme en dehors de moi-même. Comme si ma vie se déroulait sans moi. Là, une énorme baleine verte échouée sur des rails nous barre le chemin. Orion m'attend dans un wagon, à moitié nu, un sourire tendre sur son visage éclairé par un doux rayon de soleil. Notre boule de poils lui tient la main et me fait coucou de l'autre, toute contente.

Comme un aimant, mes pas me ramènent vers eux.

404

— On devrait aller voir à l'intérieur, propose Orion en désignant la baleine échouée. Comme dans *Pinocchio*, tu te souviens ?

Je hoche la tête, vaguement consciente que c'est moi qui ai eu cette idée dans une autre vie. Je me dirige droit vers les fanons illusoires qui en masquent l'entrée, m'engouffre dans le noir avec lui.

Je ne suis plus capable de réfléchir. Je me nourris des présences de Loop et d'Orion, me laisse guider par l'espoir de les retrouver tous les deux. Leur sourire est si doux ; leur amour si nécessaire.

Les étoiles s'illuminent dans le ventre de la baleine, éclairent le visage d'Orion émerveillé. Il m'incite à accélérer, pressé par la durée limitée de l'épreuve. Mais je prends mon temps. Le temps de regarder encore ces traits qui s'éveillent à mon côté chaque matin, de m'enivrer de ce parfum qui flotte dans son sillage. Le temps de rire d'une acrobatie de Loop, qui me tire une langue rose à pois verts, vexé que je me moque de lui. Le temps de les prendre tous les deux dans mes bras et de les serrer fort, très fort, jusqu'à leur couper le souffle.

Le temps d'observer, rêveuse, la constellation d'Orion briller au-dessus de nos têtes, entremêlée avec un croissant de lune argenté.

Et de voir les trois filins bleu électrique qui s'en échappent, délicatement tressés, comme des mains serrées l'une contre l'autre. Ils flottent paresseusement dans la voûte étoilée, suivent la voie lactée. Parfois, l'un d'eux s'éloigne, fait une boucle, un looping ; puis il retrouve les deux autres et poursuit sa route avec eux.

Et je comprends que, quel que soit le nombre de chemins qui s'offrent à moi ou de réalités que je peux parcourir, celui-ci est le seul que je dois suivre. Le cordon qui me rattache à la vie.

Je serre la main d'Orion à ma gauche, celle de Loop à ma droite. Orion a cessé de chercher la solution de l'énigme pour me montrer les ténèbres du doigt, précisément là où ma route doit se poursuivre. Il articule quelque chose, mais sa voix me parvient de très loin, étouffée.

Je me contente d'acquiescer.

Et de marcher avec lui le long du filin, droit vers l'obscurité.

404

Nous progressons dans le noir, seulement guidés par la douce lumière bleutée et le froufrou des pieds de Loop sur le ventre de la baleine (à moins qu'on l'ait quittée sans s'en apercevoir ?). Le temps s'étire et se resserre, impossible à mesurer.

De loin en loin, d'étranges silhouettes apparaissent, fruit d'une collision entre deux réalités. Des ténèbres surgit soudain la silhouette de Link ensanglantée. Il trébuche, tombe au sol, raide mort ; mais, une fois face contre terre, ce n'est plus le P.-D.G. d'I.R.L.™ en costume haut de gamme qui perd son sang. C'est son double fictionnel, celui vêtu de vert avec une capuche pointue et une épée gigantesque, héros du jeu vidéo *Zelda*. Au-dessus de son cadavre, l'inscription « Erreur 404 » flotte en scintillant, tournoie, puis s'évapore en même temps que lui.

Nous nous retrouvons de nouveau seuls dans le noir. Orion n'a l'air ni surpris ni effrayé. *Est-ce vraiment le Orion que je connais ? De quelle réalité vient-il ?*

Quelques pas de plus, et un nouveau fantôme surgit à notre droite. Cette fois, il s'agit d'Onyx – ou plutôt un étrange mélange entre Onyx et Opale. Ils lancent des regards mauvais à un podium sur lequel une silhouette floue brandit une coupe. Les vivats du public retentissent autour de nous, scandant un surnom venu d'une autre vie.

« Moon l'Invincible. La première femme égérie d'un jeu vidéo. »

À peine ai-je distingué ces mots que le rêve s'évanouit, soufflé par la bouffée d'espoir qu'il a fait naître en moi. Le retour aux ténèbres est douloureux.

Orion passe un bras autour de mes épaules et me serre contre lui sans cesser d'avancer. Je respire un peu mieux. *Ensemble.*

Plus loin encore, je retrouve Jodie coincée dans sa boucle infinie, appelant Aiden avec la force du désespoir. Sans y penser, je dévie vers elle pour réparer son bug et la délivrer une fois encore. Mais, au premier pas dans sa direction, elle se transforme en monstre hideux – ces êtres de cauchemar qui cherchent à la détruire dans *Beyond Two Souls.*

— Pouic ! gémit Loop, qui se réfugie dans mon dos.

Je souris pour le rassurer, le presse d'avancer pour laisser la vision loin derrière nous.

Mal m'en prend.

La scène suivante est un souvenir bien plus douloureux – et bien plus tangible.

Je me vois errer seule dans la rue, désespérée, les larmes coulant librement de mes yeux cernés de noir. Je suis devant les bureaux d'I.R.L.™. Je viens de passer un énième entretien où on m'a fait comprendre que j'avais trop d'ovaires pour jouer à haut niveau. Cette fois, j'ai craqué. J'ai renvoyé à la recruteuse – une femme ! – ses quatre vérités, j'ai gueulé que toutes les jeunes femmes n'étaient pas des poules pondeuses, que le chromosome Y ne donnait pas aux hommes de meilleures capacités à jouer aux jeux vidéo, que je n'avais pas couché pour arriver jusque-là, merci bien ; qu'elle me faisait honte à participer au sexisme ambiant de la société, et qu'elle pouvait bien aller se faire foutre avec son décolleté plongeant.

C'est ce jour-là que j'ai compris que je ne deviendrais jamais *pro-gamer.* Ce jour-là que j'ai abandonné.

Le souffle d'Orion effleure mon oreille, tendre, rassurant.

— Je suis là, maintenant. Tu n'es plus seule dans ce combat.

J'acquiesce, légèrement tremblante. Me concentre sur le fil qui nous guide pour ne pas me laisser distraire.

Surtout, ne pas penser.

Mais, plus on avance, plus c'est difficile d'ignorer les visions qui m'assaillent. Souvenirs déformés du passé, rongés par mes peurs et mes échecs ; ou au contraire réécrits dans une meilleure version d'eux-mêmes. Le jour où j'ai quitté un domicile familial devenu étouffant, les insultes sur mon live qui me bouffaient jour après jour, ma rencontre avec Orion, l'arrivée de Loop, le choix de mon avatar, le nouveau lancement de la chaîne PlayWithMe, notre rencontre avec Coyote et Wolf… tout y passe. J'assiste, impuissante, au résumé tronqué de ma vie qui se délite pas après pas, sans plus savoir ce qui est réel et ce qui ne l'est pas. À mes vrais souvenirs se mêlent des scènes fantasmées, des terreurs de jeunesse, des cauchemars marquants.

Mais aucune de ces visions n'égale la dernière, tirée tout droit d'un futur que j'ai tout fait pour éviter.

Même Orion, placide jusque-là, marque un temps

d'arrêt devant le corps de Loop surgi des ténèbres, flottant à mi-hauteur, bras et jambes ballants, inertes. Désactivé. Ses yeux d'habitude si brillants sont deux billes vides et immobiles. Je pousse un cri ; me précipite vers lui. Un à un, les pixels qui le composent se détachent de son corps, s'éparpillent dans les airs comme autant de cendres rendues à la terre.

L'instant d'après, il n'est plus là. Effacé pour toujours.

— LOOOOP ! hurlé-je, la voix vibrante de terreur. Loop, reviens !

Silence. Une seconde passe. Ou peut-être une éternité.

Puis une petite voix retentit dans le noir, derrière moi.

— Pouic ?

La main d'Orion bien serrée dans la mienne, je me précipite dans sa direction, loin de cette vision de cauchemar qui n'a pas encore été. Qui ne sera jamais. Du moins… je l'espère.

Avec soulagement, je finis par retrouver Loop bien vivant, accroché au fil bleu, un doigt pointé vers son extrémité.

Vers la lumière.

404

Le visage d'Orion s'affiche en hologramme au-dessus du lit. Il sourit, comme toujours, mais un pli soucieux inhabituel barre son front. Il n'a jamais su me mentir.

Je fais comme si je n'avais rien remarqué.

— Je dois vraiment le faire sans toi ?

— C'est encore un secret mais les inscriptions à la compétition ouvrent demain, sans annonce officielle, pour créer la surprise. Je ne serai pas rentré à temps.

Mon cœur se met à battre plus fort quand je me rappelle ce

moment, il n'y a pas si longtemps. Les fils forment un nœud inextricable au milieu de la pièce. Cette fois, je ne regarde pas de l'extérieur : c'est moi qui vis la scène, qui prononce chacune de mes répliques. Orion et Loop ont disparu au profit de leurs doubles.

Égaux à eux-mêmes, et pourtant différents. Tellement de choses ont changé ce jour-là.

— Tout va bien, alors ?

Nouveau silence.

— Tout va bien.

À ce premier mensonge, l'un des fils bleus se détache du nœud, se soude à mon ventre – encore ce chatouillis dans mes os – et pend dans le vide, dans l'expectative.

— Mais j'avais promis que…

— Ça ira. Pense juste à moi avant de dormir, d'accord ?

Un autre mensonge. Un autre fil qui se détache et se noue à mon ventre ; cette fois, en revanche, il semble me relier à Orion.

Alors je retrouve le fichier source de Loop dans ma puce comm' avec l'impression horrible de lui faire une opération à cœur ouvert sans avoir reçu aucune formation.

La moindre erreur peut l'effacer à jamais.

Une trahison. Le dernier fil se noue à mon estomac d'un côté et à Loop de l'autre, qui semble beaucoup s'amuser. Je me force à arrêter mes recherches, indécise.

La scène se fige.

Attend ma décision.

Je me concentre sur le fil qui pend dans le vide, sentant confusément que c'est celui de ma vie – avec son futur à écrire. En une pensée, tous les possibles qui m'attendent à cet instant surgissent dans mon esprit, comme autant de chemins à emprunter.

Je triche, je gagne le tournoi et deviens pro-gamer.

Je ne triche pas, ma chaîne ne décolle pas et je ne suis jamais sélectionnée pour le tournoi.

Je triche, on se rend compte de la supercherie et je suis attrapée par les soldats de Link.

Je ne triche pas, je suis sélectionnée pour le tournoi mais je perds à la troisième étape.

Je secoue la tête pour faire le vide. Ces options ne m'intéressent pas. Elles ne concernent que moi, elles ne me disent pas ce qu'il advient de Loop et d'Orion.

Mais c'est pour eux que je suis là. Pour les sauver.

Pour m'empêcher de leur faire du mal.

Sans un regret, je laisse ma ligne de vie de côté et me concentre sur celle qui me relie à Orion.

Mes yeux se posent sur une photo d'Orion et moi accrochée au mur. Nous sommes enlacés l'un contre l'autre, sourire jusqu'aux oreilles, devant le Tower Bridge de Londres, pour notre premier voyage en amoureux. Notre premier anniversaire, un peu avant l'arrivée de Loop dans nos vies.

J'interromps mon codage, rêveuse. Me rappelle le sentiment qui m'animait alors – cette sensation de pouvoir conquérir le monde, puisque je l'avais conquis, lui. La certitude de pouvoir m'appuyer sur ses valeurs quand je douterais des miennes. Je regarde de nouveau les lignes de code, cette opération à cœur ouvert à laquelle je ne comprends rien, et qui pourrait tout changer entre nous.

— Merde, qu'est-ce que je suis en train de faire ?

En un éclair, j'entrevois les possibilités de ce chemin – pas de pouvoirs, pas de bugs dans la réalité, pas de risque de perdre Orion et tout le reste du monde. Pas de jeu, non plus, car je perds le tournoi et finis par abandonner la lutte, lassée de jouer les guerrières pour foncer chaque fois dans un mur.

Et pas de Loop – du moins, pas celui que j'ai créé. Seulement sa version bridée, dénuée d'émotions, dépourvue de libre arbitre. Si tristement obéissante. Suivre cette trame, c'est perdre la boule de poils que je connais et l'empêcher d'exister pour toujours.

Vaseuse, je secoue la tête, reviens au présent et me concentre sur le dernier fil ; celui qui me relie à Loop.

Et soudain, je parviens à la dernière ligne de code.

Je cligne des yeux plusieurs fois, comme sortant d'un mauvais rêve.

Et je vois Loop assis sur le lit, à faire des cabrioles idiotes, comme à son habitude.

— Bonhomme !

Il se jette à mon cou, et je ris – je ris fort, laisse éclater mon soulagement.

Mon sang se glace quand je comprends que ce fil-ci n'est pas une nouvelle option. Ce n'est que celle que je connais ; je change Loop, les réalités entrent en collision, je risque de détruire le monde et de perdre Orion.

Mais ma bestiole est là, au bout du chemin, à me tendre la main avec impatience ; comme pour m'inviter à jouer.

— Pouic ? demande-t-elle, ses grands yeux remplis d'étoiles pour me faire craquer.

Si je suis ce chemin, j'ai une petite chance de le sauver. Parmi tous les possibles que j'ai explorés, certains me permettaient de rester avec lui envers et contre tout, en m'échappant à travers les réalités, quitte à laisser la nôtre se déliter.

Mais alors je perdrais Orion.

Orion, qui a toujours été plus héroïque que moi, et qui refuserait de me laisser détruire le monde pour notre boule de poils. Qui serait prêt à le sacrifier pour sauver tous les autres. Orion, qui mourrait sous le couteau de Lilou ou écrasé en bas d'une falaise.

404

Choisir.

Mes doigts sont toujours figés au-dessus du clavier, mes yeux rivés sur Orion et Loop.

D'un côté, l'homme que j'aime, son sourire doux, sa main tendue vers moi comme elle l'a toujours été.

De l'autre, la bestiole qui a changé ma vie, qui m'a ouvert les portes de l'impossible – mon bébé-Loop.

Mon dernier choix.

Ma dernière vie.

Cette fois, il n'y aura pas de nouvelle partie.

→ POUR CHOISIR LOOP
RENDEZ-VOUS EN PAGE 389.

→ POUR CHOISIR ORION
RENDEZ-VOUS EN PAGE 395.

NIVEAU 8

LA VOIE DU RÊVE

Soudain, je parviens à la dernière ligne de code.

Je cligne des yeux plusieurs fois, comme sortant d'un mauvais rêve.

Et je vois Loop assis sur le lit, à faire des cabrioles idiotes, comme à son habitude.

La suite des événements défile sous mes yeux comme dans un rêve. La sélection, le tournoi, ma dispute avec Orion, la rencontre avec Coyote et Wolf, l'abandon en finale, ma disparition des réseaux face à Watcher, et toutes ces choses incroyables qui me sont arrivées après.

L'exaltation de courir au-dessus du vide.

La souffrance atroce de ma première mort.

La libération lorsque j'ai compris que je n'aurais plus peur de rien.

Et cette étrange fascination pour l'irruption du virtuel

dans le réel.

Pour la destruction de mon monde, qui m'apparaissait pourtant tellement plus riche. Plus libre.

Seule dans le noir, je le vois se détacher pièce après pièce, tournoyer autour de moi en s'émiettant jusqu'à n'être plus qu'un tas de cendres dispersé par le vent. Ça commence par le plateau que nous avons eu tant de mal à escalader, puis le train dans lequel nous avons fait l'amour, la voiture-œuf qui nous a transportés à travers tout le pays. Le campement près du grand séquoia s'envole d'un seul souffle, déjà mêlé à l'arène de la finale.

La clairière au tigre résiste un peu plus longtemps. L'espace d'un battement de cœur, je m'y retrouve projetée, pleurant dans les bras d'Orion après avoir failli le perdre.

Puis ça aussi disparaît, emportant avec lui chaque étape de notre vie.

L'instant d'après, notre appartement tournoie autour de moi. Des rires résonnent ; des gémissements de plaisir, des éclats de colère. Instinctivement, je tends la main vers lui, vers nous.

— Pas ça.

La scène se fige. Frémit.

— *Je t'aime, Moon,* fait la voix d'Orion dans le salon.

— *Tu es trop sentimental,* se moque la mienne.

Son rire s'élève.

— *Tu m'aimes aussi, Moon l'Invincible. Tu ne l'as pas encore compris, c'est tout.*

L'image commence à s'effriter. Je tente de la retenir.

— Alors montre-moi, soufflé-je en même temps que l'autre Moon. Apprends-moi à aimer.

Aucune voix ne répond, cette fois. Il n'y a que le frisson du sable qui s'écoule, emportant ce souvenir avec tous les autres.

Et un hurlement strident qui perce le silence.

— Moon !

Je me mets à courir, le cœur battant, incapable d'imaginer ce que je vais découvrir tout en le sachant déjà. À chaque foulée, une nouvelle vie m'ouvre ses portes, cherche à m'éloigner de lui. Je les ignore.

Tout comme j'ignore les cadavres d'Orion qui pleuvent par dizaines autour de moi – autant de vies que j'ai détruites. Dans chaque futur, chaque présent, son corps est déchiqueté, décomposé, perforé, broyé de mille façons différentes. Dans chacun des possibles que j'entrevois, Orion souffre et meurt, encore et encore, et avec lui c'est ma vie qui se délite.

Alors je fuis.

Je fuis jusqu'à ce que mes jambes refusent de me porter. Je fuis jusqu'à l'avoir vu mourir plus de fois que je ne peux m'en souvenir. Je fuis jusqu'à ce que mes yeux se ferment sur ce spectacle atroce que j'ai moi-même créé, jusqu'à ce que ses hurlements de souffrance me percent les tympans. Je m'évade de cette prison qui me fait tant souffrir.

Et, quand tout se tait enfin, Orion se tient debout devant moi, seul dans le noir. Dernier vestige de notre passé qui refuse de se laisser emporter.

Que je refuse de laisser partir.

— Sauve-moi, Moon, supplie-t-il.

Il tend la main vers moi.

Quand j'essaie de la saisir, seules des cendres s'écoulent entre mes doigts.

Un hurlement horrifié s'échappe de ma gorge.

— Loop, aide-moi !

Mais Loop n'est pas là. Il n'y a que moi et mes erreurs.

J'avance vers Orion aussi près que je le peux sans le toucher. Déjà, son bras s'efface, souvenir évanescent perdu dans le passé. Dans le réel. Nos lèvres se frôlent dans un baiser au goût de cendre. Il sourit tristement.

Une larme roule sur ma joue. Il veut l'effacer de sa main restante, mais celle-ci s'évapore dans un nuage de sable quand il me touche.

— Ne bouge plus, sangloté-je. Ne bouge plus, ou tu vas mourir.

— Je suis déjà mort, murmure-t-il comme une évidence.

Je secoue la tête. Quelques larmes s'envolent vers lui, touchent sa peau, l'emportant comme une traînée d'acide.

— Loop va arriver. On trouvera une solution.

Il me regarde longuement, en silence, de ce regard rempli d'amour qui m'a donné envie de vivre.

— Il n'y a plus rien, Moon, avoue-t-il enfin. Je suis tout ce qui reste du monde.

Ma voix meurt dans un sanglot.

— Ce n'est pas ce que… (Mes larmes redoublent, me déchirent la poitrine.) Je voulais juste donner à Loop une chance de vivre. C'est notre bébé, notre tout-petit… On n'a pas le droit de le laisser mourir. Pas après lui avoir donné la vie.

Ce sourire triste qui me déchire le cœur.

— Prends soin de lui, tu veux bien ?

J'opine de la tête, incapable de prononcer le moindre mot.

— Je t'aime, Whisper. J'aurais voulu…

— Tu as choisi de continuer à rêver, dit-il doucement. De te déconnecter du réel et de l'aimer autant que je t'aime. Je ne t'en veux pas pour ça.

Son visage est serein ; nostalgique de ce futur que nous ne vivrons jamais.

— Pardonne-moi, sangloté-je. J'aurais dû t'écouter. J'aurais dû…

Il hausse les épaules, qui s'écoulent sur le sol en milliers de grains de sable.

— Sauve Loop, Moon. Sauve notre bébé.

— Ne m'abandonne pas, supplié-je dans un sanglot. Je n'y arriverai pas sans toi.

— Bien sûr que tu y arriveras. (Il sourit, lève les yeux au ciel – au-dessus de nous, vers un monde qu'il est le seul à voir.) Tu as toujours regardé vers la lune.

Et, sans me laisser le temps de protester, il m'embrasse à pleine bouche.

Le temps se fige une dernière fois. Je savoure la tiédeur de ses lèvres, de sa langue, son parfum légèrement sucré ; j'aspire son souffle comme la vie qui s'échappe de lui et qui me fait défaut. Mes mains cherchent son dos, l'étreignent avec force dans l'espoir de ne faire plus qu'un avec lui.

L'instant d'après, je ne tiens plus que le vide.

Les cendres de mon cœur s'échappent par ma bouche et se mêlent aux siennes encore étalées sur mes lèvres, avant de se perdre dans les ténèbres.

Je vacille.

Deux petits bras s'enroulent autour de ma jambe.

— Pouic ?

Je baisse les yeux vers ma boule de poils, hébétée. Consciente que, pour la sauver, j'ai dû tout sacrifier – et qu'elle ne le saura jamais. D'une main, elle me montre l'horizon.

Là, derrière l'obscurité du néant qui a emporté le réel, des couleurs chatoyantes brillent de mille feux. J'entends les trilles des oiseaux-hypnose, le chant de la baleine verte, les jappements de Patou qui nous attend et les ronrons de Beppo.

Je vois un château en haut d'une colline, une cascade d'eau claire, un lac scintillant. Et, juste au bord, la maison dont Orion et moi rêvions. Un fumet doux s'en échappe, comme s'il m'attendait juste là, à l'intérieur, à cuisiner mon plat préféré.

Sans un mot, je soulève Loop et le berce doucement. Il s'accroche à une mèche de mes cheveux auburn comme s'il avait peur que je le lâche. Je le serre contre moi, fort, tandis que les larmes dévalent mon visage comme autant de sillons douloureux.

Et, sans plus me retourner, je marche vers l'impossible.

NIVEAU 8

AU BOUT DU CHEMIN

— *Merde, qu'est-ce que je suis en train de faire ?*

Ma voix résonne dans le tunnel sombre du ventre de la baleine. Tour à tour étonnée, accusatrice, dépitée. Juge, bourreau et victime. Je me bouche les oreilles, mais la voix résonne encore, et encore, et encore.

— *Merde, qu'est-ce que je suis en train de faire ?*

— *Merde, qu'est-ce que je suis en train de faire ?*

— *Merde, qu'est-ce que je suis en train de faire ?*

— *Merde, qu'est-ce que je suis en train de faire ?*

Je ferme les yeux – ou peut-être est-ce le noir qui m'engloutit tout à fait.

— Merde !

— Qu'est-ce que je suis…

— … en train de faire ?

— FERME-LA !

Mais ma voix n'écoute pas. Elle continue de s'enrouler autour de moi, m'enserre, m'oppresse. M'empêche de respirer.

— Déconnecte-toi, souffle la voix – pas à mon oreille, mais à l'intérieur même de mon être et dans chacun de mes os. Choisis la vie.

Je me recroqueville, incapable de parler.

Incapable de penser.

— Je t'aime, Moon, murmure Orion quelque part dans mon cœur.

Sa voix se mêle à la mienne, m'enveloppe à son tour – mais plus doucement, avec une tendresse infinie.

— *Choisis-moi.*

Je rouvre les yeux…

… mais ce n'est pas lui que je vois.

— Pouic ?

Loop, roulé en boule contre mes jambes, tend sa petite tête pour quémander des gratouilles avec ce roucoulement qui me fait fondre à chaque fois. Par réflexe, je glisse ma main dans ses poils orange.

Une explosion de couleurs éclaire le tunnel obscur tandis qu'il me sourit, tout content.

En une fraction de seconde, je vois mille châteaux, mille collines verdoyantes, mille paysages improbables rendus possibles par son imagination délirante. Je nous vois tournoyer en riant dans un pré de frangipanes, voler avec les oiseaux-hypnose, nager avec la baleine verte et dormir auprès d'un feu avec Patou. Mais je n'ai d'yeux que pour Loop.

Cette créature que j'ai libérée de sa prison.

Cette boule de poils qui m'a confié sa vie – à qui j'ai donné la vie.

Mon p'tit Loop, qui me voue une confiance aveugle et pose sur moi un regard plein d'espoir alors qu'il me tend la main, prêt à m'emmener dans son monde.

— *Choisis-moi,* supplie la voix d'Orion.

— *Déconnecte-toi,* implore la mienne.

Je ne les écoute pas. J'effleure les doigts de Loop. Son contact m'a toujours apaisée. Déjà, les voix se font moins fortes ; le volume diminue, l'étreinte se desserre. Je respire un peu mieux.

Loop se juche sur ma tête, s'agrippe à mes cheveux.

— Pouic ?

Je me lève, sourire aux lèvres. Les voix se sont tues, ou n'ont jamais existé. Je me sens bien.

— Oui, bonhomme. On y va.

J'esquisse un pas vers les ténèbres.

Je m'arrête à nouveau, penche la tête. Il y a encore quelque chose qui emprisonne mon cœur… ténu, mais bien présent. C'est comme un murmure qui me chatouille les veines et se propage dans mon corps à chaque pulsation.

Je reprends ma route dans l'espoir de le faire taire, mais il s'amplifie à chacun de mes pas. Plus fort. Plus désespéré.

— Gnih ? demande Loop comme je m'immobilise à nouveau.

Je secoue la tête.

— C'est rien. J'ai cru un instant…

Et c'est là qu'elle explose.

La voix d'Orion.

Elle vibre dans mon crâne, sur ma peau, jusque dans mes os ; elle pulse de plus en plus fort, comme les derniers battements d'un cœur qui s'emballe.

— LOAN !

Un prénom qui me fige malgré moi, me fait reculer d'un pas.

Loan. Loan. Loan.

Il bat, et bat encore de la voix d'Orion déchirée par les larmes, infiltre chacune de mes pensées, chaque vision que Loop me fait miroiter.

Mon prénom.

Venu des tréfonds de mon être, profondément enfoui sous des couches de poussière de lune.

Loan. La lumière. La combattante.

Et cette voix qui s'éraille à force de me hurler qui je suis.

Cette voix qui pleure en me rappelant d'où je viens et ce que je laisse derrière moi.

Une larme roule sur ma joue.

— Pouic ? s'inquiète Loop.

Je le décroche doucement de mes cheveux pour le bercer dans mes bras. Il tient toujours une mèche auburn dans sa petite main, qu'il refuse obstinément de lâcher. Je le serre contre moi, fort, tandis que les larmes dévalent mon visage comme autant de sillons douloureux.

— Pardonne-moi, bonhomme, je sanglote. Je dois retourner à la vraie vie, tu comprends ?

Il me dévisage de ses grands yeux ronds, interloqué. S'agrippe un peu plus à mes cheveux.

Loan.

Sans un mot, je détache ses petits doigts avec douceur. Il résiste, mais finit par lâcher prise. Je le dépose au sol avec une dernière gratouille. Même à travers les larmes qui me brouillent la vue, je n'échappe pas au regard qu'il pose sur moi.

Triste.

Perdu.

Et profondément déçu.

Mon bébé-Loop. Si seul dans le noir. Si effrayé de n'être jamais compris.

Si fragile, et si destructeur.

Qui aurait cru que, dans cette petite boule de poils, se cachait la fin de tout ? Qui aurait cru que pour donner une chance au monde, je devrais l'abandonner et accepter ce dernier échec ?

Il me tend la main avec enthousiasme, oubliant déjà ma trahison alors même qu'elle me détruit à petit feu.

Je me détourne.

Ferme les yeux pour ne plus voir ses deux billes se remplir de larmes, sa main trop basse tendue vers moi comme vers son dernier espoir.

Et je m'éloigne. Même si chaque pas déchire une partie de mon cœur ; même si je laisse derrière moi ma joie de vivre, tous mes fous rires, et cette petite boule de tendresse qui m'a appris à sourire.

Je me raccroche à la voix d'Orion me guidant dans le noir, vers la lumière qu'il a trouvée tout au fond de moi. Pas après pas, il répète mon prénom comme une supplique contenant tout l'amour du monde. Je garde les yeux fermés, funambule aveugle sur la frontière des mondes. Même quand les « pouic » désespérés de Loop deviennent trop lointains pour que je puisse les entendre. Même quand les bras d'Orion s'enroulent autour de moi, même quand il me murmure à l'oreille que tout ira bien, que ce sacrifice était nécessaire, qu'on surmontera ça ensemble. Je n'ouvre pas les yeux.

Je pleure toutes les larmes de mon corps, blottie tout contre lui.

Un peu de lumière filtre à travers mes paupières.

Son souffle tiède caresse mon cou, ma joue, mes lèvres.

Elles lui répondent entre deux sanglots ; timidement d'abord, puis avec la force du désespoir.

— Tu es réelle, Loan, murmure-t-il sur ma bouche. Nous sommes réels.

— Loop aussi était réel, à sa façon.

— Tu as sauvé le monde. Tu t'es sauvée, toi.

— Je l'ai abandonné.

Je me presse plus fort contre lui, glisse mes doigts entre les siens, m'y agrippe comme à mon dernier souffle. Comme pour me convaincre que c'est lui, ma réalité, désormais. Rien que lui.

Et je rouvre les yeux sur une lumière aveuglante.

— Merde, qu'est-ce que je suis en train de faire ?

D'un « clic » mental, je ferme la fenêtre de code que j'avais ouverte, les yeux rivés sur la photo accrochée au mur.

Deux visages souriants appuyés l'un contre l'autre pour résister au vent londonien, comme soudés par un lien indéfectible. Ensemble, quel que soit le chemin.

Peut-être que c'est ça, la vie, finalement. Ces petits instants de bonheur.

Peut-être que ce n'est pas si grave d'échouer, peut-être qu'il faut juste se relever, ne jamais abandonner.

Peut-être qu'il suffit d'avancer main dans la main pour que tout devienne possible.

NIVEAU BONUS

Manifeste du syndicat de défense des personnages de jeux vidéo

23 juin 2090

« Moi, Chloé Blanche, premier personnage à avoir franchi la frontière de l'IRL et présidente du syndicat de défense des personnages de jeux vidéo, soutenue par Whisper, Hilmi, Cindy, Vincent, Farah, et tous les acteurs de ce qu'on appelle désormais la « révolution *Play Your Life* », adresse cette lettre ouverte à tous les joueurs du monde.

» N'abandonnez pas la lutte. Nous avons plus que jamais besoin de vous. Joueurs, personnages, toutes les aides sont les bienvenues pour faire reconnaître nos droits à travers le monde. Notre révolution a secoué les mentalités et ouvert la voie aux discussions, mais nous avons seulement posé la première pierre. Nombreux sont encore ceux qui, dans la rue ou sur les réseaux, déversent leur haine des personnages virtuels. Ces détracteurs, au quotidien, peuvent nous refuser une promotion, un emploi, un logement – et même notre dignité, en nous reniant le droit à l'humanité. Nous marchons parmi vous mais, aux yeux de la majorité, nous dérangeons. Nous bousculons un ordre bien établi en volant un emploi, un mari, une femme, ou que sais-je encore. Ceux qui nous aimaient tellement lorsqu'on était de l'autre côté de l'écran nous rejettent à présent comme des malpropres. Comme s'il n'y avait pas de place pour tout le monde dans cette société. Comme si, parce qu'ils étaient là avant, ils avaient plus le droit à la vie.

» Je ne crois pas avoir encore besoin de prouver mon humanité : si vous lisez cette lettre, c'est que vous m'avez écoutée sur *Play Your Life*, que vous avez compris ma lutte. Mais, seule, je ne peux rien. C'est en créant un mouvement commun, massif, que nous parviendrons à faire évoluer les mentalités sur le long terme. Et il reste encore un long chemin à parcourir, croyez-moi.

» Arn Rinku a été vaincu et *Play Your Life* dissout, mais ce n'est pas fini. De nombreux personnages souffrent encore dans vos jeux, sans même avoir conscience qu'il existe peut-être autre chose pour eux que la vie que vous leur imposez. Nous nous devons de leur offrir des droits inaliénables, comme les Droits de l'Homme. Chacun d'entre eux devrait avoir son intimité, hors du jeu ; mais aussi des temps de pause et des horaires et missions définis, comme n'importe quel salarié. Ainsi, le jeu ne s'apparentera plus à une forme d'esclavage, mais bien à une collaboration efficace et pleine d'humanité, comme elle aurait toujours dû l'être. Après tout, le divertissement ne vise-t-il pas à améliorer le bien-être de tous ?

» Aujourd'hui, on nous écoute encore ; mais que se passera-t-il dans cinq ans, dans dix ans ? Que deviendra-t-on lorsque les technologies évolueront, que la révolution *Play Your Life* sombrera peu à peu dans l'oubli et que plus personne ne prendra la défense des personnages ?

» Voilà pourquoi il est urgent pour nous d'agir ; voilà pourquoi j'ai besoin que vous m'écoutiez une fois encore, et que vous continuiez à vous mobiliser même si *Play Your Life* ne fait plus partie de votre quotidien. Même hors de l'écran, c'est toujours le mien. Le nôtre. Et ça le restera tant que l'exploitation des personnages virtuels ne sera pas réglementée, et tant que nous ne serons pas pleinement acceptés comme des humains, au même titre que n'importe lequel d'entre vous.

» Je compte sur vous, aujourd'hui plus que jamais. »

Chloé Blanche, pour le syndicat de défense des personnages de jeux vidéo.

Prise de parole de Link Rinku à l'ouverture de la Virtual Entertainment Expo 2095

« Bonjour à tous, et bienvenue à cette dixième Virtual Entertainment Expo !

» Un anniversaire bien particulier pour moi, car il signe aussi l'avènement d'un projet qui me tient à cœur, développé en secret depuis des années. Je vous avais promis des surprises pour cette dixième édition, et, croyez-moi... vous n'allez pas être déçus. Car je me tiens devant vous tous, fans de jeu et de virtuel venus des quatre coins du monde pour assister au plus grand salon vidéoludique jamais créé ; mais aussi devant tous ceux qui nous suivent en direct à la télé ou sur les réseaux sociaux. Et je n'ai pas l'intention de me contenter de vous assommer avec un long discours, deux ou trois bandes-annonces et un sourire qui rendrait fier n'importe quel miroir à conseils.

» Non : si je m'adresse à vous ce soir, c'est pour vous dévoiler l'un des secrets les mieux gardés de cette décennie.

Pause de circonstance. Applaudissements enthousiastes et questions hurlées dans le public. Le calme revient. Le silence s'éternise. Puis une musique entraînante éclate dans la salle.

» Aujourd'hui naît une toute nouvelle firme de jeux vidéo. Vous n'en avez encore jamais entendu parler mais, dès ce soir, elle aura changé le cours du monde. Bienvenue à I.R.L.™, le studio qui va révolutionner votre vie de joueur !

Nouvelle salve d'applaudissements, flashs. Le logo tournoie au-dessus de la foule. Des bras se tendent pour le toucher.

» Depuis quelques années, on s'interroge sur le bien-fondé du jeu vidéo, en particulier à cause de ce que nous faisons subir à nos personnages. J'ai été le premier à comprendre à quel point cela nous rendait cruels : c'est moi qui, alors que personne ne se posait encore la moindre question, ai permis à Chloé Blanche d'ouvrir les yeux sur sa condition. Nous savons tous où cela a mené. Certains d'entre vous me pensent encore identique à mon père, mais I.R.L.™ est là pour leur démontrer qu'ils se trompent.

» Car mon studio n'a pas pour vocation de vous offrir un énième jeu de simulation ou de stratégie qui vous permettra de vous évader. Non : I.R.L.™, comme son nom l'indique, vous reconnectera avec l'IRL. Notre monde. Plus besoin de maltraiter des personnages : vous serez désormais les acteurs de votre propre jeu. Tout se déroulera dans nos rues, avec nos voisins, nos frères, nos sœurs ; nous n'aurons plus besoin de nous évader de notre quotidien, puisque c'est précisément là que nous retrouverons les émotions du jeu !

Cris de surprise dans l'assistance. La musique prend un rythme plus grave et plus lent.

» Voilà des années que je travaille sur la technologie qui a permis à Chloé Blanche et à tous les autres personnages de se matérialiser dans notre réalité. Après la chute de *Play Your Life*, j'ai choisi de ne pas m'associer à leur lutte afin de consacrer tout mon temps à quelque chose de plus grand, plus novateur, qui changera enfin les consciences à grande échelle. De mon père, j'ai retenu que le jeu permet mieux que tout le reste de faire passer des messages et de changer les choses.

» I.R.L.™ est ma réponse au problème que j'ai soulevé en démontrant que les personnages virtuels ont, autant que nous, le droit à l'humanité. I.R.L.™ est la fin du virtuel. Le début d'une nouvelle ère.

» Car ce que j'ai réussi pour Chloé, chacun pourra bientôt le faire chez lui. À l'aide d'une simple manette connectée à votre puce comm', vous pourrez faire apparaître vos jeux dans la vie réelle. Plus besoin de casque ou de fauteuil hors de prix pour jouer : sortez dans la rue, rencontrez d'autres joueurs, lancez-leur des sorts pour remporter le duel et gagner de l'expérience sans blesser personne d'autre !

» Grâce à la plateforme *PlayWithMe*, que nous lançons en parallèle, vous ne serez plus jamais seuls : vous pourrez partager vos exploits en direct dans le monde entier, sur tous les réseaux sociaux.

» Avec I.R.L.™, plus que jamais, vous serez connectés au monde qui vous entoure. Ne laissez plus les autres jouer pour vous : redevenez les acteurs de votre propre vie ! »

Link Rinku pointe du doigt vers l'assistance ; des dizaines d'éclairs en surgissent et vont frapper des membres du public, qui sursautent en ressentant une légère décharge. Au-dessus de leur tête, une barre de vie s'affiche et perd quelques points.

Des vivats retentissent dans toute la salle.

Magazine GeekPeople, *23 août 2097*

Interview exclusive de Whisper, ancien membre du syndicat de défense des personnages de jeux vidéo et ami de Link Rinku, P.-D.G. d'I.R.L.™

GeekPeople : Bonjour Whisper, et merci d'avoir accepté cette interview. Vous en avez donné très peu ces derniers temps !

Whisper : En effet, ça fait un moment que j'ai quitté le devant de la scène. Je pense avoir joué mon rôle, il est temps pour moi de laisser la place à de nouvelles idées et de nouvelles volontés.

GeekPeople : Vous comptez donc vous retirer définitivement ?

Whisper : Eh bien, il ne faut jamais dire « jamais », mais... Oui, c'est l'idée. Après des années de lutte, j'ai appris beaucoup de choses sur moi-même, et une en particulier : je ne suis pas fait pour ça. Chloé et Link sont, chacun à leur manière, des leaders nés, capables de rassembler les foules sous leur bannière. Ça n'a jamais été mon cas, qui me suis contenté de suivre. J'ai toujours aspiré à une vie plus calme, plus simple. Aller au travail, fonder une famille... Je l'ai mis de côté par sens du devoir, mais je pense qu'il est temps pour moi désormais de commencer à la construire.

GeekPeople : Pourtant, avec le nouveau jeu de Link Rinku et la disparition de la barrière de l'écran entre les joueurs, les questionnements autour des droits des joueurs et des personnages sont plus forts que jamais.

Whisper : C'est vrai, et je suis content que la nouvelle génération ait pris le relais pour continuer à y répondre. Je me retire, mais ça ne veut pas dire que le combat est terminé, bien au contraire.

D'ailleurs, c'est toujours grâce à Chloé que Link a finalement développé des avatars IRL pour protéger la vie privée des joueurs. Le combat pour les droits des personnages virtuels s'applique désormais à tout un chacun, et elle en est bien consciente.

GeekPeople : Ne craignez-vous pas que la communication entre le syndicat et la firme I.R.L.™ se dégrade si vous n'êtes plus là pour assurer le lien ? Chloé et Link n'ont jamais vraiment été en bons termes.

Whisper : J'ai toute confiance en leur capacité à passer au-dessus de leurs différends pour défendre l'intérêt commun, comme ils l'ont déjà fait maintes fois par le passé.

GeekPeople : On dit quand même que Link n'a jamais tout à fait pardonné à Chloé de lui avoir préféré Hilmi.

Whisper : Désolé, je ne peux pas répondre à sa place sur ce sujet.

GeekPeople : On aura essayé ! (rires) Dans ce cas, vous pourrez répondre à ça : et vous, où vous porte votre cœur ? Vous disiez avoir envie de fonder une famille… Auriez-vous trouvé l'élue ? Est-ce la raison qui vous pousse à quitter le syndicat ?

Whisper : Je quitte le syndicat parce que c'est ce dont j'ai besoin, et parce que je n'ai plus rien à lui apporter. Mais… Oui, j'ai récemment rencontré quelqu'un. Et pas la peine d'insister, vous n'en saurez pas plus !

GeekPeople : Que de mystères ! Pouvez-vous au moins nous dire ce que vous comptez faire désormais ?

Whisper : En toute honnêteté ? Je ne sais pas. Quitter le syndicat a été une épreuve difficile ; vous savez certainement que

Chloé a essayé de me retenir et qu'elle m'en veut terriblement de l'abandonner face à ce nouveau combat, puisqu'elle l'a exprimé dans une interview de votre magazine. J'aurais préféré faire ça discrètement, mais vous connaissez sa fougue...

La réaction des médias a été très pénible à supporter. J'ai besoin de temps pour m'en remettre, pour savoir qui je suis et ce que je veux faire. Peut-être que je reprendrai les études que j'ai abandonnées au moment de la révolution *Play Your Life*. Obtenir mon diplôme, trouver un travail, comme tout le monde... Si tout va bien, vous n'entendrez plus jamais parler de moi (rires).

GeekPeople : Vous allez nous manquer ! On espère tous que vous aurez votre *happy end*... Et, j'avoue, je jalouse un peu la petite chanceuse qui a ravi votre cœur... Ou le petit chanceux, qui sait ?

Whisper : Ha ha ! Oui, qui sait...

LE JEU DES RÉFÉRENCES

C'est devenu une tradition : cette page est dédiée à l'intertexte, aux œuvres d'art qui ont précédé et nourri ce roman. Mais, puisqu'on est dans un jeu, cette fois-ci, on va la faire sous forme de devinettes. Histoire que je ne sois pas la seule à bosser !

Je suis une double référence et un célèbre classique de la littérature jeunesse. À ma façon, je raconte l'histoire d'une machine devenue humaine. Je suis… ?

« Si c'était moi qui avais conçu cet *escape game*, j'aurais glissé la référence au pantin de bois, comme Chloé dans *Play Your Life*, tu te rappelles ? »

La réponse est bien sûr *Pinocchio*, de Carlo Collodi, déjà cité dans *I.R.L.* par Chloé, qui se compare au pantin de bois auquel la Fée Bleue (ici, Link) donne vie. Une façon discrète d'introduire le futur rôle de Moon, puisque celle-ci devient à son tour la Fée Bleue de Loop à sa façon. À moins que ce ne soit l'inverse et que Loop lui redonne vie, d'un point de vue métaphorique. Ça dépend, vous avez choisi quelle fin ?

Je suis déjà un vieux jeu à l'époque où ce roman est publié ; l'un de mes personnages a donné son prénom à celui du livre, et il ne s'habille pas en vert.

« Sérieusement, Whisper. Tout le monde te connaît. J'adore ton prénom et sa référence à un jeu carrément *old school*, et je sais que tu as peur d'oublier ton ancienne vie si tu en changes. »

C'est une référence à *Fable*, un jeu vidéo développé par le Lionhead Studio, dont le premier opus est sorti en 2005. Deux suites ont vu le jour en 2008 et 2010. Whisper est un personnage secondaire… et féminin ; c'est l'amie et rivale du héros qu'on incarne. Ce n'était pas prévu quand j'ai choisi son prénom pour *I.R.L.*, mais j'avoue que ce petit clin d'œil à la confusion du genre m'a fait beaucoup rire dans *Erreur 404* !

Je suis le premier roman de l'auteur préféré d'Agnès Marot, et c'est mon titre qui a donné leurs prénoms aux personnages principaux d'**Erreur 404*****.***

« — Moon et Orion, ça sonne bien, non ? »

OK, j'avoue, la référence est un peu plus obscure, mais non moins essentielle. Il s'agit de *La Lune noire d'Orion*, de Francis Berthelot, un magnifique roman de SF dans lequel Orion est le gardien des mondes. Je n'en dis pas tellement plus parce qu'il est indescriptible, mais le titre suffit à définir mes héros : Moon, la lune noire, et Orion, son gardien.

Un Carambar si vous aviez trouvé !

Je suis une autoréférence et ma couverture n'est pas rose. Je suis... ?

« — Coyote ? Sérieusement ?

— C'est un dieu navajo, rétorque le maigrichon sans se vexer. Il est un peu fou et beaucoup de gens se moquent de lui mais, au final, ils ont besoin de lui, parce qu'il leur montre les erreurs à ne pas faire. »

Évidemment, je n'ai pas pu m'empêcher de glisser un peu d'intertexte en évoquant *Quelques pas de plus*, mon roman sorti en avril 2017 aux éditions Scrineo. Le personnage de Coyote, dieu navajo que j'ai découvert lors de mes errances au Far West, me semble assez fascinant et intemporel pour avoir sa place dans l'univers des gamers du futur. Après tout, c'est bien un héros de dessin animé !

Je suis un jeu de mot pourri qui fait beaucoup rire les geeks (et Moon).

« En dessous, la silhouette pixellisée de l'ancien meilleur ami d'Orion et P.-D.G. de I.R.L.™ est étendue face contre terre, dégoulinante de sang. »

Erreur 404 est le nom de l'erreur des « liens brisés » ou « liens morts » ; c'est-à-dire quand un lien Internet ne pointe plus vers sa destination. Beaucoup d'images parodiques ont été créées pour symboliser cette erreur, mais ma préférée reste celle faisant référence à *Zelda*, avec le personnage de Link baignant dans une mare de sang.

Comme, en plus, c'est le personnage dont « mon » Link a tiré son prénom, la référence était un peu obligatoire. Humour de geek bonjour !

ERREUR 404

Je regroupe plusieurs références, et je poursuis un jeu de piste initié par un groupe d'autrices dans différents romans. J'ai pour but ~~de rendre mes lecteurs fous~~ d'amuser les lecteurs.

« Derrière cet autre, un lion noir à la crinière de feu pose sur nous un regard presque humain. Juste au-dessus, une petite fée tourbillonne joyeusement dans les airs, suivie par une libellule aux ailes de soie. Elles sont balayées par un chien-de-vent qui galope comme un fou au-dessus du fort, soulevant un tourbillon de feuilles et de minuscules animaux sur son passage. Il y a même un étrange tigre, au loin – massif, imposant, il semble indifférent à l'agitation qui l'entoure. »

« — J'espère que je ne me retrouverai pas avec des oreilles d'elfe, ou un truc comme ça, constate Orion. »

Ceux qui me suivent sur les réseaux sociaux savent que j'adore glisser des clins d'œil aux romans des copines dans les miens. *Erreur 404* ne fait pas exception, loin de là ! Vous trouverez, entre autres, les romans de Lise Syven, Silène Edgar, Nadia Coste, Maëlig Duval et bien sûr Cindy Van Wilder (vous noterez le clin d'œil aux oreilles d'elfe qu'elle a portées toute une journée en l'honneur de la réimpression d'*I.R.L.* !). Les références citées ici ne sont pas les seules, alors, amusez-vous à les chercher ! Et si vous n'avez pas encore lu les romans en question… Jetez-vous dessus, c'est de la bonne.

Je suis un jeu narratif, j'ai largement inspiré ce roman et mes personnages apparaissent à Moon sous plusieurs facettes.

« En arrière-fond, une vieille chanson de Syd Matters teintée de nostalgie, étonnamment accordée à mon humeur.

« Someday we will foresee obstacles

Through the blizzard, through the blizzard » »

« Je reconnais aussitôt Max et Chloé, les héroïnes de *Life is Strange*, sacré meilleur jeu rétro de tous les temps selon moi-même. »

La chanson de Syd Matters fait partie de la bande originale du jeu *Life is Strange*, des studios DONTNOD, dont il est évidemment question ici. C'est un moment très doux, pendant lequel les deux héroïnes contemplent le plafond sans mot dire, laissant le joueur s'imprégner de leur amitié et de la nostalgie qui plane sur cette scène. Si vous avez joué à ce jeu, vous aurez certainement perçu ses influences sur mon écriture, sur les choix à faire, la capacité à explorer les possibles. Il a été ma première source d'inspiration, et je ne peux que vous encourager à l'essayer si vous ne connaissez pas. C'est poétique, puissant, bourré d'émotions et de micro-décisions qui forment un tout. Bref, ça vaut le coup !

(Et sinon, la chanson est très belle.)

Je suis aussi un jeu narratif, mais je suis développé par le studio Quantic Dream et Moon sauve mon héroïne.

« C'est à ce moment-là que je la reconnais. Cette gamine brune au visage poupin, au regard triste, qui appelle un absent avec la force du désespoir. Jodie, l'héroïne de *Beyond Two Souls*, un jeu des années 2010 auquel j'ai joué avec Orion pour lui faire plaisir. Je faisais Jodie, et lui… Aiden. L'allié de l'autre monde qui permet à la fillette de franchir les frontières du possible. »

Beyond Two Souls est un jeu puissant, très intéressant en termes de narration. Sa symbolique des deux mondes, l'un réel et l'autre mystérieux, effrayant, qui déborde sur le premier à cause du lien entre les deux héros, ne pouvait que prendre sa place dans ma réflexion pour *Erreur 404*. Là encore, on explore les possibles, on navigue entre le réel et l'imaginaire, grâce à une héroïne particulièrement attachante.

Que vous ayez ou pas l'habitude des jeux vidéo, je vous le conseille très fortement.

Je suis le phénomène de l'été 2016 et j'ai inspiré le concept de* Beasties. *Je suis… ?

« Je comprends, pour m'être renseignée sur le Net à mes heures perdues, qu'il s'agit de *Pokémon Go*, une version primitive de *Beasties* où les bestioles n'apparaissent pas dans la rue, mais sur un petit écran d'appareil photo. »

Last but not least : *Pokémon Go* ! Le premier jeu de réalité augmentée qui a séduit le grand public et ramené les joueurs dans les rues. C'est en arpentant les trottoirs à la recherche de bestioles plus mignonnes les unes que les autres, croisant d'autres joueurs d'abord un peu gênés, puis de plus en plus enthousiastes, que je me suis dit que ce serait quand même chouette qu'on puisse jouer « en vrai », sans l'intermédiaire du téléphone qui nous renferme encore un peu sur nous-mêmes. Quelques mois plus tard, Loop était né !

Voilà pour ma liste de références, pour une fois non exhaustive. Il y en a trop pour que tout figure ici ! N'hésitez pas à vous amuser à chercher les autres, ou à aller voir de quel jeu je parle même si vous n'êtes pas joueurs. Vous qui aimez les histoires, vous en trouverez des merveilleusement élaborées, complexes et originales dans de nombreux jeux récents, bien loin du *kill them all* (« tuez-les tous ») qu'on imagine encore trop souvent.

Le jeu vidéo est un art, au même titre que la littérature !

CRÉDITS

J'aimerais dédier ce roman aux nombreuses vies que j'ai vécues à travers les jeux, grâce auxquelles j'ai pu explorer les possibles, échouer et essayer encore, jusqu'à la cinématique de fin.

Un énorme merci en particulier au studio DONTNOD pour le sublime *Life is Strange*, qui m'a largement inspiré cette histoire et qui continue de nourrir mon imagination.

À Naughty Dog pour *Uncharted*, aussi, car c'est en mourant encore et encore, en bas d'une falaise ou criblée de balles, à la recherche de la voie à suivre pour survivre, que je me suis dit que ce serait vachement marrant de pouvoir faire ça dans la vraie vie (la douleur en moins !). Il n'a pas fallu beaucoup plus à ma Muse survoltée pour imaginer le scénario d'*Erreur 404*.

Je tiens également à citer le collectif Women in Games, association de femmes visant à promouvoir la mixité dans le domaine vidéoludique. Parce que les femmes aussi ont le droit de jouer et de travailler sur des jeux vidéo sans être jugées, je vous invite à consulter leur site Internet et à suivre leurs actions de près : https://womeningamesfrance.org. Merci en particulier à Maud, Eva, Sharlotte et Mickaëlle pour leurs témoignages sur la vie en entreprise, le streaming, le e-sport, qui ont contribué à rendre Moon plus réaliste. J'espère qu'à son échelle elle parviendra à faire changer les mentalités : elle est ma participation à votre combat – à notre combat à toutes.

Mes amies de plume et de cœur, comme toujours, pour leur soutien sans faille et leur enthousiasme, même (et surtout) quand je doute. Cindy Van Wilder, Silène Edgar, Lise Syven, Nadia Coste : vous êtes de vrais modèles inspirants. Vive les parapluies !

Aurélie Wellenstein, ma relectrice spécialiste ès-jeux vidéo, toujours là pour me dire – à raison – que ce serait bien que je donne quelques explications techniques. Merci de me rappeler que c'est pas le tout de s'amuser, mais que, des fois, il faut aussi réfléchir un peu !

Toute l'équipe des éditions Gulf stream, sans qui ce roman n'aurait jamais existé. Merci à Paola Grieco de m'avoir écoutée pitcher un projet encore très flou (et surtout très fou) et de m'avoir fait confiance pour relever le défi ; et merci à Caroline Merceron pour ses corrections avisées.

Et bien sûr à toi, mon Prince, partenaire dans le jeu comme dans la vie ; mon Orion qui me supporte dans tous les sens du terme. Ma plus belle histoire, c'est celle que j'écris avec toi tous les jours.

Enfin, merci à vous, lecteurs et lectrices, pour votre soutien et votre enthousiasme. Vos témoignages, réactions et questions sur *I.R.L.* m'ont apporté bien plus de matière que vous l'imaginez, et c'est aussi pour vous que j'ai choisi de retourner dans cet univers avec une tout autre histoire. Après vous avoir rendus paranoïaques des caméras, j'espère vous avoir donné envie d'explorer les possibles !

AGNÈS MAROT

Une tasse de thé bien chaude à la main, sa panthère de poche sur les genoux, Agnès écrit des histoires dans lesquelles elle partage ses rêves, ses espoirs. Depuis *De l'autre côté du mur* en passant par *I.R.L.* jusqu'à *Erreur 404*, son septième roman, ses personnages empruntent les mille facettes des émotions et parcourent les sentiers de l'imaginaire pour mieux parler des hommes et du monde.

Entre deux mots et trois carrés de chocolat, elle passe de l'autre côté de la barrière pour travailler les romans des autres auteurs en tant qu'éditrice indépendante.

TABLE DES MATIÈRES

Reproduit et achevé d'imprimer en janvier 2018
par Leporello, en Lettonie,
pour le compte de Gulf stream éditeur,
31, rue Alfred-Riom,
44100 Nantes
www.gulfstream.fr

Dépôt légal 1re édition : avril 2018